Kohlhammer

Grundriss der Psychologie

Herausgegeben von Bernd Leplow und Maria von Salisch

Begründet von Herbert Selg und Dieter Ulich

Diese Taschenbuchreihe orientiert sich konsequent an den Erfordernissen des Bachelorstudiums, in dem die Grundlagen psychologischen Fachwissens gelegt werden. Jeder Band präsentiert sein Gebiet knapp, übersichtlich und verständlich!

Eine Übersicht aller lieferbaren und im Buchhandel angekündigten Bände der Reihe finden Sie unter:

 https://shop.kohlhammer.de/grundriss-psychologie

Die Autorin und der Autor

Dr. Barbara Bergmann, Dipl.-Psych., arbeitet als wissenschaftliche Mitarbeiterin in der Abteilung Sozial- und Rechtspsychologie des Instituts für Psychologie an der Universtiät Bonn. Hier forscht sie zur Prävention und Prognose von Delinquenz im Kindes- und Jugendalter. Sie ist seit 2023 in der Sprechergruppe der Fachgruppe Rechtspsychologie der DGPs.

Prof. Dr. Denis Köhler, Dipl.-Psych., lehrt u. a. Rechtspsychologie, psychologische Diagnostik und Differentielle Psychologie an der Hochschule Düsseldorf. Zudem ist er Systemischer Berater, Therapeut und Supervisor (SG). Seit 2000 ist er als rechtspsychologischer Sachverständiger u. a. für die folgenden Fragestellungen tätig: Strafrechtliche Verantwortlichkeit (§ 3 JGG), Reife (§ 105 JGG), Schuldfähigkeit (§§ 20, 21 StGB) und Prognose/ Gefährlichkeit.

Barbara Bergmann
Denis Köhler

Rechtspsychologie

2., erweiterte und überarbeitete Auflage

Verlag W. Kohlhammer

2., erweiterte und überarbeitete Auflage 2024

Alle Rechte vorbehalten
© W. Kohlhammer GmbH, Stuttgart
Gesamtherstellung: W. Kohlhammer GmbH, Stuttgart

Print:
ISBN 978-3-17-042350-3

E-Book-Formate:
pdf: ISBN 978-3-17-042351-0
epub: ISBN 978-3-17-042352-7

Geleitwort

Erkenntnisse der Psychologie werden täglich in den Medien transportiert. Junge Erwachsene drängeln sich um einen Studienplatz in diesem Fach. Denn die meisten Fragen der Gesellschaft von Morgen sind nicht ohne die Erkenntnisse dieser Wissenschaft des menschlichen »Erlebens und Verhaltens« zu beantworten. Großbaustellen wie der Umgang mit Pandemien und Kriegsereignissen, die Bewältigung von Digitalisierung und Globalisierung oder der gesellschaftliche Umbau in Richtung Nachhaltigkeit lassen sich im Grunde nur mit dem Wissen über die individuellen und sozialen Mechanismen des Verhaltens und Erlebens, der Analyse ihrer Entstehungsbedingungen und der Entwicklung von Veränderungen auf individueller und Gruppenebene sinnvoll bearbeiten. Psychologie ist zugleich – so eine Analyse der Zitiermuster in über 7000 natur- und sozialwissenschaftlichen Fachzeitschriften – eine von sieben »hub sciences« (in etwa »Schlüsselwissenschaften«), welche die Debatte zur Gewinnung wissenschaftlicher Einsichten bereichert und enge Verbindungen zu einer Vielzahl von Nachbardisziplinen unterhält: Dazu zählen u. a. die Neurowissenschaft mit der Neuropsychopharmakologie, Psychiatrie, Gerontologie und die anderen Gebiete der Medizin ebenso wie die Gesundheitswissenschaft (»Public Health«), Konfliktforschung, die Sozial-, Bildungs-, Kommunikations-, Sport-, Rechts- und Wirtschaftswissenschaften, die Forensik sowie Marktforschung. Oft übersehen, aber nicht weniger von Bedeutung, sind die eher technisch orientierten Fächer wie beispielsweise die Ingenieurs-, Luft- und Raumfahrt-, Verkehrs- und Arbeitspsychologie (mit »Mensch-Maschine-Systemen«/»Human Factors«). Auch die Umwelt- und Architekturpsychologie, Raum- und Stadtplanung sowie die methodischen Anwendungsfelder der Diagnostik, Intervention, Evaluation und

5

Sozialforschung kommen nicht ohne spezifisch psychologisches Wissen aus. Das Studium der Psychologie erfolgt in Bachelor- und Masterstudiengängen, die auf Modulen basieren. Diese sind in sich abgeschlossen und bauen oft aufeinander auf. Sie sind jeweils mit Lehr- und Lernzielen versehen und spezifizieren, welche Themen und Methoden in ihnen zu behandeln sind. Aus diesen Angaben leiten sich Art, Umfang und Thematik der Modulprüfungen ab. Die Bände der Reihe *Grundriss der Psychologie* orientieren sich stark am Lehrgebiet des Bachelorstudiums Psychologie. Seit Einführung der Bachelor-Masterstudiengänge sind jedoch eine Fülle von eigenständigen Bachelor- und Masterausbildungen mit Psychologiebezug hinzugekommen. Auch für diese Wissensgebiete stellt die Grundrissreihe das notwendige psychologische Basiswissen zur Verfügung.

Da im Bachelorstudium die Grundlagen des psychologischen Fachwissens gelegt werden, ist es uns ein Anliegen, dass sich jeder Band der Reihe *Grundriss der Psychologie* ohne Rückgriff auf Wissen aus anderen Teilgebieten der Psychologie lesen lässt. Jeder Band der Grundrissreihe orientiert sich an einem der Module, welche die Deutsche Gesellschaft für Psychologie (DGPs) für die Psychologieausbildung ausgearbeitet hat. Damit steht den Studierenden ein breites Grundwissen zur Verfügung, welches die wichtigsten Gebiete aus dem vielfältigen Spektrum der Psychologie verlässlich abdeckt. Dieses ermöglicht den Übergang u. a. auf den darauf aufbauenden Masterstudiengang der Psychologie und den neuen »Psychotherapiemaster«.

Zugleich können Angehörige anderer Berufe, in denen menschliches Verhalten und Erleben Entscheidungsabläufe beeinflusst, von einem fundierten Grundwissen in Psychologie profitieren. Neben Tätigkeiten in den bereits genannten Gebieten betrifft das eine vom Fachjournalismus und allen Medienberufen über den Erziehungs- und Gesundheitsbereich, die Wirtschaft, Produktgestaltung und das Marketing bis hin zu den Angehörigen des Justizsystems, der Polizei und des Militärs, allen Managementfunktionen und Führungskräften der Politik reichende Bandbreite. Bei ethisch vertretbarer Anwendung stellt die wissenschaftliche Psychologie mithin Methoden und Erkenntnisse zur Verfügung, über die sich gesellschaftliche Entwicklungen positiv verändern lassen. Damit kann in einer enormen Zahl auch nicht-klassisch psychologischer Studiengänge und Anwendungsfelder vom Wissen eines Bachelors in Psychologie profitiert werden. Deshalb auch sind die einzelnen Bände so gestaltet, dass sie psychologisches Grundlagenwissen voraussetzungsfrei vermitteln.

So wünschen wir den Leserinnen und Lesern dieser Bände der Reihe *Grundriss der Psychologie* vielfältige Einsichten und Erfolge in der praktischen Umsetzung psychologischen Wissens!

Maria von Salisch
Bernd Leplow

Inhalt

1 Rechtspsychologie gestern und heute

Immer, wenn eine schwerwiegende Gewalttat geschieht, z. B. ein Sexualmord oder eine Kindesentführung, eine Vergewaltigung oder ein »Amoklauf«, ist die Öffentlichkeit schockiert und die Medien greifen diese Vorfälle meist spektakulär auf. Ganz nach dem Motto »sex and crime sells« werden, wenn möglich, die Betroffenen, die Opfer und die Täterinnen[1] befragt, teilweise sogar vor der Kamera gezeigt. Fachleute werden interviewt und sollen die Ursachen erklären. Häufig gestellte Fragen sind u. a., wie man so etwas verhindern kann oder warum Menschen so eine Tat begehen. Ebenso findet sich in fast jedem »guten« Kriminalroman oder in fast jeder spannenden Fernsehserie eine »Profilerin«, also eine Polizei- oder Kriminalpsychologin, die Täterprofile erstellt oder spektakuläre Fälle löst. Wer sind diese Fachleute? Sind es forensische Psychiaterinnen, Rechtspsychologinnen oder -medizinerinnen? Wie kann man diese voneinander unterscheiden? Was sind Profiler? Lösen Psychologinnen wirklich Kriminalfälle? All diese Fragen werden im vorliegenden Buch einführend behandelt.

Im ersten Kapitel lernen Sie zunächst die Definition und den Gegenstandsbereich der Rechtspsychologie kennen. In diesem Zusammenhang betrachten Sie auch die unterschiedlichen in der Forensik tätigen Professionen (▶ Kap. 1.1). Darüber hinaus erhalten Sie eine kurze Einführung in die geschichtliche Entwicklung der Rechtspsychologie (▶ Kap. 1.2) sowie in die neuen Studienabschlüsse (Bachelor und Master) und die Möglich-

---

1 An dieser Stelle möchten wir noch eine Bemerkung zum Sprachgebrauch vorwegnehmen. Wir verwenden kapitelweise abwechselnd das generische Femininum und das generische Maskulinum, schließen dabei aber selbstverständlich jegliches Geschlecht mit ein.

keiten einer postgradualen Weiterbildung zur »Rechtspsychologin« (▶ Kap. 1.3). Zudem können Sie sich einen Überblick über die grundlegenden ethischen und rechtlichen Aspekte verschaffen (▶ Kap. 1.4).

1.1 Definition und Begriffsklärung

Beschäftigt man sich mit dem Begriff Rechtspsychologie und recherchiert beispielsweise dazu im Internet, so stößt man auf viele Begriffe und Definitionen, die einen oftmals eher ratlos oder verwirrt zurücklassen, als dass sie Klärung bringen. Daher wird zunächst eine terminologische Ordnung geschaffen und eine Übersicht hergestellt. Weiter werden wichtige Unterscheidungs- oder Überschneidungsmerkmale der Begriffe herausgearbeitet und eine Definition erstellt, was unter Rechtspsychologie zu verstehen ist.

In der älteren Literatur zur Rechtspsychologie trifft man meist auf die Begriffe *Forensische Psychologie* oder *Gerichtspsychologie* (vgl. Lösel & Bender, 2000; Wegener, 1992; Undeutsch, 1967).

Erklärung

Das Wort *Forensik* kommt in seiner inhaltlichen Bedeutung aus dem Lateinischen und bedeutet vereinfacht gesprochen so viel wie Marktplatz. Es geht auf die öffentlich auf Marktplätzen abgehaltenen Gerichtsverhandlungen im antiken Rom zurück.

Unter »Forensik« werden alle wissenschaftlichen Disziplinen und Arbeitsgebiete abstrakt zusammengefasst, die systematisch kriminelle Handlungen im Kontext der Gerichtsbarkeit oder des Rechtswesens identifizieren, analysieren und rekonstruieren oder ermittlungstechnisch »aufklären«. In Bezug auf das Ermittlungsverfahren liegt beispielsweise ein eher sehr eng gefasster Begriff von »Forensik« vor (→ alles, was zur Aufklärung krimineller Handlungen dient). Hingegen kann für den beruflichen Kontext ein weiter gefasstes Verständnis des Begriffs »Forensik« konstatiert werden, beispielsweise für Fachbereiche, die man in forensischen Einrichtungen finden könnte (z. B. Sozialarbeiterinnen, Kriminologinnen). Die »Forensik« ist originär *interdisziplinär* ausgelegt und beinhaltet unter anderem die folgenden Bereiche bzw. Disziplinen:

- Rechtswissenschaften,
- Kriminologie,
- Kriminalistik (nutzt die im Rahmen der Forensik gewonnenen Erkenntnisse),
- Polizeiwissenschaften,
- Psychologie,
- Medizin (z. B. Psychiatrie und Rechtsmedizin),
- Biologie,
- Soziologie,
- Soziale Arbeit.

Jede Disziplin hat im aufgezeigten Kontext spezifische Gegenstands- und Aufgabenbereiche. Allen ist jedoch gemein, dass sie in der wissenschaftlichen Ausrichtung anwendungsbezogen sind. Sie sollen wichtigen gesellschaftlichen und politischen Aufgaben gerecht werden, z. B. kriminelle oder abweichende/dissoziale Handlungen erklären und/oder verhindern. Ebenso werden sie in manchen Fällen unterstützend tätig, um kriminelle oder dissoziale Verhaltensweisen im Zuge der strafrechtlichen Ermittlung aufzuklären. Darüber hinaus stellen fast alle genannten forensischen Disziplinen der Gerichtsbarkeit bzw. dem Rechtswesen ihre Sachkunde zur Verfügung. Einige »Forensikerinnen« arbeiten auch präventiv und behandlerisch, um kriminelle Verhaltensweisen zu verhindern oder bestimmten Personen und Tätergruppen dabei zu helfen, zukünftig ein straffreies Leben zu führen (im Sinne der Resozialisierung). Andere »Forensikerinnen« hingegen haben ihren Arbeitsschwerpunkt stärker im Ermittlungsverfahren (z. B. Kriminalbiologinnen). Nachdem die Rechtspsychologie definiert und die Aufgabengebiete dargestellt wurde, folgt die fachliche Abgrenzung zu anderen forensischen Disziplinen.

Definition

Die *Rechtspsychologie* (in Englisch: »Legal Psychology« oder »Psychology and Law«) ist ein Anwendungsfach der Psychologie (vgl. Lösel & Bender, 2000), in das die verschiedenen psychologischen Grundlagen- und Methodenfächer eingehen (z. B. Allgemeine, Sozial-, Entwicklungs-, Klinische Psychologie und Diagnostik sowie Methodenlehre und Statistik).

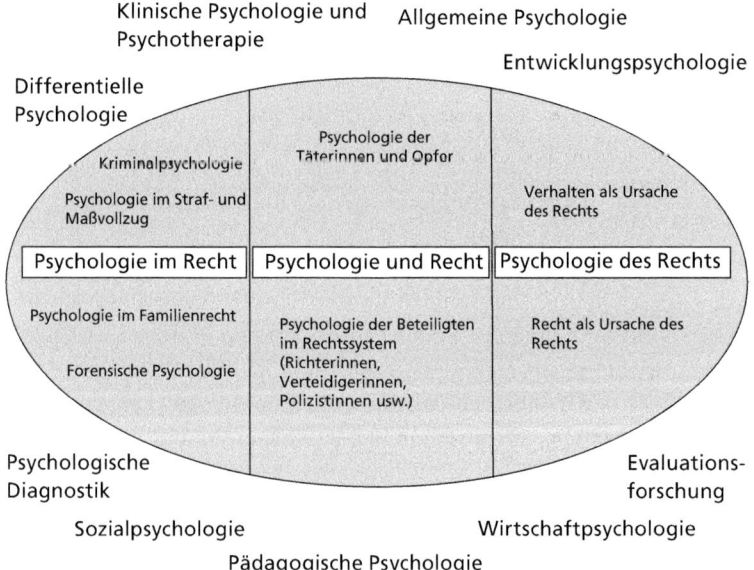

Klinische Psychologie und Psychotherapie

Allgemeine Psychologie

Entwicklungspsychologie

Differentielle Psychologie

Kriminalpsychologie

Psychologie der Täterinnen und Opfer

Psychologie im Straf- und Maßvollzug

Verhalten als Ursache des Rechts

| Psychologie im Recht | Psychologie und Recht | Psychologie des Rechts |

Psychologie im Familienrecht

Forensische Psychologie

Psychologie der Beteiligten im Rechtssystem (Richterinnen, Verteidigerinnen, Polizistinnen usw.)

Recht als Ursache des Rechts

Psychologische Diagnostik

Evaluations- forschung

Sozialpsychologie

Wirtschaftpsychologie

Pädagogische Psychologie

Abb. 1.1: Recht und Psychologie im Verhältnis sowie im Bezug zur Wissenschaft und Praxis (in Anlehnung an Sporer, 1985)

Das Verhältnis der Begriffe Recht und Psychologie im Zusammenhang zu den psychologischen Fächern hat bereits Sporer (1985, S. 404) aufgearbeitet. Aus Abbildung 1.1 ist ersichtlich, dass trotz des Versuches, die Begriffe klar zu definieren, viele terminologische und inhaltliche Überschneidungen bestehen. Das muss aber nicht irritieren. In der Wissenschaft ist es üblich, zunächst Begriffe zu definieren und Überlappungen herauszuarbeiten. Auf dieser Basis gewinnt man Übersicht und Gewissheit für die wissenschaftliche und praktische Arbeit. Man findet sich quasi im begrifflichen Geflecht besser zurecht und kann Untersuchungsgegenstände genauer herausarbeiten.

Merke

Gegenstand der Rechtspsychologie ist also die Anwendung psychologischer Theorien, Methoden und Erkenntnisse auf Probleme des Rechtssystems.

In der Rechtspsychologie wird sich dabei insbesondere mit Verhalten, Erleben, Kognitionen, Emotionen und Motivationen von Menschen beschäftigt, die im sozialen Kontext abweichendes oder kriminelles Verhalten zeigen oder zeigen könnten. Ebenso spielen Theorien zur Verhaltensentstehung und -kontrolle (Prävention und Intervention) eine bedeutsame Rolle.

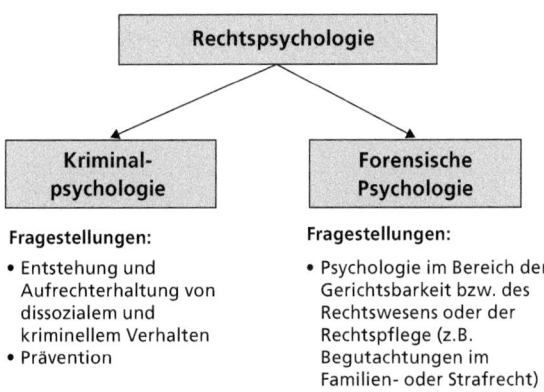

Abb. 1.2: Rechtspsychologie als Oberbegriff

Noch 1967 hat Udo Undeutsch in seinem Vorwort zum Handbuch der Forensischen Psychologie festgestellt, dass es zu wenig Beiträge aus der

19

Psychologie zur Kriminalpsychologie gebe, um sie in einem Handbuch aufnehmen zu können. Der Forschungs- und Publikationsstand hat sich seit den 1960er Jahren aber deutlich erhöht. Daher wird die Rechtspsychologie heutzutage in die Bereiche Kriminalpsychologie und Forensische Psychologie aufgeteilt (▶ Abb. 1.2; vgl. u. a. Lösel & Bender, 2000; von Buch et al., 2022).

Definition

Die *Kriminalpsychologie* beschäftigt sich in Abgrenzung zur Forensischen Psychologie mit Theorien und empirischen Befunden zur Entstehung und Aufrechterhaltung von dissozialem und kriminellem Verhalten sowie der Prävention derselben (vgl. u. a. Howitt, 2009).

Definition

Die *Forensische Psychologie* hingegen ist die Psychologie im Bereich der Gerichtsbarkeit bzw. des Rechtswesens oder der Rechtspflege, z. B. der Begutachtung im Familien-, Sozial-, Zivil- und Strafrecht, Glaubhaftigkeit, Aussage- und Zeugenpsychologie, der Prognose- und Gefährlichkeitseinschätzung sowie der Behandlung von straffälligen Menschen und deren Angehörigen mit dem Ziel der Legalbewährung (sie sollen nicht wieder straffällig werden).

Es handelt sich bei der Einteilung in Kriminal- und Forensische Psychologie allerdings um eine wissenschaftliche Trennung innerhalb der Rechtspsychologie. Praktisch gibt es eine Vielzahl inhaltlicher und praktischer Überschneidungen zwischen den beiden Teilbereichen. Tabelle 1.1 gibt einen Überblick über die Vielfältigkeit der Rechtspsychologie.

Tab. 1.1: Beispiele für Themen der Rechtspsychologie (in Anlehnung an Lösel & Bender, 2000)

	Rechtspsychologie		
	Erklärung	**Prognose**	**Intervention**
Annahmen und Bedingungen von Rechtsnormen	Grundannahmen zur Schuldfähigkeit	Psychologie der Generalprävention	Strafprozess und Gerechtigkeitserleben
	Altersgrenzen im Zivilprozess	Bevölkerungseinstellungen zum Asylrecht	Psychologie des Sorgerechts
Verhalten gegenüber Rechtsnormen	Moralisches Denken und Straftat	Prognosen »krimineller Karrieren«	Kriminalprävention durch Umweltgestaltung
	Risikoabwägung im Zivilprozess	Wiedererteilen der Fahrerlaubnis	Compliance bei Steuerzahlern
Anwendung von Rechtsnormen im Rechtssystem	Richterliche Strafzumessung	Glaubwürdigkeit von Zeugenaussagen	Wirksamkeit des Behandlungsvollzugs
	Interaktion Bürger–Polizei	Anwaltsprognosen von Prozessergebnissen	Trainingsmaßnahmen für die Justiz
Strafrecht, Zivilrecht, Familienrecht, Verkehrsrecht, Sozialrecht etc.			

Im Weiteren sind kurz die wichtigsten Aufgaben- und Inhaltsbereiche der Rechtspsychologie aufgeführt (u. a.):

- Bereitstellung psychologischer Sachkunde im Rechtswesen, z. B. im Familien- und Umgangsrecht, Strafrecht und anderen Fragestellungen,
- Förderung und Erhaltung von Gesundheit im Zusammenhang mit Delinquenz und Förderung der Resozialisierung dissozialer Menschen,
- Verhütung bzw. Prävention von abweichendem Verhalten und die Behandlung von Straftätern,
- Bestimmung von Risikoverhaltensweisen und darauf abgestimmten Interventions- und Präventionsprogrammen,

- Diagnostik und Ursachenbestimmung von dissozialen, abweichenden und kriminellen Verhaltensweisen oder bei bestimmten familienrechtlichen Fragestellungen eine familien- und bindungspsychologische Einschätzung zum Wohle des Kindes,
- Rehabilitation und gesellschaftliche Integration von Menschen mit einem kriminellen oder von abweichendem Verhalten geprägten Hintergrund.

Wie bereits eingangs beschrieben, werden die Arbeitsgebiete der Rechtspsychologinnen in den Printmedien, in Fernsehserien oder Romanen nicht realistisch dargestellt. Häufig handelt es sich um eine Mischung aus den Tätigkeiten verschiedener forensischer Disziplinen, um den Protagonisten möglichst kompetent und umfassend auszustatten. Denken Sie nur an die US-amerikanische Serie »CSI«, in der die dargestellten »Forensikerinnen« sowohl in die Spurensicherung und -auswertung einbezogen werden als auch an der Ermittlungstätigkeit sowie der Täterprofilerstellung beteiligt sind. Manchmal nehmen die Hauptdarstellerinnen sogar die Tatverdächtigen fest und vernehmen Zeugen. Für die Zuschauerinnen mag solch eine Darstellung viel Spannung erzeugen, leider hat sie nur sehr wenig mit der Realität zu tun. Es handelt sich vielmehr um eine fiktive Zusammenführung getrennter Aufgaben und forensischer Kompetenzen.

Im folgenden Abschnitt wird die Rechtspsychologie von ihren Nachbarwissenschaften abgegrenzt. Dafür finden Sie zu Beginn im nächsten Kasten eine exemplarische Aufführung unterschiedlicher (forensischer) Professionen, mit denen die Rechtspsychologie in der Praxis und der Forschung zusammenarbeitet. Jede Disziplin betrachtet bzw. bearbeitet entlang ihrer eigenen Forschungstradition die jeweiligen forensischen Fragestellungen (z.B. Schuldfähigkeitsbeurteilung). Alle Disziplinen nehmen also eine unterschiedliche Perspektive ein.

Lassen Sie uns das anhand eines vereinfachten Beispiels näher betrachten. Bei einer schweren Straftat (z.B. versuchter Mord und Vergewaltigung) analysieren und sichern z.B. Rechtsmedizinerinnen mit forensischen Biologinnen und der Polizei objektive Spuren (z.B. Verletzungen beim Opfer, biologische Spuren von der Täterin am Tatort). Die Kriminalistinnen (Kriminalpolizei) ermitteln die Täterin und bekommen dabei von operativen Fallanalytikerinnen der Polizei (diese werden in den Medien oftmals fälschlicherweise als »Profiler« bezeichnet) Unterstützung. Die Kriminologinnen erforschen die Entwicklung der Häufigkeit von Vergewaltigungsdelikten in den letzten 20 Jahren. Die Rechtspsychologinnen und forensischen Psychiaterinnen beurteilen möglicherweise die Schuldfähigkeit oder Gefährlichkeit der Straftäterin. Ebenso können Rechtspsychologinnen auch die Glaubhaftigkeit der Zeugenaussage des Opfers einschätzen. Schließlich behandeln die letzten beiden Disziplinen gemeinsam mit Psychotherapeutinnen die Täterinnen und Opfer hinsichtlich psychischer Störungen, wobei es beim Opfer um die Verarbeitung von Traumata im Zusammenhang mit der erlittenen Tat geht, während die Therapie bei der Täterin eine langfristige Verhaltensänderung erzielen soll, um einer Rückfälligkeit vorzubeugen.

Dieses Beispiel bezieht sich auf den Tätigkeitsbereich von Rechtspsychologinnen im Strafrecht und ist hier stark vereinfacht dargestellt. In den anderen Kapiteln lernen Sie darüber hinaus auch andere Aufgaben und Vorgehensweisen von Rechtspsychologinnen kennen (z. B. im Bereich Familienrecht). An dieser Stelle sollte das Beispiel nur dazu dienen, die Realität von der fiktiven Darstellung abzugrenzen.

Was unterscheidet Rechtspsychologinnen in der Hochschulausbildung von anderen forensischen Disziplinen?

Die *Forensische Psychiaterin* studiert Medizin und kann nach erfolgreicher Facharztausbildung (für Psychiatrie und Psychotherapie) und forensischer Berufserfahrung (z. B. im Maßregelvollzug) ein Zusatzzertifikat in Forensischer Psychiatrie der Deutschen Gesellschaft für Psychiatrie, Psychotherapie und Nervenheilkunde (DGPPN) erwerben. Meist sind Medizinerinnen promoviert und tragen den akademischen Titel Dr. med.

Die *Rechtsmedizinerin* studiert ebenfalls Medizin und absolviert eine Facharztausbildung in Rechtsmedizin. Sie ist fast immer in Medizin promoviert (Dr. med.). Ihre Tätigkeit besteht unter anderem in der Obduktion von Leichen und der biologischen Spurenauswertung.

Die *Kriminologin* studiert meist als Hauptfach Rechtswissenschaften mit dem Schwerpunkt Kriminologie. In letzter Zeit kann man aber auch ein Masterstudium in Kriminologie absolvieren, welches Sozial-wissenschaftlerinnen den Zugang zur Kriminologie ermöglicht. In Kriminologie kann man ebenfalls promovieren. Die Abschlüsse sind aber je nach Fakultätsanbindung unterschiedlich, z. B. Dr. jur. oder Dr. rer. pol. oder Dr. phil. Kriminologinnen können in unterschiedlichen Bereichen arbeiten, z. B. in der Wissenschaft oder der Kriminalprävention.

Die *Forensische Sozialarbeiterin/Sozialpädagogin* hat einen Hochschulabschluss in Sozialer Arbeit/Sozialpädagogik. Sie arbeitet beispielsweise in der Bewährungshilfe, bei der Jugendgerichtshilfe, in der Kriminalprävention oder ist im Maß- und Strafvollzug tätig.

Die »*Profilerin*«, die korrekte Bezeichnung ist »*Operative Fallanalytikerin*«, ist meist Polizistin mit einem Bachelor oder Diplom (FH) in Verwaltungswesen oder Polizeivollzug (an einer Fachhochschule für Polizei) und hat eine Zusatzausbildung in operativer Fallanalyse sowie meist eine langjährige Diensterfahrung im Bereich Sexual- und Gewaltverbrechen. Ihre Aufgaben sind u. a. die Ermittlungsunterstützung, das Erstellen von Täterprofilen, einer Tathergangsanalyse oder eines geographischen Täterprofils. In der Operativen Fallanalyse (OFA) werden Psychologinnen ebenfalls eingesetzt.

Eine *Psychologische Psychotherapeutin* hat nach dem Psychologiestudium eine dreijährige psychotherapeutische Ausbildung in Vollzeit (oder eine fünfjährige berufsbegleitende) oder seit dem Jahr 2023 ein Masterstudium Psychotherapie mit Approbation absolviert. Manchmal haben Psychologische Psychotherapeutinnen auch eine rechtspsychologische Zusatzausbildung. Psychologische Psychotherapeutinnen arbeiten in der Regel mit psychisch gestörten Menschen.

Forensische Biologinnen haben Biologie studiert, sind oftmals ebenfalls promoviert und arbeiten meist in Forschungsinstituten, an Hochschulen, in der Rechtsmedizin oder bei der Polizei. Ihre Aufgabe ist u. a. die Spurenauswertung am Tatort.

1.2 Zur Geschichte der Rechtspsychologie in Deutschland

Die Psychologie wurde erst 1879 von Wilhelm Wundt als eigenständige Wissenschaftsdisziplin durch die Eröffnung eines psychologischen Instituts an der Universität Leipzig gegründet (Meischner, 1999, S. 35–40). Zunächst finanzierte Wundt das Institut sogar selbst. Erst im Jahre 1883/84 ist es offiziell in die Universitätsinstitute eingereiht worden. Dennoch haben psychologische Fragestellungen und Erklärungen eine lange Tradition. Bereits seit der Antike werden sie in der Literatur zitiert. Allerdings wurden diese Inhalte von der Philosophie, der Theologie, der Medizin (v. a. Psychiatrie) und anderen Wissenschaften (z. B. Rechtswissenschaften) bearbeitet (vgl. u. a. Lück & Miller, 1999). Man könnte fast sagen, dass sich bis 1879 Fachfremde mit psychologischen Themen beschäftigt haben. Seit Wundt hat sich dieses Bild stark verändert. Die Psychologie etablierte sich schnell als selbständige und forschungsstarke Wissenschaft, die zahlreiche Beiträge im Kontext des Rechtssystems publizierte.

Bereits im 18. Jahrhundert, also lange Zeit vor der Gründung der akademischen Psychologie von Wundt, finden sich kriminalpsychologische Beiträge aus der gerichtlichen Medizin. Es ist interessant, dass zu dieser Zeit von den Autoren der Begriff Kriminalpsychologie verwendet wurde. Anscheinend ist die Bezeichnung Forensische Psychologie und Rechtspsychologie wesentlich später entstanden.

Im 19. Jahrhundert ist ein deutlicher Anstieg der Publikationen zum Themenbereich der Rechtspsychologie festzustellen. Allerdings sind die Verfasser dieser Werke zumeist Mediziner, Juristen, Anthropologen oder Philosophen. Nach Howitt (2009) war der erste richtige forensische Psychologe Albert von Schrenk-Nortzing (ca. 1897). Dieser trat als Sachverständiger vor ein Leipziger Gericht. Eine ausführliche Darstellung der Geschichte der Rechtspsychologie findet man bei Köhler und Scharmach (2013).

Die Entwicklung der Rechtspsychologie wurde in Deutschland jedoch maßgeblich durch den Nationalsozialismus und den Zweiten Weltkrieg unterbrochen (vgl. Lösel & Bender, 2000). Bekanntermaßen mussten viele

Wissenschaftlerinnen ins Ausland fliehen, wurden getötet oder inhaftiert, wichtige Werke wurden verbrannt und die Nationalsozialisten[2] haben eine seriöse Wissenschaft nicht zugelassen. Die ideologisch verbrämte und geradezu pervertierte Kriminalbiologie des Dritten Reiches wird hier nicht dargestellt.

Die Zeit der Rechtspsychologie nach dem Zweiten Weltkrieg war eng mit den Rechtswissenschaften verbunden (vgl. Lösel & Bender, 2000). Wichtige Personen waren Friedrich Arntzen, Elisabeth Müller-Luckmann, Hans Thomae und Udo Undeutsch. Letzterer hat auch den bedeutsamen Band »Forensische Psychologie« des Handbuchs Psychologie herausgegeben, das erstmals 1967 erschienen ist. Durch die Verknüpfung mit den Rechtswissenschaften haben die eben genannten rechtspsychologischen Expertinnen sogar auf die Gesetzgebung Einfluss nehmen können und u. a. die Anerkennung der tiefgreifenden Bewusstseinsstörung als ein Eingangskriterium für die Frage der Schuldfähigkeit (§ 20 StGB) bewirkt (vgl. Thomae & Schmidt, 1967). Insgesamt betrachtet hat sich die Psychologie in dieser Zeit wohl eher als eine Hilfs- oder Bezugswissenschaft für die Rechtswissenschaften verstanden und war stark anwendungsorientiert.

Anhand der Anzahl von Publikationen in Fachzeitschriften ist zu erkennen, dass sich die deutsche Rechtspsychologie erst ab den 1970er Jahren wieder verstärkt der empirischen Forschung zugewandt hat. In Deutschland wurde 1978 die Sektion Rechtspsychologie (zunächst hieß sie noch Forensische Psychologie) im Berufsverband Deutscher Psychologen und Mitte der 1980er Jahre die Fachgruppe Rechtspsychologie innerhalb der Deutschen Gesellschaft für Psychologie gegründet. Damit entstand ein gemeinsames Dach für die Forensische Psychologie und die Kriminalpsychologie. In anderen Ländern gab es ungefähr zeitgleich eine ähnliche Entwicklung im Bereich »Psychology and Law«. So wurde 1992 in Oxford die European Association of Psychology and Law (EAPL) gegründet, der europäische Verband der Rechtspsychologen.

---

2 Hier wird abweichend vom generischen Femininum in diesem Kapitel das Maskulinum verwendet, da die Funktionsträger im politischen Apparat alle Männer waren.

1.3 Rechtspsychologie im Studium und in der Weiterbildung

1.3.1 Rechtspsychologie im Studium

An deutschen Universitäten und Hochschulen ist die Rechtspsychologie in unterschiedlichem Ausmaß verankert. Während an vielen Universitäten einzelne rechtspsychologische Veranstaltungen angeboten werden, entwickelten sich seit 2013 Masterstudiengänge in Rechtspsychologie. Beispielsweise bieten die Universität Bonn, die Psychologische Hochschule Berlin und die Medical School Berlin sowie Hamburg entsprechende Masterprogramme an.

Andere Länder, wie z. B. die Niederlande, Litauen oder Großbritannien, waren akademisch betrachtet in diesem Feld wesentlich weiter und haben bereits viel früher verschiedene eigenständige rechtspsychologische Studienangebote unter den Namen »Forensic Psychology«, »Legal Psychology« oder »Psychology and Law« angeboten. Meist kann dort ein Masterabschluss erreicht werden (z. B. an der Universität Maastricht in den Niederlanden).

Wer im Studium einen rechtspsychologischen Schwerpunkt sucht, sollte sich immer an den Internet-Auftritten der Hochschulen/Universitäten über den aktuellen Stand im jeweiligen Vorlesungsverzeichnis informieren. Ebenfalls bietet es sich an, auf den Homepages der Sektion Rechtspsychologie des BDPs oder der Fachgruppe Rechtspsychologie der DGPs nach Studienangeboten zu recherchieren. Inwieweit die Rechtspsychologie aber in den Bachelor- und Masterstudiengängen in Zukunft weiter fest verankert wird, bleibt abzuwarten.

1.3.2 Postgraduale (berufliche) Qualifikation von Rechtspsychologinnen oder wie wird man Rechtspsychologin?

In Deutschland konnte man also lange Zeit keinen akademischen Abschluss (M. Sc.) in Rechtspsychologie erwerben. Aber wie wird man nun

Rechtspsychologin? Und wie sind die zurzeit rechtspsychologisch tätigen Psychologinnen denn ausgebildet? Bislang gibt es in Deutschland fast ausschließlich Psychologinnen mit einem allgemeinen Diplom- oder Masterabschluss (es sei denn, sie haben einen rechtspsychologischen Master im Ausland erworben), die eine oder mehrere postgraduale rechtspsychologische Weiterbildungen und/oder eine psychotherapeutischen Ausbildung aufweisen. Sie arbeiten in rechtspsychologischen Tätigkeitsfeldern, d. h., sie haben einschlägige Praxiserfahrung (u. a. im Strafvollzug oder bei der Polizei). Erst aus dieser Kombination ergab sich die Qualifikation für die Rechtspsychologie. Nur einige wenige deutsche Rechtspsychologinnen haben im Ausland studiert (z. B. Psychology and Law an der Universität Maastricht) und einen Masterabschluss in dem Fach erworben.

Die meisten rechtspsychologisch tätigen Psychologinnen haben eine oder mehrere postgraduale Weiterbildungen absolviert, z. B. beim Berufsverband Deutscher Psychologinnen und Psychologen (BDP e. V.) bzw. der Deutschen Gesellschaft für Psychologie (DGPs). Die Psychologischen Psychotherapeutinnen haben die Möglichkeit, bei den Landespsychotherapeutenkammern Fortbildungen zu besuchen und eine Zertifizierung als Sachverständige zu erlangen. Alle diese rechtspsychologischen Weiterbildungen schließen jedoch »nur« mit einem Zertifikat ab und stellen keinen akademischen Grad dar. Zudem sind die Weiterbildungsangebote unterschiedlich umfangreich und hinsichtlich der Kosten sehr verschieden. Jede Interessierte an der Rechtspsychologie sollte sich daher genau überlegen, ob sie eine Weiterbildung absolvieren möchte oder lieber ein Masterstudium mit akademischen Grad (z. B. Master of Science Rechtspsychologie oder Master of Science Psychology and Law) vorzieht.

Aufgrund des weitgehenden Alleinstellungsmerkmals auf dem postgradualen Weiterbildungsmarkt wird im Folgenden das zuvor genannte Angebot des Berufsverbandes Deutscher Psychologinnen und Psychologen (BDP) und der Deutschen Gesellschaft für Psychologie (DGPs) vorgestellt. Beide Verbände haben sich unter dem gemeinsamen Dach der Föderation Deutscher Psychologenvereinigungen auf ein gemeinsames Curriculum geeinigt. Die von den Psychotherapeutenkammern der Länder für approbierte Psychologische Psychotherapeutinnen angebotene Zertifizierung zur Sachverständigen ist zwar inhaltlich an den Inhalten des BDP/DGPs-

Curriculums orientiert, dennoch liegt es vom Umfang her deutlich unter deren Anforderungen. Der Weiterbildungsmarkt wird also zunehmend unübersichtlich in diesem Bereich. Lassen Sie uns kurz zum ursprünglichen Thema zurückkommen. Die berufsbegleitende Weiterbildung zur Fachpsychologin in Rechtspsychologie (BDP/DGPs) richtet sich an Absolventen der Psychologie (Diplom- und Masterabschluss). Für die administrative Abwicklung, Qualitätssicherung und Durchführung ist die TransMit verantwortlich (https://zwpd. transmit.de/zwpd-dienstleistungen/zwpd-rechtspsychologie). Auf deren Homepage findet man die spezifischen Details und die Weiterbildungsverordnung. Über die Deutsche Psychologen Akademie (https://www.psy chologenakademie.de/) werden zu den Weiterbildungsinhalten die Seminare angeboten. Selbstverständlich können auch andere Seminare und Fortbildung nach Antrag bei der TransMit angerechnet werden. Die Weiterbildung dauert mindestens drei Jahre. Sie umfasst 400 Unterrichtsstunden (Seminare, supervidierte Fallarbeit und Einzelsupervision) und wird mit einer Prüfung abgeschlossen. Die bestandene Fortbildung wird mit dem Zertifikat »Fachpsychologin für Rechtspsychologie (DGPs/BDP)« beurkundet. Leider sind sie Kosten für die Weiterbildung individuell sehr unterschiedlich und liegen wahrscheinlich zwischen ca. 6 000,– und 12 000,– Euro. Allerdings kann man sich Inhalte aus einem grundständigen Psychologiestudium in einem gewissen Umfang anerkennen lassen. Weitere und aktuelle Informationen zu den Inhalten, der Struktur und den Kosten kann man unter den genannten Internetadressen abrufen.

1.4 Ethische und rechtliche Grundlagen

Im folgenden Abschnitt wird zunächst den ethischen Grundlagen der Arbeit von Rechtspsychologinnen nachgegangen. Dabei werden vor allem die Richtlinien und die Verfahrensweisen der deutschen Psychologievereinigungen einführend betrachtet. Im Anschluss werden die wesentlichen rechtlichen Gesichtspunkte für Rechtspsychologinnen behandelt. Sie werden allerdings feststellen, dass die genannten Inhalte zumeist für alle Psychologinnen gelten und lediglich sehr wenige Aspekte nur für Rechtspsychologinnen Bestand haben.

Der Berufsverband Deutscher Psychologinnen und Psychologen (BDP) und die Deutsche Gesellschaft für Psychologie (DGPs) haben gemeinsame ethische Richtlinien erstellt. Diese können unter https://www.bdp-verband.de/profession/berufsethik aus dem Internet heruntergeladen werden. In dieser Leitlinie werden die wichtigsten Prinzipien des psychologischen Denkens und Handelns dargestellt.

Durch die Mitgliedschaft in einem der Verbände verpflichtet man sich als Psychologin, diese Regeln einzuhalten. Aufgrund des Umfangs werden nur einige ausgewählte Teile näher betrachtet. In den allgemeinen Bestimmungen werden Themen wie die rechtmäßige Führung von Titeln und die Stellung und der Umgang mit Kolleginnen und anderen Berufsgruppen geklärt. Weiter ist für Rechtspsychologinnen relevant, dass der Umgang mit Daten und der Schweigepflicht präzisiert wird. Psychologinnen sind nämlich nach § 203 StGB in Ausübung ihrer Berufstätigkeit zur Vertraulichkeit und Schweigepflicht verpflichtet. Allerdings nur soweit, wie nicht das Gesetz Ausnahmen vorsieht oder ein bedrohtes Rechtsgut überwiegt (z. B. Gefahr für Leib und Leben anderer Personen). Ebenso dürfen die der Schweigepflicht unterliegenden Daten (z. B. Tatsachen, Befunde oder Beratungs- sowie Behandlungsergebnisse) nur in anonymisierter Weise weitergegeben werden, wobei ein Rückschluss auf Einzelpersonen ausgeschlossen werden muss.

Ebenfalls bestehen für die Aufzeichnung, Erhebung und Speicherung von Daten besondere ethische Verpflichtungen. So darf dies beispielsweise nur nach vorheriger (schriftlicher) Einwilligung der betroffenen Personen geschehen. Jedoch gelten für angestellte Psychologinnen, z. B. bei Krankenhäusern oder Justizvollzugsanstalten, meist andere entsprechende rechtliche Rahmenbedingungen. Die erhobenen Daten müssen zudem gegen unrechtmäßige Verwendung gesichert und je nach rechtlichen oder arbeitsbezogenen Festlegungen zumeist zehn Jahre aufbewahrt werden. Insbesondere ist der Teil B. IV. der ethischen Richtlinien über die Gutachten und Untersuchungsberichte wichtig. Je nach Gutachtenauftrag und relevantem rechtlichen Hintergrund (z. B. Strafrecht oder Zivil- und Familienrecht) sind Psychologinnen zur Sorgfalt und Transparenz verpflichtet. Des Weiteren bestehen Regeln zur Einsichtnahme, insbesondere wenn Auftraggeberin (z. B. Gericht) und Begutachtete (z. B. Straftäterin) nicht identisch sind. Prinzipiell gilt, dass Gefälligkeitsgutachten nicht zulässig sind und bei Stellungnahmen zu Gutachten von Kolleginnen die ethischen Richtlinien besonders zu beachten sind.

Es ist ersichtlich, dass für Psychologinnen eine ganze Anzahl von ethischen Regeln und Verfahrensweisen besteht und dass Rechtspsychologinnen sich in ihrem Anwendungsbereich gezielt damit beschäftigen müssen. Sie arbeiten nämlich in einem sehr verantwortungsvollen Beruf, der oftmals im Spannungsfeld zwischen Klientin/Patientin, Rechtspsychologin, Justiz und Gesellschaft liegt.

Gesetzliche Rahmenbedingungen überschneiden sich in Teilen mit ethischen Aspekten der Berufstätigkeit von Psychologinnen. Je nach Arbeitskontext und Anwendungsbereich gibt es für Rechtspsychologinnen unterschiedlich relevante gesetzliche Bestimmungen. Im nächsten Kasten sind einige davon aufgelistet. Im Folgenden werden nur einige ausgewählte Bereiche vertieft, da das Themenfeld insgesamt sehr weit ist.

Neben den betrachteten ethischen Richtlinien zum Datenschutz müssen sich Rechtspsychologinnen selbstverständlich in ihrer Arbeit am bestehenden Datenschutzgesetz orientieren und sich entsprechend verhalten. Darüber hinaus gilt unter Umständen als weitere gesetzliche Bestimmung das Betriebsverfassungsgesetz, z. B. für angestellte Psychologinnen. Einen wesentlich direkteren Bezug zur alltäglichen Praxis hat das Psychotherapeutengesetz, in dem alle psychotherapierelevanten Sachverhalte (auch Titelführung) geregelt sind. Insbesondere für psychotherapeutisch tätige Rechtspsychologinnen sind dort wichtige Sachverhalte aufgeführt.

In der Praxis weisen viele Rechtspsychologinnen zusätzlich eine Approbation als Psychologische Psychotherapeutin oder Kinder- und Jugendlichenpsychotherapeutin auf. Ebenfalls sind sonstige therapeutische (z. B. Systemische oder Familientherapie) oder beraterische Weiterbildungen sowie Trainerqualifikationen gängig. Allerdings ist es weithin fraglich, inwieweit die rechtspsychologische Tätigkeit (z. B. Diagnostik und Begutachtung) und Behandlung beispielsweise im Strafvollzug oder Jugendstrafvollzug unter dem Psychotherapeutengesetz zu fassen ist. Hier gibt es sehr weit auseinandergehende Meinungen. Selbstverständlich qualifiziert eine Approbation allein nicht zu einer rechtspsychologischen Begutachtung oder

Tätigkeit, sie kann allerdings ein zusätzliches Qualifikationsmerkmal sein. Zudem merken Höffler und Schöch (2006) an, dass der Begriff Behandlung im Strafvollzug nicht mit einer heilkundlichen psychotherapeutischen Behandlung von psychischen Störungen gleichzusetzen ist. Vielmehr werden unter Behandlung in diesem Sinne auch beispielsweise Trainingsmaßnahmen (z. B. Antigewalt oder soziale Kompetenzen) oder eine berufliche Qualifizierung gefasst. Wahrscheinlich sind diese Divergenzen auch eher primär auf berufspolitische Gründe (u. a. Psychotherapeutenkammer vs. Rechtspsychologinnen) und das Abstecken von »Jagdgründen« zurückzuführen. In diesem Zusammenhang sind die weitere Entwicklung und die Stärkung der Rechtspsychologie durch eigenständige Masterabschlüsse, die wahrscheinlich in Zukunft entstehen werden, abzuwarten.

Ein weiteres Gebiet der gesetzlichen Regelung ist beispielsweise der Bereich des Strafvollzugs. Im Zuge des Föderalismus gibt es allerdings kein bundesweit einheitliches Gesetz und Sie sollten spezifisch für Ihr Bundesland die rechtliche Grundlage als Rechtspsychologin überprüfen. In den genannten Landesstrafvollzugsgesetzen ist beispielsweise geregelt, inwiefern für die im Vollzug tätigen Psychologinnen eine Offenbarungspflicht gegenüber der Anstaltsleitung besteht und welches die rechtlichen Hintergründe für die Tätigkeit sind.

Für Rechtspsychologinnen wichtige gesetzliche Bestimmungen (Auswahl)

- Strafgesetzbuch (StGB):
  § 203 (Verletzung von Privatgeheimnissen; sogenannte »Schweigepflicht«)
  § 53 (Zeugnisverweigerungsrecht aus beruflichen Gründen)
  § 132a (Missbrauch von Titeln, Berufsbezeichnungen und Abzeichen)
- Datenschutz-Grundverordnung (DSGVO)
- Betriebsverfassungsgesetz (BetrVG)
- Straf- und Zivilprozessordnung (StPO, ZPO)
- Psychotherapeutengesetz (PsychThG)
- Strafvollzugsgesetze der Länder (StVollzG)

Zusammenfassung

»Rechtspsychologie« ist der Oberbegriff für die Teildisziplinen Kriminal- und Forensische Psychologie. Der Gegenstandsbereich ist die Anwendung psychologischer Theorien, Methoden und Erkenntnisse auf Probleme des Rechtssystems. Die Praxis der Rechtspsychologinnen stimmt allerdings nur sehr wenig mit der von den Medien gezeichneten Tätigkeit überein. Die meisten Rechtspsychologinnen sind im Bereich Justizvollzug und Forensischer Psychiatrie oder als Gutachterin tätig. Nur sehr wenige arbeiten als Polizeipsychologinnen oder »Profilerinnen«. Obwohl die Rechtspsychologie eine beeindruckende Geschichte und Entwicklung sowie Professionalisierung aufweist, gibt es in Deutschland erst seit dem Jahr 2013 an den Hochschulen verankerte Masterprogramme in Rechtspsychologie.

Literaturempfehlungen und Internetquellen

Kury, H. & Obergfell-Fuchs, J. (2012). *Rechtspsychologie – Forensische Grundlagen und Begutachtung. Ein Lehrbuch für Studium und Praxis.* Stuttgart: Kohlhammer.
Bliesener, T., Dahle, K.-P. & Lösel, F. (2023). *Lehrbuch Rechtspsychologie.* Göttingen: Hogrefe.
www.bdp-rechtspsychologie.de
https://www.dgps.de/fachgruppen/rechtspsychologie

Aufgaben und Fragen zur Selbstüberprüfung

- In welche Bereiche wird die Rechtspsychologie aufgeteilt?
- Grenzen Sie Rechtspsychologinnen von anderen forensischen Professionen ab!
- Wie wird man Rechtspsychologin?
- Nennen Sie die ethischen Richtlinien nach BDP/DGPs!

2 Kriminalpsychologie

Bereits in Kapitel 1 wurde aufgezeigt, dass die Rechtspsychologie in zwei Bereiche aufgegliedert werden kann. Im Folgenden wird zunächst die Kriminalpsychologie betrachtet, um in den anschließenden Kapiteln 3 bis 8 auf die Forensische Psychologie näher einzugehen. In diesem Kapitel lernen Sie die Definition und den Gegenstandsbereich der Kriminalpsychologie kennen (▶ Kap. 2.1). Sie bekommen einen Überblick über die Häufigkeit und die Entwicklung von straffälligem Verhalten (▶ Kap. 2.2). Des Weiteren erhalten Sie eine Einführung in die wichtigsten Kriminalitätstheorien aus der Kriminologie, Soziologie, Medizin und Psychologie sowie in die Entwicklungspfade dissozialen Verhaltens. Darüber hinaus werden die Theorien zur Entstehung von Aggression, Gewalt und Sexualdelinquenz erläutert. Abschließend erfolgt eine kritische Auseinandersetzung mit der »kriminellen Persönlichkeit« (▶ Kap. 2.3).

2.1 Definition und Abgrenzungen

Definition

Die Kriminalpsychologie beschäftigt sich mit Theorien und empirischen Befunden zur Entstehung und Aufrechterhaltung von dissozialem und kriminellem Verhalten.

Die Aspekte der Kriminalprävention, die auch der Kriminalpsychologie zuzuordnen ist, werden in Kapitel 11 gesondert vertieft. Bevor eine ausführliche Auseinandersetzung mit den genannten kriminalpsychologischen Feldern stattfindet, betrachtet der nächste Abschnitt die Häufigkeit und die Entwicklung von Kriminalität.

2.2 Häufigkeit und Entwicklung von straffälligem Verhalten

Verfolgt man die Medienberichterstattung, so scheint die Kriminalität in den letzten Jahren stark zugenommen zu haben. Insbesondere kann man den Eindruck gewinnen, dass Sexual- und Gewaltkriminalität deutlich häufiger vorkommt als noch im letzten Jahrtausend. Lassen Sie uns gemeinsam schauen, ob das wirklich der Fall ist. Dafür werden vor allem statistische Erhebungen und Dunkelfeldanalysen geprüft. Jedes Jahr wird die polizeiliche Kriminalstatistik (PKS) herausgegeben. Diese können Sie einfach im Internet recherchieren und sich herunterladen (z.B. www.bka.de).

In der PKS finden sich Daten der letzten Jahre über das sogenannte »Hellfeld« (▶ Abb. 2.1). Es werden strafrechtlich relevante Taten oder Verhaltensweisen aufgenommen bzw. erfasst, die offiziell gemeldet, zur Anzeige gebracht oder ermittelt wurden. Unterschieden werden kann in der PKS zwischen der Anzahl der offiziell bei der Polizei gemeldeten Fälle, der ermittelten Tatverdächtigen und der aufgeklärten Fälle (durch die Polizei). Die Anzahl der rechtskräftig verurteilten Personen sind in der PKS nicht enthalten. Bosinski hat bereits 2002 darauf aufmerksam gemacht, dass in dieser Reihenfolge (gemeldete Fälle → ermittelte Tatverdächtige → verurteilte Personen) die Zahl der Fälle sehr deutlich sinkt. Das bedeutet, dass von den gemeldeten Fällen oftmals (je nach Deliktbereich unterschiedlich) nur ein Bruchteil abgeurteilt wird. Entsprechend müssen einzelne Statistiken unterschiedlich interpretiert werden und die Zahlen können erheblich variieren.

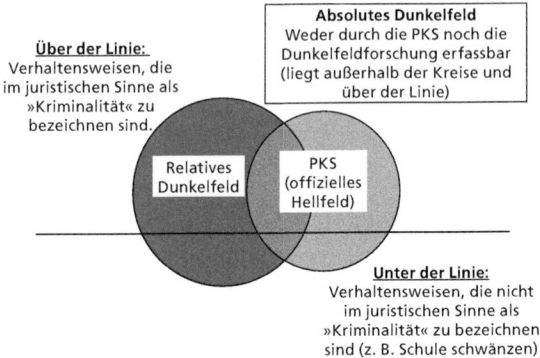

Abb. 2.1: Dunkel- und Hellfeld der Kriminalität (Darstellung in Anlehnung an die PKS)

In das relative Dunkelfeld fallen all jene Verhaltensweisen, die als Kriminalität zu bezeichnen sind (also gegen das Strafgesetzbuch verstoßen; ▶ Abb. 2.1), aber offiziell nicht erscheinen. Beispielsweise wenn häusliche Gewalt vorliegt (ein Mann schlägt seine Ehefrau), aber keine Anzeige erfolgt. Das relative Dunkelfeld wird wesentlich größer sein als das sich in der PKS widerspiegelnde Hellfeld. Untersuchungen (z. B. Wetzels, 1997) haben ergeben, dass beispielsweise irgendein erlebter sexueller Missbrauch im Leben bei Frauen in der Größenordnung von ca. 18 % liegt. Eine »erschreckend« hohe Zahl, die weit über den offiziellen Zahlen der PKS (also dem Hellfeld) liegt. Ähnliche Zahlen ergeben sich für den sexuellen Missbrauch von Kindern und Jugendlichen (vgl. u. a. Bieneck & Stadler, 2012; Stadler et al., 2012) sowie für die Kindesmisshandlung (vgl. Stadler, 2012). Allerdings gibt es darüber hinaus auch das absolute Dunkelfeld, das man weder mit der Hell- noch mit der Dunkelfeldforschung erfassen kann (▶ Abb. 2.1). Daraus lässt sich schließen, dass viel über die Häufigkeit von kriminellem Verhalten und seine Veränderung über die Zeit bekannt ist; aber dennoch gibt es einen »blinden« Fleck. Das hat erhebliche Auswirkungen auf die Forschung und schränkt die Aussagekraft von offiziellen Statistiken deutlich ein. So weiß man beispielsweise nicht sicher, ob bei einem Absinken der Zahlen in der PKS die Kriminalität wirklich weniger geworden ist oder ob die Verringerung lediglich u. a. durch ein verändertes Anzeigeverhalten zustande gekommen ist (bei gleichbleibendem Dunkelfeld).

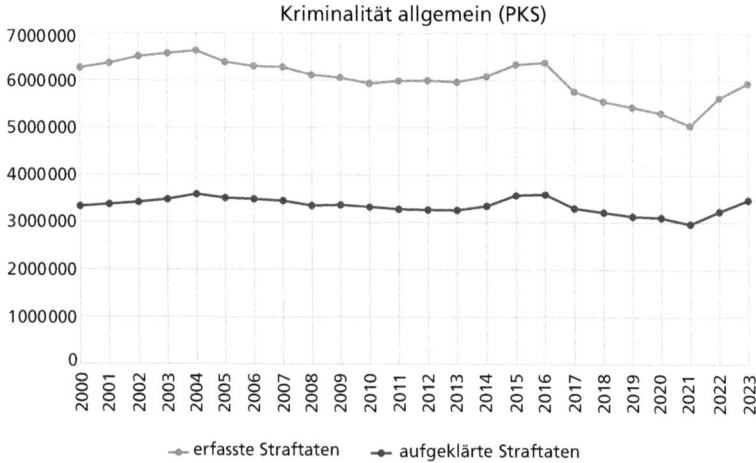

Abb. 2.2: Kriminalitätsentwicklung allgemein (PKS)

Sehen Sie sich jetzt die Kriminalitätsentwicklung (PKS) über die letzten Jahre und Jahrzehnte an. Die Abbildung 2.2 zeigt, dass sich die Kriminalität allgemein weitgehend konstant gehalten hat (unter Berücksichtigung der Einwohnerzahl), mit leichter Tendenz nach unten (▶ Abb. 2.2). Allerdings hat sich die Anzahl der erfassten Straftaten in den Jahren 2015 und 2016 leicht erhöht. In den folgenden Jahren 2017 bis 2021 haben sich die Zahlen deutlich reduziert. Zu beachten ist, dass in diese Spanne die Corona-Pandemie gefallen ist. In den Jahren 2022 und 2023 ist hingegen eine deutliche Erhöhung der allgemeinen Kriminalitätsrate festzustellen.

Ein ähnlicher Verlauf hat sich für die Raubdelikte gezeigt. Von 2000 bis 2021 hat eine Abnahme der Straftaten stattgefunden. Erst für die Jahre 2022 und 2023 ergibt sich ein deutlicher Anstieg. Indes hat sich in den letzten 20 Jahren das Hellfeld der Köperverletzungsdelikte stärker wellenförmig entwickelt (▶ Abb. 2.3). Im Jahr 2007 konnte ein sehr hoher

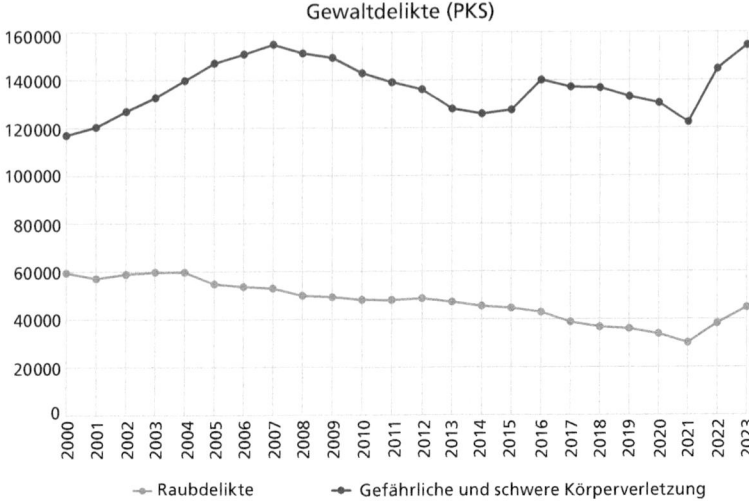

Abb. 2.3: Kriminalitätsentwicklung Raub- und Körperverletzungsdelikte (PKS); »Gefährliche und schwere Körperverletzung«

Wert festgestellt werden, der erst wieder in ähnlicher Form im Jahr 2023 erreicht wurde.

Der Blick auf die Zahlen der Tötungsdelikte (Mord und Totschlag) offenbart, dass die Zahlen von Mord und Totschlag mit leichter Tendenz zur Abnahme über die Jahre weitgehend ähnlich geblieben sind. Allerdings ist ein erheblicher Sprung für die Jahre 2022 und 2023 zu verzeichnen, welcher schließlich den höchsten Punkt seit über 20 Jahren markiert. Die Abbildung 2.4 fasst die Entwicklung (auch der versuchten Taten) zusammen (▶ Abb. 2.4).

Wenn man sich mit den Sexualdelikten beschäftigt, ist zwischen den Jahren 2000 bis 2015 (mit leichten Schwankungen) eine Abnahme für die Deliktbereiche Sexueller Missbrauch von Kindern, Exhibitionistische Handlungen und Erregung öffentlichen Ärgernisses sowie für Vergewaltigung und sexuelle Nötigung zu verzeichnen. Diese positive Entwicklung hat aber ab ca. 2015 einen ungünstigen Trend erhalten. Es ist für alle Kategorien eine erhebliche Zunahme der Fallzahlen festzustellen. Den negativen Höhepunkt stellt das Jahr 2023 dar (▶ Abb. 2.5). In diesem Jahr

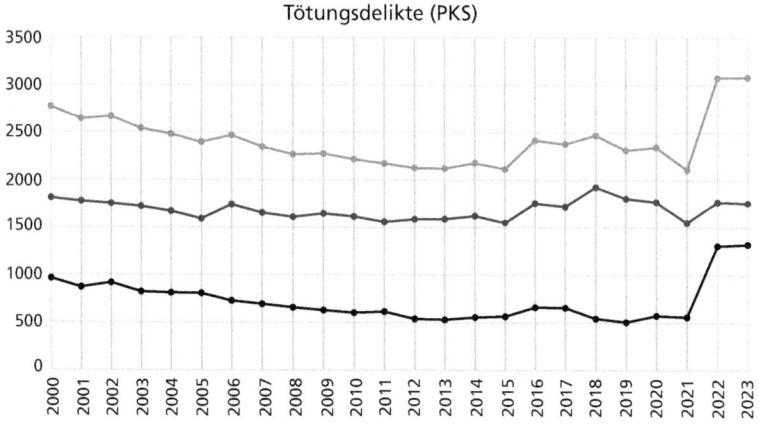

Abb. 2.4: Kriminalitätsentwicklung Tötungsdelikte (PKS)

wurden 16 375 Fälle von sexuellem Kindesmissbrauch und 12 186 Fälle von Vergewaltigungen und sexueller Nötigung registriert.

Es bleibt abschließend festzuhalten, dass man in Deutschland an einer Verringerung der Straftatzahlen weiter stetig arbeiten muss. Für jeden Deliktbereich muss eine spezifische Analyse vorgenommen werden und bzgl. der Diskussion über die Ursachen in die gesellschaftlichen Entwicklungen und Bedingungen eingebettet werden. Vor dem Hintergrund der Corona-Pandemie in den Jahren 2020 bis 2022 sind die Zahlen während dieses Zeitraums lediglich eingeschränkt zu interpretieren. Weiter finden in regelmäßigen Abständen Veränderungen im Rechtssystem und den Straftatbeständen statt, so dass auch diese Faktoren Einfluss auf die Polizeiliche Kriminalstatistik nehmen.

Wie aufgezeigt ist die allgemeine Kriminalitätsentwicklung in den letzten 20 Jahren weitgehend stabil geblieben, auch wenn die Zahlen in den einzelnen Deliktbereichen natürlich variieren. Beim Blick auf die Belegungsraten des Straf- und Maßregelvollzuges muss neben der zuvor skizzierten Kriminalitätsentwicklung auch die Bevölkerungsentwicklung in Deutschland beachtet werden. Schon allein aufgrund der geburten-

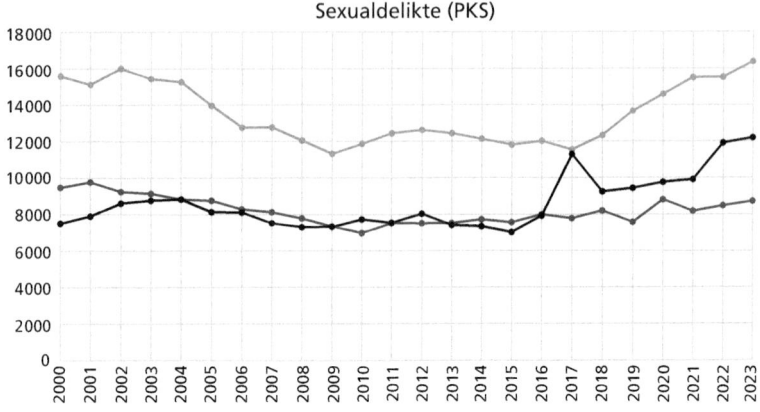

Abb. 2.5: Kriminalitätsentwicklung Sexualdelikte (PKS)

schwachen Jahrgänge müsste es zu einem Rückgang der Kriminalitätshäufigkeit und der Inhaftierungszahlen kommen. Personen oberhalb des 50. Lebensjahres begehen nämlich deutlich weniger Straftaten als jüngere Menschen. Die Tabelle 2.1 zeigt, dass die Belegungsrate des Strafvollzuges bei Männern und Frauen leicht abgenommen hat, hingegen ist die Anzahl der Sicherheitsverwahrten von 183 Personen im Jahr 1995 auf 594 im Jahr 2021 gestiegen (▶ Tab. 2.1). Dieser Anstieg von Sicherungsverwahrten ist sicherlich auf den veränderten sozialpolitischen Umgang mit (sexuell motivierten) Gewaltstraftätern und der geänderten Gesetzgebung zurückzuführen. Eher unwahrscheinlich ist dieser Anstieg nur damit zu begründen, dass die Straftäter immer gefährlicher werden. Seit 2015 sind die Zahlen auch recht gleichbleibend.

Tab. 2.1: Belegungsraten des Strafvollzuges zwischen 2011 und 2022

Jahr	Belegungsraten		
	Strafvollzug (Männer)	Strafvollzug (Frauen)	Sicherungs-verwahrte (Männer)
2011	56 746	3 321	501
2012	54 765	3 308	464
2013	53 433	3 208	489
2014	51 419	3 096	507
2015	49 307	3 105	528
2016	47 733	3 125	539
2017	48 609	3 034	560
2018	48 026	2 931	564
2019	47 593	2 996	550
2020	43 427	2 642	596
2021	42 068	2 520	594
2022	40 086	2 406	602

Anmerkung: Quelle Statistisches Bundesamt

Straftäter, die zum Zeitpunkt der Tatbegehung vermindert oder ganz schuldunfähig waren (▶ Kap. 3), werden bei weiterer zu erwartender Gefährlichkeit im Maßregelvollzug (Forensische Psychiatrie) zur Behandlung untergebracht und können erst nach erfolgreicher Genesung sowie positiver Legalprognose (einem geringen Rückfallrisiko) entlassen werden. Diese Aspekte können forensisch-diagnostisch u. a. von Rechtspsychologen im Gerichtsverfahren festgestellt werden. Seit 1990 hat sich die Belegung des Maßregelvollzuges bis heute nahezu verdreifacht (▶ Tab. 2.2). Wahrscheinlich sind Straftäter jedoch nicht psychisch »kränker« geworden, sondern hier hat sich auf Basis der sozialpolitischen Entwicklungen möglicherweise eine konservativere Gutachterpraxis etabliert. Diese könnte dazu geführt haben, dass man psychisch auffällige Straftäter heutzutage eher in psychiatrischen Einrichtungen unterbringt als das früher der Fall gewesen war. Zudem hat sich andererseits die psychologisch-psychiatrische Diagnostik weiterentwickelt, so dass heute Standards und Methoden bestehen, die zu einer verbesserten Untersuchungsmöglichkeit geführt haben. Gleichfalls haben sich die Kriterien für die Diagnostik von psychischen Störungen verändert. Letztendlich haben wohl verschiedene Aspekte zum Anstieg der Belegungszahlen geführt, die auch unter Fachleuten sehr kontrovers diskutiert werden.

Tab. 2.2: Belegungsraten des Maßregelvollzuges zwischen 1990 und 2020

	Belegungszahlen für den Maßregelvollzug (Männer und Frauen)		
Jahr	§ 63 StGB	§ 64 StGB	Gesamt
1990	2 489	1 160	3 649
1995	2 902	1 373	4 275
1996	2 956	1 277	4 233
1997	3 216	1 363	4 579
1998	3 539	1 529	5 068
1999	3 838	1 657	5 495
2000	4 098	1 774	5 872
2001	4 297	1 922	6 219
2002	4 462	2 088	6 550
2003	5 118	2 281	7 399
2004	5 390	2 412	7 802
2005	5 640	2 473	8 113
2006	5 917	2 619	8 536
2007	6 061	2 603	8 664
2008	6 287	2 656	8 943
2009	6 440	2 811	9 251

Tab. 2.2: Belegungsraten des Maßregelvollzuges zwischen 1990 und 2020 – Fortsetzung

Jahr	Belegungszahlen für den Maßregelvollzug (Männer und Frauen)		
	§ 63 StGB	§ 64 StGB	Gesamt
2010	6 569	3 021	9 590
2011	6 620	3 354	9 974
2012	6 750	3 526	10 276
2013	6 652	3 819	10 471
2014	6 540	3 822	10 362
2015	6 141*/7 411**	3 743*/4 472**	9 884*/11 883**
2016	6 081*/7 272**	3 789*/4 467**	9 870*/11 739**
2017	6 275*/7 221**	3 948*/4 462**	10 223*/11 683**
2018	6 025*/7 094**	4 146*/4 901**	10 171*/11 995**
2019	5 926*/7 182**	4 300*/5 161**	10 226*/12 343**
2020		4 677*	

Anmerkungen: Quelle Statistisches Bundesamt; § 63 StGB Unterbringung in einer forensischen Psychiatrie; § 64 StGB Unterbringung in einer Entzugsklinik; 2009: für Rheinland-Pfalz Ergebnisse aus 2008; 2012: für Schleswig-Holstein teilweise Daten aus 2011; für Rheinland-Pfalz seit 2010 keine neue Daten; *Statistisches Bundesamt, Stand jeweils zum 31.03., nicht alle 16 Länder → kein bundesweites Ergebnis; 2020: Statistisches Bundesamt, Zusammenstellung von Länderlieferungen zum Maßregelvollzug im Auftrag des BMJV zum Stichtag 31. März 2020, S. 7, auf der Grundlage von Meldungen von zwölf Ländern; https://dserver.bundestag.de/btd/20/059/2005913.pdf; https://www.bmj.de/SharedDocs/Gesetzgebungsverfahren/Dokumente/RefE_ Ueberarbeitung_Sanktionsrecht.pdf?__blob=publicationFile&v=2; **Angaben der Mitglieder der Bund-Länder-Arbeitsgruppe zu § 64 StGB der AG Psychiatrie der AOLG, alle 16 Länder, durchschnittliche Belegung pro Jahr.

2.3 Entstehung von straffälligem Verhalten und Delinquenz

Bevor die Entstehung von straffälligem Verhalten und Delinquenz ausführlich betrachtet wird, müssen zunächst verschiedene Begriffe in diesem Zusammenhang erklärt, definiert und voneinander abgrenzt werden.

Definition

Beelmann und Raabe (2007) verstehen unter »*dissozialem Verhalten*« eine Verletzung von altersgemäßen sozialen Erwartungen, Regeln und informellen Normen.

Dabei sehen Beelman und Raabe (2007) das *dissoziale* Verhalten als Oberbegriff für die sogenannten »heterogenen Problemverhaltensweisen«: oppositionelles, aggressives, delinquentes und kriminelles Verhalten. *Oppositionelles Verhalten* zeichnet sich durch Probleme in der Akzeptanz von Autoritäten aus. Dieses Verhalten ist zumeist auf das Kindesalter beschränkt und oft mit einer unangemessenen Wut- oder Ärgerreaktion kombiniert, vor allem wenn es um die Durchsetzung eigener Interessen geht. Bei *aggressivem Verhalten* geht es um eine – in den meisten Fällen – absichtliche Schädigung von Sachen und Personen (z. B. Schlägereien oder Sachbeschädigung). Hingegen ist *delinquentes Verhalten* ein Sammelbegriff für abweichendes Verhalten (Verstöße gegen formelle Normen; z. B. Verletzung der Schulpflicht), welches aber nicht notwendigerweise strafrechtlich relevant ist (z. B. Schuleschwänzen). *Kriminelles Verhalten* ist als das Problemverhalten zu definieren (oppositionell, aggressiv oder delinquent), das gegen geltende Rechtsnormen verstößt, meist sehr schwerwiegend ist und strafrechtlich verfolgt wird. Somit überschneiden sich die Problemverhaltensweisen. Die Kriminalpsychologie beschäftigt sich mit allen Facetten des dissozialen Verhaltens und nicht nur mit dem kriminellen Verhalten, auch wenn letzteres natürlich oftmals im Fokus steht. Allen Problemverhaltensweisen ist aber gemeinsam, dass es den Anfang einer kriminellen Karriere begünstigen kann und ein fließender Übergang zum Rechtswesen besteht.

2.3.1 Kriminalitätstheorien

Beschäftigt man sich mit der Frage, wie Kriminalität, Delinquenz, dissoziales oder abweichendes Verhalten entsteht, wird schnell deutlich, dass es bei der eben aufgezeigten definitorischen Vielfältigkeit keine allumfassende Theorie gibt oder geben kann. Jede Wissenschaftsdisziplin hat unterschiedliche Erklärungsansätze, die aus ihrer Tradition und der Sichtweise auf den Menschen entstammen. Im Folgenden werden zusammenfassend ausgewählte Modelle der Medizin und der Soziologie betrachtet. Auf die psychologischen Ansätze wird hingegen ausführlicher eingegangen.

Medizin

Die Medizin, oder die Psychiatrie als medizinische Fachdisziplin, geht vereinfacht gesprochen davon aus, dass Menschen, die abweichende Verhaltensweisen zeigen, über ein krankhaftes Nervensystem verfügen; also im Prinzip eine psychische Störung aufweisen. Es gibt viele empirische Belege dafür, dass bei Straftätern zahlreiche Korrelate zwischen antisozialem, psychopathischen bzw. kriminellen Verhalten und biologischen Auffälligkeiten bestehen (z. B. Hirnabnormitäten, Transmitterauffälligkeiten oder Überaktivierung bestimmter Hirnareale; vgl. Andrews & Bonta, 2003/2016; Glenn & Raine, 2014). Dennoch bleibt es oft unklar, ob diese biologischen Auffälligkeiten wirklich die kriminellen Verhaltensweisen ursächlich beeinflussen und/oder ob sie die Folge davon sind (vgl. Köhler, 2004). Zudem sind nicht alle Menschen, die abweichendes Verhalten zeigen, psychisch gestört und nicht alle psychisch Gestörten begehen Straftaten (ebd.). An dieser Stelle wird allerdings keine weitere Vertiefung dieser Kontroverse durchgeführt. Biologische Faktoren werden mittlerweile als ein Teil einer sehr differenzierten psychologischen Betrachtungsweise angesehen, was später im Kapitel (z. B. ▶ Kap. 2.3.3) wieder aufgenommen wird.

Soziologie

Die Soziologie geht in Abgrenzung zur Medizin davon aus, dass gesellschaftliche Prozesse und Einflüsse primär dafür verantwortlich sind, dass Menschen kriminelles Verhalten zeigen (vgl. Lamnek, 1999). In Tabelle 2.3 sind einige bedeutsame Theorien kurz dargestellt (▶ Tab. 2.3). Sowohl die medizinische als auch die soziologische Sichtweise sind recht knapp angerissen worden, da sich das Buch mit den Ansätzen aus der Rechtspsychologie vertiefend beschäftigen will. Die Systematik stellt aus diesem Grund nur einen kurzen Überblick dar.

Tab. 2.3: Soziologische Theorien zur Entstehung von Kriminalität

Ausgewählte Soziologische Erklärungsmodelle	
Labeling-Ansatz	Durch die Etikettierung eines Menschen als kriminell wird im Sinne einer selbsterfüllenden Prophezeiung Kriminalität ausgelöst bzw. aufrecht gehalten (vgl. u. a. Lösel & Schmucker, 2008; Köhler, 2004).
Sozial-strukturelle Theorien (z. B. Anomiekonzept nach Durkheim)	Devianz ist eine Anpassungsreaktion unter »anomischem« Druck (Gesellschaft), wenn für bestimmte Bevölkerungsteile durch legitime Mittel das Erreichen von gesellschaftlichen Zielen nicht möglich erscheint (ebd.).
Neutralisation	In Weiterentwicklung des Anomie-Konzeptes gehen Sykes und Matza (1957) davon aus, dass dissoziale Jugendliche ein Normverständnis haben und daher mit Neutralisationstechniken diese Normen weitgehend aufheben müssen, um Straftaten begehen zu können; beispielsweise durch Ablehnung der Verantwortung (das Opfer hat provoziert) oder Herunterspielen der Folgen (»so schlimm ist eine ›Kopfnuss‹ nicht«; vgl. Köhler, 2004).
Rational choice	Im Sinne einer Kosten-Nutzen-Analyse wird die Begehung von Straftaten als eine rationale Wahl zwischen unterschiedlichen Alternativen verstanden. Die Wahl der kriminellen Handlung (z. B. Diebstahl eines Autos) erscheint subjektiv günstiger als beispielsweise arbeiten zu gehen (Lösel & Schmucker, 2008).

Boers und Reinecke (2007a; vgl. auch Boers et al., 2009) haben ein strukturdynamisches Analysemodell zur Delinquenzentstehung entworfen (► Abb. 2.6). Das Modell unterscheidet drei Stufen distaler (entfernter liegende) und proximaler (näher liegende) Prädiktoren (vgl. Boers & Reinecke 2007b; Boers et al. 2009.). Distale Wertorientierungen repräsentieren dabei nach Hradil (2001, S. 422) unterschiedliche Facetten der Sozialstruktur. Diese sind an Lebens- und Freizeitstilen orientierte Manifestationen sozialer Milieus. Diese distalen Wertorientierungen wirken nach den Autoren aber nur indirekt auf delinquentes Verhalten. Allerdings haben sie einen direkten Einfluss auf die sozialen Bindungen (Eltern und Peers, also gleichaltrige Freunde und Bekannte) und auf die bedeutsamen Sozialisationsinstanzen der Jugendphase (z. B. Schule). Diese sozialen Bindungen geben den Einfluss sozialer Milieus auf die proximale Ebene der delinquenten Normorientierungen und Zugehörigkeit zu delinquenten Gruppen weiter. Es ist ersichtlich, dass bei dieser soziologischen Erklärung von Delinquenz der Blickpunkt hauptsächlich auf soziale Normen und Gruppenzugehörigkeit gerichtet ist. Aus rechtspsychologischer Sicht muss diese Herangehensweise natürlich kritisiert werden, da weder entwicklungsbezogene Veränderungen noch psychische Merkmale (wie z. B. Temperament, kognitive Stile oder Problemlösekompetenzen) berücksichtigt werden. Dennoch markiert das Modell von Boers und Reinecke (2007b) einen Meilenstein in der empirischen Soziologie.

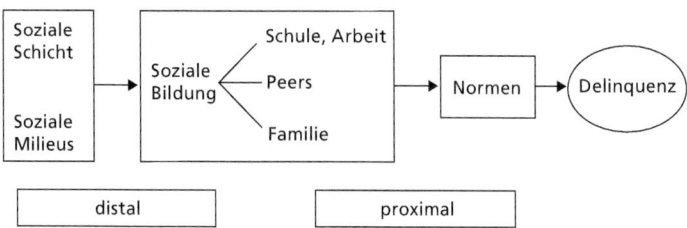

Abb. 2.6: Strukturdynamisches Analysemodell zur Delinquenzentstehung von Boers und Reinecke (2007b, S. 46, leicht modifiziert)

Psychologie

In der Psychologie sind die *Psychoanalyse* nach Sigmund Freud (in der Weiterentwicklung auch als psychodynamische oder neo-analytische Ansätze bezeichnet) und die *Lerntheorie* als Paradigmen zur Erklärung von Kriminalität zu nennen. Sowohl die psychodynamischen als auch die lerntheoretischen Annahmen haben schon fast historischen Charakter, sind aber in den letzten hundert Jahren deutlich weiterentwickelt und verändert worden. Unter anderem finden Sie im Lehrbuch von Maltby et al. (2011) eine ausführliche Darstellung dieser Theorien.

Die *Psychoanalyse* betrachtet die Psyche des Menschen vereinfacht gesprochen als triebdynamisches System, welches vor allem durch die Entwicklung in der Kindheit mit den verschiedenen psychosexuellen Phasen beeinflusst ist. Je nach Unter- und/oder Überstimulation während der kindlichen Entwicklung (z. B. orale Stimulation während der oralen Phase) entwickelt sich das psychische System mit den drei Instanzen Es (Triebe), Ich (Selbst) und Über-Ich (Gewissen). Abhängig von der psychischen Entwicklung (innerpsychisch) und den Umwelteinflüssen bildet sich ein Ich aus, das im besten Falle sehr stark ist und sich gegen Impulse aus dem Es und/oder dem Über-Ich behaupten kann. Darüber hinaus kommt hinzu, dass nach Freuds Theorie (vgl. Maltby et al., 2011) die Motive, aber auch die Triebimpulse weitgehend unbewusst sind. Die Psychoanalyse lässt mehrere Möglichkeiten der Erklärung von Kriminalität zu (vgl. hierzu Köhler, 2004). Beispielsweise kann man kriminelle Verhaltensweisen durch ein mangelnd ausgeprägtes Über-Ich, also der Gewissensinstanz, erklären. Das könnte sowohl durch Umwelteinflüsse (keine entsprechenden Modellpersonen für prosoziales Verhalten) oder innerpsychische Aspekte (psychopathologische Fixierung in der kindlichen Entwicklung) erklärt werden. Darüber hinaus ist es psychoanalytisch auch denkbar, dass kriminelle Menschen ein sehr starkes Es (sofortige und primäre Bedürfnisbefriedigung), ein schwaches Ich (kann sich weder gegen die Triebe noch das Über-Ich wehren) und, wie bereits erwähnt, ein schwaches Über-Ich (kein oder ein wenig ausgeprägtes Gewissen) aufweisen. Weiter werden die Motive für Verhalten weitgehend als unbewusst betrachtet. Daher kann kriminelles Handeln auch als innerpsychischer Konflikt mit symbolhaftem Charakter verstanden werden, z. B. in Bezug auf Kleptomanie (»zwanghafter« Diebstahl). Kriminelle Handlungen würden in diesen Fällen quasi symbolisch für innerpsychische Konflikte ausgeführt, die auf die Entwicklungsdefizite in der frühen Kindheit zurückzuführen sind. So könnte das Stehlen von wertlosen und nicht bedeutsamen Gegenständen ein unbewusstes Zeichen für den Wunsch nach Aufmerksamkeit und ein gestörtes Verhältnis zu den Eltern sein. Diese Beispiele sind aber nur sehr einführende und vereinfachende Darstellungen einer äußerst komplexen Theorie.

Die *Lerntheorie* besteht historisch betrachtet aus drei Bereichen: klassisches und operantes Konditionieren sowie dem Lernen am Modell. Diese wurden Ende des letzten Jahrtausends allerdings noch deutlich weiterentwickelt und ausdifferenziert. Auch hier bietet sich das Lehrbuch von Maltby et al. (2011) als eine sehr gute Einführung in den aktuellen Stand an. An dieser Stelle werden kurz die genannten drei grundlegenden Theorien aufgeführt.

Das *klassische Konditionieren* geht davon aus, dass Reflexe und Emotionen durch wiederholte Reiz-Reaktions-Verknüpfungen gelernt werden. So lernt der Hund bei Pawlow beispielsweise, dass eine zuvor neutrale Glocke (diese wird wiederholt mit Essen dargeboten) Essen ankündigt und der Hund reagiert mit Speichelfluss. Nach häufiger Koppelung von Futter und Glocke fängt der Hund schon bei dem alleinigen Glockenklingeln an zu »sabbern«. Er hat gelernt, dass die Glocke das Essen ankündigt. Watson und Rayner (1920) haben versucht, in ihrer klassischen Fallstudie vom kleinen Albert nachzuweisen, dass auch Emotionen wie Angst klassisch konditioniert sind und dass bei wiederholter Koppelung von neutralen Reizen (z. B. Tiere) mit negativen Stimuli (lautes Geräusch) Menschen eine Angstreaktion auf die neutralen Reize übertragen, d. h., sie haben bereits Angst, wenn das Tier erscheint (vgl. auch Watson, 1924). Die Angstreaktion wurde auch generalisiert, d. h. auf ähnliche Reize (z. B. Pelze oder tierähnliche Sachen) übertragen. Diese beiden grundlegenden Lerntheorien lassen sich für die Entstehung von kriminellem Verhalten in so weit heranziehen, als dass sie die Koppelung von Emotionen an bestimmte Reize bzw. Situationen verständlich machen. Beispielsweise könnten bei Gewaltstraftätern mit eigener Missbrauchsgeschichte in bestimmten Situationen (ähnlich zu dem selbst Erlebten) negative Emotionen (wie z. B. Wut oder Ärger) quasi »reflexhaft« ausgelöst werden. Durch die Weiterentwicklung des operanten Konditionierens ergeben sich zusätzliche lerntheoretische Erklärungen für kriminelles Verhalten.

Das *operante Konditionieren* geht davon aus (vgl. Maltby et al., 2011; auch Skinner, 1976), dass die Verhaltenshäufigkeit vor allem von den Konsequenzen abhängt. Folgt also einer Verhaltensweise eine positive Konsequenz, z. B. eine Belohnung oder Bekräftigung (Verstärkung), sollte diese Verhaltensweise öfter gezeigt werden. Erfolgt hingegen eine negative oder neutrale Konsequenz, dann sinkt die Verhaltenshäufigkeit. Das könnte konkret bedeuten, dass, wenn auf Straftaten eine direkte (aber wohl häufig) kurzfristige Konsequenz oder Belohnung folgt (z. B. Diebesgut wie Geld usw.), die Häufigkeit von Straftaten steigen sollte. Hat also ein Dieb gelernt, dass er durch Diebstahl ohne großen Aufwand an eine materielle Verstärkung (Geld) kommen kann, wird er diese Handlung öfter durchführen. Allerdings hat sich empirisch gezeigt, dass Bestrafung, negative Konsequenzen oder neutrale Reaktionen nicht wie erhofft, zu einer langfristigen Verringerung beitragen (u. a. Estes, 1944; Banks & Vogel-Sprott, 1965). Zudem bezieht sich das operante Konditionieren auf reine Reiz-Reaktions-Konsequenz-Abfolgen (Diebesgut → Diebstahl → Geld durch Verkauf). Kognitive (geistig-psychische) oder emotionale Prozesse werden weitgehend ausgeblendet. In der klassischen operanten Lerntheorie wurden innerpsychische Prozesse als nicht untersuchbar angesehen und sie wurden weitgehend aus ihren Modellen ausgeschlossen. Dadurch entsteht ein sehr simples Menschenbild, welches geradezu das Gegenstück der Psychoanalyse darstellt. Die Psychoanalyse bezieht sich nämlich hauptsächlich auf intrapsychische Konzepte und Inhalte.

In Weiterentwicklung der klassischen Lerntheorie hat Albert Bandura (1977) ab 1964 u. a. untersucht, wie Kinder aggressives Verhalten lernen bzw. imitieren und wovon der Erwerb sowie die Ausführung desselben abhängt. Seine Theorie wird auch als *sozial-kognitive Lerntheorie* bezeichnet. Bandura geht davon aus, dass Menschen im Rahmen von sozialen Situationen und Einflüssen Verhaltensweisen erlernen. Darüber hinaus postulierte er auch kognitive Prozesse (also geistige bzw. innerpsychische Vorgänge). Kinder müssen ihre Aufmerksamkeit auf soziale Situationen von Modellpersonen (z. B. aggressives Verhalten von Erwachsenen) lenken und sich die dort wahrgenommenen Verhaltensweisen merken (d. h. im Gedächtnis speichern). Anschließend müssen die Kinder die abgespeicherten

Verhaltensweisen in Form von realen oder mentalen Nachahmungsversuchen imitieren. Allerdings hängt es von Verstärkern (Belohnung) ab, ob die gelernten Verhaltensweisen überhaupt und vor allem auch wie häufig ausgeführt werden. Bandura konnte zeigen, dass vor allem soziale Verstärker, wie z. B. attraktiv und positiv bewertete Personen, darüber mitentscheiden, ob Kinder Verhalten nachahmen. Durch die sozial-kognitive Lerntheorie lassen sich einerseits der Erwerb komplexer Verhaltensweisen (z. B. Fahrradfahren) erklären, was wahrscheinlich die wenigsten von uns allein durch klassisches oder operantes Konditionieren gelernt haben. Andererseits konnte Bandura experimentell herausarbeiten, unter welchen Bedingungen Menschen leichter aggressives Verhalten erlernen. Ebenso trennt Bandura die Bereiche Erwerb und Ausführung. Zwar haben alle Menschen schon gewalttätige Handlungen beobachten können (real oder fiktional), dennoch begehen nicht alle Gewaltdelikte. Was Menschen aus ihrem potenziellen Verhaltensrepertoire an Verhalten zeigen, hängt nach Bandura von vielen Faktoren ab, insbesondere aber von den Modellen in unserer Lerngeschichte (insbesondere denjenigen, die positiv beurteilt werden). Beobachten Kinder beispielsweise während ihrer Kindheit häufig, wie der Vater (in der Regel eine zunächst positiv bewertete Person) zur Durchsetzung eigener Interessen die Mutter körperlich misshandelt (und nicht wirkungsvoll dafür bestraft wird), steigt die Wahrscheinlichkeit dafür, dass dieses Kind ebenfalls aggressive Handlungen real ausführt. Es hat schließlich beobachtet, dass ein positiv bewertetes Modell (Vater) durch Gewalt eine Belohnung bekommt (eigene Interessen verwirklicht). Bandura hat sich zudem mit dem Einfluss von Medien auf aggressives Verhalten beschäftigt und konnte zeigen, dass reale Modelle einen deutlich größeren Effekt haben als der Fernsehkonsum alleine (vgl. Maltby et al., 2011). Albert Bandura hat damit bereits vor 40 Jahren heute immer noch aktuelle Themen untersucht. Lassen Sie uns jetzt einen Sprung von den historischen Theorien zur Entstehung von Kriminalität und Gewalt zu den neueren Ansätzen machen.

Die Theorien der *sozialen Informationsverarbeitung* sind in Bezug auf kriminelles Verhalten und Jugenddelinquenz maßgeblich durch die Formulierungen von Crick und Dodge (1994) beeinflusst worden. Sie unterscheiden sechs Phasen der Informationsverarbeitung, die bei aggressiven oder kriminellen Kindern und Jugendlichen verzerrt sein sollen. Zunächst

51

werden aggressive Hinweisreize selektiv wahrgenommen (Enkodierung) und bei anderen Menschen werden primär feindselige Intensionen gesehen bzw. erwartet (Interpretation). Anschließend werden von den aggressiven Kindern und Jugendlichen eher egozentrische und unkooperative Ziele verfolgt (Zielklärung). Zudem haben sie viele aggressive Schemata im Gedächtnis gespeichert, die leicht abrufbar sind (Generierung von Handlungsalternativen). Die dissozialen Kinder und Jugendlichen erwarten darüber hinaus von aggressiven Verhaltensweisen mehr Erfolg als von sozial adäquaten Handlungen (Handlungsauswahl und -bewertung). Durch Defizite in den sozialen Fertigkeiten greifen sie in sozialen Problemsituationen als Folge der sechsten Phase eher zu aggressiven Verhaltensweisen (Handlungsinitiierung) als sozial kompetente Gleichaltrige. Für die Theorie von Crick und Dodge liegen vielfältige Belege vor (zur Übersicht: Lösel & Schmucker, 2008; Köhler, 2004; Lösel & Bliesener, 2003).

In der *modernen Psychologie* hat man in empirischer Erweiterung als übergeordneten Theorierahmen das Resilienzkonzept bzw. das *biopsychosoziale Modell* entwickelt. Aufbauend auf den bisher dargestellten klassischen Ansätzen und Theorien zur Kriminalitätsentstehung ist man seit den 1980er Jahren zunehmend dazu übergegangen, sich zu fragen, warum Menschen auch unter widrigen biopsychosozialen Umständen dennoch eine weitgehend sozialadäquate Entwicklung zeigen und nicht kriminell werden (sogenannte Resilienzforschung, vgl. Kraft, Köhler & Hinrichs, 2008). Es scheint, dass diese Menschen eine gewisse Anzahl an Ressourcen oder Schutzfaktoren zur Verfügung haben oder hatten, die quasi ausgleichend zu den Risikobedingungen eine positive Entwicklung ermöglicht haben. Daher spricht man vom Ansatz der Risiko- und Schutzfaktoren.

Diese Faktoren können einerseits in biologische, psychologische und soziale Variablen eingeteilt werden. Ergänzenderweise kann man die Faktoren auch in personen- bzw. kindbezogene und umgebungsbezogene Faktoren einteilen (ebd.). Kern dieser Herangehensweise ist, dass man eine ungünstige Entwicklung oder kriminelles Verhalten wie eine Art Puzzle versteht und mit der Anzahl der Variablen (Puzzleteile) steigt entsprechend das empirische Risiko für eine ungünstige Entwicklung. Das heißt, je mehr Risikofaktoren und je weniger Schutzfaktoren vorhanden sind, desto größer ist die Wahrscheinlichkeit für Kriminalität oder eine ungünstige

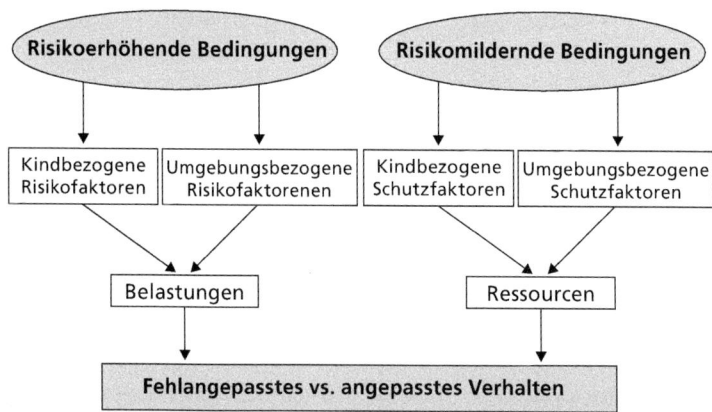

Abb. 2.7: Modell der Risiko- und Schutzfaktoren (vgl. Kraft et al., 2008)

(dissoziale) Entwicklung (▶ Abb. 2.7), wobei die einzelnen Faktoren sich natürlich gegenseitig beeinflussen. Die Umwelt steht mit der Person in wechselseitiger Beziehung. Besondere Umweltereignisse können eine Rolle spielen und unter einer zeitlichen Veränderung stehen (z. B. biologische Reifung oder Veränderung). Daher kann man nicht einfach die einzelnen Risikofaktoren additiv aufsummieren und die Schutzfaktoren abziehen. Ebenfalls können diese Faktoren nicht als ein Kontinuum mit den beiden Polen: Risiko (negativ) und Schutz (positiv) angesehen werden. Vor allem da die Bedeutsamkeit einzelner Variablen vor dem Hintergrund der individuellen Entwicklungsgeschichte sehr unterschiedlich sein kann. Dieser Ansatz ist einerseits sehr strukturiert und übersichtlich, aber er zeigt auch, dass auf Basis einer wissenschaftlichen Theorie, die die Komplexität des menschlichen Verhaltens und Erlebens berücksichtigt, keine einfachen Antworten möglich sind.

Mittlerweile ist das *biopsychosoziale Modell* aufgrund der empirischen Fundierung als Metatheorie (übergeordneter Theorierahmen) in der Psychologie weitgehend anerkannt. Wie bereits erwähnt kann sie jedoch keine einfachen Erklärungen bieten, die gibt es wohl auch nicht.

2.3.2 Prototypische Entwicklungspfade

Beschäftigt man sich mit dem Verlauf von »kriminellen Karrieren«, stellt man fest, dass diesem Forschungszweig keine eigene Theorie zugrunde liegt. Es werden auch keine Verbrechensursachen oder Überlegungen dazu formuliert (Schneider, 2008). Hingegen werden primär Verläufe von Delinquenz auf empirischer Basis betrachtet. Dabei sind bestimmte Variablen von Bedeutung, wie z. b. die generelle Häufigkeit von strafbaren Handlungen im Lebensverlauf von Menschen, die Tatschwere oder die Spezialisierung auf bestimmte Deliktarten (z. B. Betrug oder Körperverletzung).

Zunächst werden die drei klassischen Modelle der prototypischen Delinquenzentwicklung betrachtet, die sich mit dem Beginn, der Dauer und der Beendigung von Kriminalität beschäftigen. Prinzipiell kann festgestellt werden, dass lediglich 5 % einer Geburtskohorte oder ca. 10 bis 20 % der jugendlichen Straftäter als sogenannte Intensivtäter zu bezeichnen sind. Allerdings sind sie für ca. 50 bis 60 % der in einer Population registrierten Straftaten verantwortlich (Beelmann & Raabe, 2007; Köhler, 2004).

Die englische Psychiaterin Terrie E. Moffitt (1993) vom London Kings College hat auf Basis eigener Studien postuliert, dass es zwei unterschiedliche Entwicklungswege gibt: Eine Gruppe von Kindern entwickelt dissoziales Verhalten über die gesamte Lebensspanne, d. h., sie fangen früh an (bereits in der Kindheit) und hören erst im späten Erwachsenalter auf. Sie nennt diese Gruppe die *Lebenslauf-persistente Gruppe.* Daneben gibt es andere Jugendliche, die nur in der Adoleszenz dissoziale Verhaltensweisen zeigen. Das ist die Gruppe, die in der deutschen Kriminologie als *jugendtypische Delinquente* bezeichnet werden.

Eine weitere Typologie von Entwicklungspfaden stammt von Rolf Loeber (Loeber et al., 1998), der an der Universität Pittsburgh/USA arbeitete. Er unterscheidet drei Entwicklungspfade: *Lebensspannentypus* (ähnlich wie Moffitt), den *vorübergehenden Typus im Jugendalter* (ähnlich wie Moffitt) und den *späteinsetzenden Typus* (also Jugendliche, die über das Jugendalter hinaus dissoziales Verhalten zeigen).

Der emeritierte Psychologe Gerald R. Patterson hat in Weiterentwicklung ein Modell prototypischer Entwicklungspfade vorgestellt, das Aspekte von Moffitt und Loeber beinhaltet, aber auch etwas Neues einfügt. Patterson und Yoerger (2002) unterscheiden einen Pfad der *Frühstarter* (ab

Kindheit; »early starter«) und einen Pfad der *Spätstarter* (ab Jugendalter; »late starter«). Beide Entwicklungstypen beziehen sich auf die sogenannten Intensivtäter, die dissoziale Verhaltensweisen bis ins späte Erwachsenenalter aufzeigen.

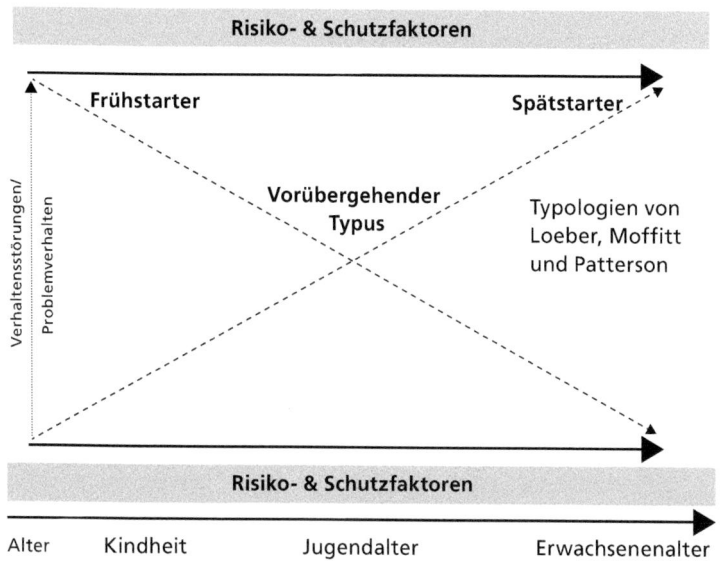

Abb. 2.8: Unterschiedliche Entwicklungstypen von dissozialem Verhalten vor dem Hintergrund der Risiko- und Schutzfaktoren

In Abbildung 2.8 sind diese drei Modelle der prototypischen Entwicklungspfade vor dem Hintergrund des Altersverlaufs sowie der Risiko- und Schutzfaktoren graphisch dargestellt.

Neuere Studien zum Entwicklungsverlauf zeigen etwas komplexere Pfade auf. So hat Dahle (2005) weit mehr als drei Typen gefunden. Er unterscheidet zwischen Gelegenheitstätern, Späteinsteigern, Jungaktiven, altersbegrenzten Intensivtätern und persistenten Intensivtätern. In einer weiteren methodisch sehr anspruchsvollen Untersuchung hat die Arbeitsgruppe von Boers und Reinecke (2007a) sechs differentielle Entwicklungstypen oder -pfade gefunden: Nicht-/kaum Delinquente (ca. 50%), Persistente (9%), gering Delinquente (19%), späte Starter (5%), im Jugendalter Delinquente (13 %), frühe Abbrecher (4 %; vgl. auch Boers et al., 2009). Die spannende, aber auch methodisch komplexe Studie der beiden Hauptautoren ist äußerst empfehlenswert, vor allem zur Betrachtung sehr differenzierter Ergebnisse zur Thematik.

2.3.3 Aggression und Gewalt

Lösel und Bliesener (2003) sowie Beelmann und Raabe (2007) haben auf Basis der zuvor genannten empirischen Befunde und Entwicklungsverläufe biopsychosoziale Modelle entwickelt, die sich ziemlich stark ähneln. Köhler (2004) hat ergänzend darauf hingewiesen, dass bei diesen Modellen weitgehend entwicklungspsychopathologische Aspekte fehlen. Darüber hinaus werden nur Risikofaktoren betrachtet und ein anzunehmendes Wechselspiel zwischen Risiko- und Schutzfaktoren wird weitgehend ausgeblendet.

Die genannten Modelle gehen davon aus, dass sich über den Entwicklungsverlauf biologische, psychologische und soziale Faktoren gegenseitig beeinflussen und dass keine Variable allein genug Erklärungskraft besitzt, um Aggression und Gewalt zu erklären oder vorherzusagen. An dieser Stelle bietet sich wieder die Puzzleanalogie an, um die Erklärungskraft für die Entstehung von Aggression und Gewalt sichtbar zu machen. Je mehr Puzzleteile sich in eine sinnvolle Struktur zusammensetzen lassen, desto genauer wird das Bild bzw. in diesem Fall die Erklärung. Wie in empirischen Ansätzen üblich, spricht man daher immer in Wahrscheinlichkeitsaussagen. Das recht einfache Grundkonzept ist wieder, dass je mehr Risikofaktoren (»Kumulation«) und je weniger Schutzfaktoren vorliegen, desto wahrscheinlicher ist aggressives und gewalttätiges Verhalten. Allerdings ist die Entstehung sehr komplex und immer im (individuellen) Entwicklungsverlauf zu betrachten.

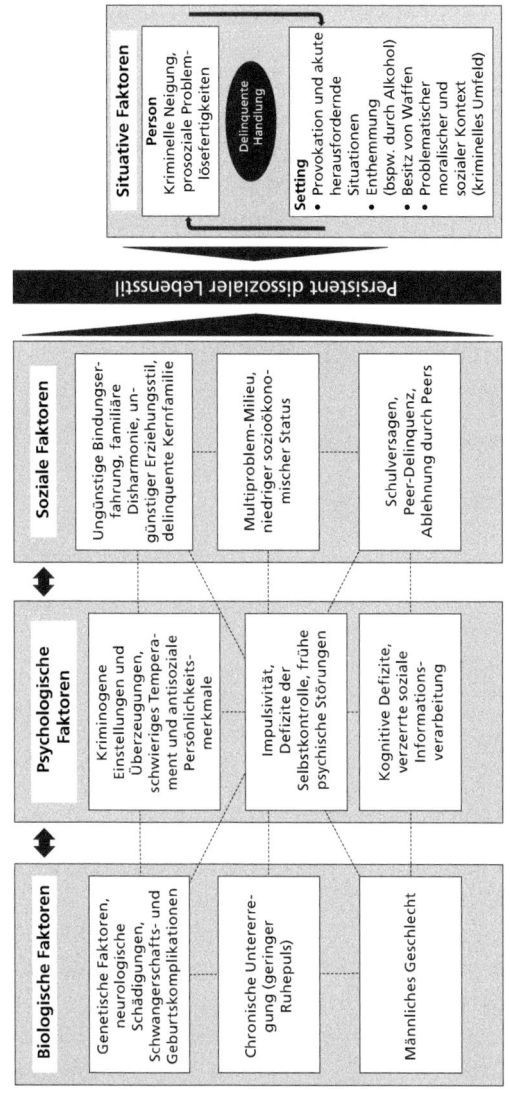

Abb. 2.9: Integratives Entwicklungsmodell von kriminellem und dissozialem Verhalten[3]

---

3 Unter Mitarbeit von Sophia Schuster

Prinzipiell sind diese Modelle sehr gut empirisch belegt und es besteht ein hoher Nutzen für die Praxis (vgl. u. a. Kraft, Köhler & Hinrichs, 2008). In Abbildung 2.9 werden biologische, psychische und soziale Faktoren dargestellt, die einen persistenten dissozialen Lebensstil begünstigen (vgl. u. a. Beelmann & Raabe, 2007; Andrews & Bonta, 2016; Wallner et al., 2019; Schick & Cierpka, 2016; Stemmler et al., 2018). Darüber hinaus werden situative Faktoren und (soziale) Rahmenbedingungen aufgeführt, welche zu einer delinquenten oder aggressiven Handlung zusätzlich initial beitragen können. Situative, kognitive (Problemlösestrategien) oder dynamische Aspekte einer Tatbegehung werden u. a. von Wikström (2010) und Farrington (2020) eingehend beschrieben.

2.3.4 Sexualdelinquenz

Erklärung

Die Ursachen für Sexualdelinquenz sind vielfältig, die Gruppe der Sexualstraftäter ist sehr heterogen und die sexuell devianten Verhaltensweisen sind sehr unterschiedlich.

Trotz dieser Komplexität muss sich die Rechtspsychologie mit diesem Feld beschäftigen, da Sexualdelinquenz für die Gesellschaft ein bedeutsames Problem darstellt und ihr Aufgabengebiet neben der Erklärung von Sexualstraftaten auch die Prävention und die Behandlung der Täter und Opfer umfasst.

Wie bereits erörtert wurde, ist der Umfang (ca. 0,8 % aller polizeilich registrierten Straftaten pro Jahr) und die zeitgeschichtliche Entwicklung der Sexualdelikte entgegen der weitläufigen Meinung eher stabil. Im Bereich des Kindesmissbrauchs ist darüber hinaus sogar seit den 1950er Jahren ein deutlicher Rückgang festzustellen (vgl. Egg, 2008; PKS, 2021). An dieser Stelle muss wieder auf die bereits diskutierten beeinflussenden Variablen der Kriminalstatistik, wie z. B. die Anzeigebereitschaft, und auf die Unterscheidung zwischen Hell- und Dunkelfeld aufmerksam gemacht werden. Letztendlich kann man keine »objektiven« Zahlen ermitteln.

Eines steht aber fest: Sexualstraftaten werden fast ausschließlich von Männern oder männlichen Jugendlichen und Heranwachsenden begangen (vgl. Egg, 2008; PKS 2021).

Lassen Sie uns die verschiedenen Formen von Sexualdelinquenz betrachten. Nach Egg (2008) kann man im Kernbereich der Sexualstraftaten zwischen sexuellen Gewaltdelikten (Vergewaltigung und sexuelle Nötigung; §§ 177, 178 StGB), sexuellem Missbrauch von Kindern, Schutzbefohlenen etc. (§§ 176, 176a, b, StGB; §§ 174, 174a, c und 179 StGB), exhibitionistischen Handlungen und Erregung öffentlichen Ärgernisses (§§ 183, 183a StGB) unterscheiden. Solch eine Einteilung orientiert sich hauptsächlich an einer strafrechtlichen Einordnung. Aus psychologischer Sicht kann und sollte ergänzend eine andere Sortierung, z. B. anhand der Motivation, psychischer Variablen, psychischer Störungen oder Verhaltensweisen, erfolgen. Diese Punkte werden im Folgenden aufgegriffen.

Motive für sexuell aggressives Verhalten

Was sind die Motive von sexuell aggressivem Verhalten? Die Frage zu beantworten, fällt nicht nur Laien schwer. Sie stellt Rechtspsychologen ebenso vor eine schwierige Aufgabe, denn solche Verhaltensweisen sind oft kaum nachvollziehbar. Zudem kann aufgrund der eingangs genannten Vielschichtigkeit keine prinzipielle oder einfache Antwort erwartet werden. Bereits Schorsch und Becker (1977) haben sich mit der Motivlage intensiv beschäftigt. Sie fanden neben einer offensichtlich sexuellen Motivation auch eine Reihe von anderen Gründen:

- Demonstration von männlicher Macht,
- Wut und Hass,
- oppositioneller Ausbruch,
- Omnipotenzwünsche (Wünsche nach Allmacht),
- Ausfüllen innerer Leere,
- identifikatorische Wunscherfüllung.

Insbesondere die ältere deutschsprachige Fachliteratur ist stark durch eine psychodynamische Sichtweise geprägt. Homstrom und Burgess (1980) als

59

weitere Vertreter einer Motiveinordnung unterscheiden dagegen die folgenden Beweggründe:

- Macht und Kontrolle,
- Ärger und Hass,
- gruppendynamische Einflüsse bei Vergewaltigungen durch mehrere Täter,
- sexuelle Bedürfnisse im eigentlichen Sinne.

In beiden klassischen Typologien der Motive wird deutlich, dass sexuell aggressives Verhalten Ausdruck von sexuellen (z. B. abweichende Sexualpräferenzen wie z. B. pädophile Neigungen) und nicht-sexuellen Motiven (z. B. Macht und Kontrolle) sein kann. Das macht eine Betrachtung und die Erklärung äußerst schwierig. Zudem widerspricht es der weit verbreiteten Meinung, dass Sexualstraftäter immer abweichende Sexualpräferenzen aufweisen.

Typologien von Sexualstraftätern

Unterschiedliche Motivlagen bilden den Dreh- und Angelpunkt für einige Typologien von Sexualstraftätern. Bei der Erstellung von Typologien versucht man die Täter in prototypische Gruppen einzuteilen. Dieser Ansatz ist stark reduzierend und wird in der Wissenschaft kontrovers diskutiert. Prinzipiell wird meist zunächst zwischen den beiden Gruppen sexueller Gewaltstraftäter (z. B. Vergewaltiger) und sexueller Missbrauchstäter (v. a. Kindesmissbraucher) unterschieden. Historisch betrachtet hat das FBI in den USA beispielsweise für das »Profiling« einen Versuch unternommen, Vergewaltiger in vier Typen einzuteilen: machtmotivierte-selbstunsichere, machtmotivierte-selbstsichere, wutmotivierte-rachsüchtige und wutmotivierte-sadistische Täter (Hazelwood & Burgess, 1995). Das Problem an derart einfachen Typologien ist, dass sie kaum Übergänge zwischen den Typen ermöglichen. Durch die Prototypenorientierung wird kategorial klassifiziert und damit auch stereotypisiert (d. h. wird ein Täter einem Typus zugeordnet, dann werden ihm weitere prototypische Eigenschaften zugeschrieben). Raymond A. Knight (Brandeis University) und Robert A.

Prentky (Farleigh Dickinson University) haben daher für Missbrauchstäter und Vergewaltiger eine recht differenzierte Typologie vorgelegt (Knight & Prentky, 1990). Um den Strang der Vergewaltigerklassifikation weiter zu verfolgen, wird exemplarisch auf diese Einteilung weiter eingegangen. Die Autoren unterscheiden neun Vergewaltigertypen, geordnet nach primären Motiven:

- opportunistische/Gelegenheitstäter (mit hoher [Typ 1] oder geringer Sozialkompetenz [Typ 2]),
- wutdurchdrungener-aggressiver Täter [Typ 3],
- offen sexuell-sadistischer Täter [Typ 4],
- verdeckt sexuell-sadistischer Täter [Typ 5],
- nicht sadistisch-sexualisierender Täter (mit geringer Sozialkompetenz [Typ 6] und hoher Sozialkompetenz [Typ 7]) und
- nachtragend-rachsüchtiger Täter (mit geringer Sozialkompetenz [Typ 8] und hoher Sozialkompetenz [Typ 9]).

Auch wenn sich zunächst einige positive Belege für diesen Ansatz finden ließen, hat sich Knight aufgrund der Einfachheit und der mangelnden empirischen Befunde dimensionalen Strukturmodellen zugewendet. Diese sind jedoch methodisch und inhaltlich zu aufwendig für eine verkürzte Darstellung an dieser Stelle (vgl. Knight, 2010).

In Deutschland haben vor allem Beier (1998), Bosinski (2004) und Rehder (2001) Tätertypologien (Missbrauchs- und Vergewaltigungstäter) entwickelt, die teilweise sehr stark mit der älteren Klassifikation von Knight und Prentky (1990) übereinstimmen. Rehder (2001) unterscheidet bezogen auf die Vergewaltiger die folgenden Typen:

- durchsetzungsschwache-irritierbare (depressive) Täter,
- sozial desintegrierte-chauvinistische oder polytrop (in mehreren Bereichen) kriminelle Täter,
- explosible-sexuell-aggressive Täter,
- ungehemmt-drängende Täter,
- negativ sozialisierte-unterkontrollierte (schizoide) Täter und
- beruflich integrierte, aggressionsgehemmte Täter.

Psychische Störungen und Sexualstraftäter

Lassen Sie uns zu den Sexualstraftätern kommen, die in ihrer sexuellen Vorliebe oder Präferenz so stark gestört sind, dass man ihnen eine psychische Störung zuordnen kann. In der Internationalen Klassifikation psychischer Störungen nach der WHO (ICD-11) werden die folgenden Paraphilen Störungen unterschieden: (6D30) Exhibitionismus, (6D31) Voyeurismus, (6D32) Pädophilie, (6D33) Sexuell-sadistische Störung unter Ausübung von Zwang, (6D34) Frotteismus und (6D35) andere paraphile Störungen mit nicht einwilligenden Personen.

Die Abweichung in der Sexualpräferenz muss erheblich sein, so dass das Objekt (fast) die einzige Quelle der sexuellen Erregung darstellt. Beispielsweise fühlt sich ein Pädophiler nicht nur von Kindern angezogen, sondern er erlebt auch eine sexuelle Erregung nahezu ausschließlich durch sie. Erwachsene Frauen üben für ihn keine sexuelle Attraktivität aus und er fühlt sich auch von ihnen nicht sexuell erregt. Weitere Kennzeichen einer psychischen Störung sind im Allgemeinen, dass es aufgrund der zugehörigen Symptome oder Verhaltensweisen zu einer erheblichen Beeinträchtigung im psychosozialen Bereich kommt (z. B. man kommt wichtigen beruflichen Dingen nicht mehr nach oder hat erhebliche Schwierigkeiten mit Familie oder Freunden) und es zu Leid und Beeinträchtigung führt. Letzteres bezieht sich eigentlich auf die Person selbst, aber natürlich ist es im Bereich der Störungen der Sexualpräferenz durchaus auch üblich, dass die Störung vor allem Leid und Beeinträchtigung bei den Opfern auslöst. Denken Sie einfach an einen »Kernpädophilen« (ein Pädophiler, der sich ausschließlich zu Kindern sexuell hingezogen fühlt), der Kinder sexuell missbraucht und diese dadurch psychisch, physisch und emotional schädigt sowie traumatisiert. Leid und Beeinträchtigung für sich selbst muss dabei nicht stark ausgeprägt sein.

Wie Ihnen wahrscheinlich aufgefallen ist, taucht in der ICD-11 der Begriff der Vergewaltigung nicht auf. Das liegt daran, dass Vergewaltigung eher ein kriminologisch-juristischer Begriff ist, es sich also um eine dissoziale sexuelle Verhaltensweise handelt, die unter Strafe steht und gesetzlich verboten ist. Vergewaltiger weisen entsprechend nicht, wie häufig von Laien angenommen wird, zwingend eine Störung der Sexualpräferenz auf. Viele von ihnen haben eine andere psychische Störung (z. B. Persönlichkeitsstörungen), aber eine nicht unerhebliche Zahl von Vergewaltigern verfügt über keine krankheitswertige psychische Störung. Daraus folgt für uns als Erkenntnis, dass man schwerwiegende (sexuelle) Straftaten begehen kann, ohne zwingend psychisch gestört sein zu müssen. Die Einzelnen und die Gesellschaft müssen sich davor hüten, (sexuell) abweichende und/oder dissoziale Handlungen mit einer psychischen Störung gleichzusetzen (vgl. Köhler, 2004). Allerdings ist es für Rechtspsychologen, die in diesem Gebiet arbeiten, äußerst wichtig, diagnostisch abzuklären, ob bei einem Sexualstraftäter eine psychische Störung und/oder eine Paraphile Störung vorliegen. In Kapitel 7 wird das Thema wieder aufgegriffen.

Theorien zur Entstehung von Sexualstraftaten

Im Folgenden wird untersucht, wie man die Entstehung von sexuellen Straftaten erklären kann. Wird man schon als Kind so geboren oder lösen erst Bedingungen der Sozialisation solch ein Verhalten aus? Sicherlich ist die Mischung aus beiden Bereichen die wahrscheinlichste Annahme. Bei Sexualstraftätern scheint die auffällige Entwicklung manchmal schon früh zu beginnen. So zeigen 40 bis 50 % der Kindesmissbraucher und 30 % der Vergewaltiger im Rückblick bereits vor dem 18. Lebensjahr ein deutliches Interesse an sexuell abweichenden Aktivitäten (Abel & Roleau, 1990; Deegener, 1999). Für jugendliche Sexualmörder fand Habermann (2008) ebenfalls Entwicklungsauffälligkeiten im frühen Alter. Teilweise sind Sexualstraftäter bereits im Kindes- und Jugendalter auffällig/straffällig in Erscheinung getreten. Im Umkehrschluss bedeutet das aber auch, dass eine nicht unerhebliche Gruppe von Sexualstraftätern einen für Außenstehende unauffälligen Entwicklungsverlauf nimmt.

Wie kann man erklären, dass Sexualdelinquenz entsteht? Es sind viele verschiedene Entstehungsmodelle für sexuell delinquente Verhaltens- und Erlebensweisen entwickelt worden. Einen guten Überblick in deutscher Sprache gibt Fiedler (2004). Die Tabelle 2.4 zeigt die Einteilung verschiedener Modelle zur Entstehung von Sexualdevianz nach Ward, Polaschek und Beech (2006). Die Autoren versuchen die wichtigsten Theorien zur Entstehung von Sexualdelinquenz zu ordnen und teilen die Ansätze in verschiedene Ebenen ein:

- Die Theorien der Ebene I sind die multifaktoriellen Theorien, bei denen verschiedene miteinander verflochtene Faktoren die Entstehung von Sexualstraftaten erklären sollen.
- Die Theorien der Ebene II stellen die Einzelfaktortheorien dar. Dabei handelt es sich um Modelle der Entstehung von Sexualstraftaten, die einen primären Faktor in den Vordergrund stellen (z. B. kognitive Verzerrungen, wie z. B. die Einstellung: »Wenn Frauen bei Sex nein sagen, dann meinen Sie eigentlich ja«).
- Die Ebene-III-Theorien bestehen aus deskriptiven, also beschreibenden Modellen.
- Darüber hinaus ergänzen Ward et al. (2006) die behandlungsorientierten Theorien (z. B. das Risiko-Bedürfnis-Behandlungsmodell; ► Kap. 12.1).

Es ist ersichtlich, dass es kaum möglich ist, die Vielzahl der teilweise sehr differenzierten Theorien in Kürze darzustellen. Dennoch sind die Ausführungen von Ward et al. (2006) in Tabelle 2.4 dargestellt, damit interessierte Leser Anhaltspunkte für eine weitere Vertiefung bekommen. Insgesamt ist bei englischsprachiger Literatur leider festzustellen, dass bedeutende deutsche Beiträge kaum gewürdigt werden. Einen weiteren sehr guten Überblick der aktuellen Theorien zur Sexualdelinquenz bieten James und Proulx (2020).

Tab. 2.4: Theorien der Sexualdelinquenz nach der Ordnung von Ward, Polaschek und Beech (2006)

Ebene-I-Theorien (Multifaktorielle Theorien)	• Finkelhor's Präkonditionierungsmodell • Marshall und Marbaree's Integrative Theorie • Hall und Hirschman's Vierseitiges Modell • Ward und Siegert's Pfadmodell • Malamuth's Confluence Modell der Sexualaggression • Evolutionäre Theorie
Ebene-II-Theorien (Einzelfaktorentheorien)	• Theorien der kognitiven Verzerrungen • Theorien der defizitären Opferempathie

Tab. 2.4: Theorien der Sexualdelinquenz nach der Ordnung von Ward, Polaschek und Beech (2006) – Fortsetzung

	• Theorien der devianten Sexualpräferenzen • Feministische Theorien • Theorien der Intimitätsdefizite • Theorien der Risikofaktoren
Ebene-III-Theorien (Deskriptive Modelle)	• Die Rückfallpräventions- und Selbstregulations-Modelle
Behandlungsorientierte Theorien	• Risiko-Bedürfnis-Behandlungsmodelle • Klassifikationsorientierte Behandlungsmodelle • Stärkenbasierte Behandlungstheorien • Theorien der Ansprechbarkeit für Behandlung

Knight und Sims-Knight (2003) haben in ihrem Modell zur Entstehung von sexuell grenzverletzendem Verhalten gegenüber Frauen verschiedene Entwicklungspfade herausgearbeitet. Der sexuell motivierte Pfad (erlebter eigener sexueller Missbrauch) ist weitgehend durch eine Hypersexualität (u. a. erhöhte sexuelle Dranghaftigkeit, erhöhtes sexuelles Bedürfnis) gekennzeichnet. Im Verlauf werden die sexuellen Fantasien durch aggressive Inhalte erweitert und schließlich erfolgen sexuelle Übergriffe. Personen des kaltherzig/unemotionalen Pfades zeigen nach erlebtem physischen/sexuellen Missbrauch ebenfalls sexuelle Fantasien auf, welche sie durch sexuell aggressive Inhalte erweitern können. In Abgrenzung zum erstgenannten Pfad zeigen die kaltherzig/unemotionalen Täter allerdings auch aggressive und antisoziale Verhaltensweisen, welche durch sexuelle Grenzverletzung oder Straftaten erweitert werden. Bei dem Modell ist allerdings zu beachten, dass ein selbst erlebter sexueller Missbrauch in der Entwicklung lediglich ein Risikofaktor ist, der allein keine sexuellen Straftaten ursächlich erklären kann. Entsprechend bedeutet es keinesfalls, dass Opfer von Missbrauch selbst zwangsläufig zu Tätern werden. Erst in der Kombination mit anderen ungünstigen Einflüssen kann es zu problematischen Entwicklungen kommen. Die laienhafte Annahme »vom Opfer zum Täter« ist wissenschaftlich keinesfalls haltbar.

Das Modell von Lussier, Proulx und LeBlanc (2005) zur Erklärung von sexueller Gewalt gegen Frauen fokussiert auf kriminelle sexuelle Faktoren. Kriminogene Erlebensweisen (Ausgesetzsein von Gewalt und Opfer von Gewalt) und eine deviante Entwicklung (Autoritätskonflikte, Rücksichtslosigkeit, offene und verdeckte Verhaltensabweichungen) stellen eine allgemeine Anfälligkeit für nichtsexuelle und sexuelle Kriminalität dar. Hingegen sind die folgenden Entwicklungsbedingungen für die Entstehung von Sexualstraftaten von besonderer Bedeutung:

1. Erleben von sexueller Gewalt: Ausgesetztsein von sexuell devianten Modellen und die eigene sexuelle Viktimisierung,
2. Sexualisierung durch Pornographiekonsum, unpersönlichen Sex und Zwanghaftigkeit,
3. abweichende sexuelle Interessen: nicht-sexuelle Gewalt, Interesse an Vergewaltigung und (sexueller) Demütigung.

In Verbindung mit der dissozialen Entwicklung und den eben genannten drei sexuellen Risikomerkmalen können sexuelle Straftaten bzw. sexuell aggressive Handlungen gegen Frauen weitgehend erklärt werden. Entsprechend müssen diese Aspekte bei psychotherapeutischen/kriminaltherapeutischen Behandlungen berücksichtigt werden. Ähnliches gilt für die Gefährlichkeitseinschätzung von Sexualstraftätern (▶ Kap. 8).

Aufbauend auf dem bereits im letzten Abschnitt erörterten biopsychosozialen Modell der Risiko- und Schutzfaktoren wird exemplarisch das Modell der Sexualdelinquenz von Ward et al. (2006) etwas ausführlicher erklärt, welches der Ebene II nach Ward et al. (2006) zuzuordnen ist. Es besteht aus vier Bereichen von Risikovariablen: Entwicklungsrisiken, Vulnerabilitätsfaktoren, aktuellen Zustandsbedingungen und den Kontextvariablen (▶ Abb. 2.10). Das Modell macht deutlich, dass eine Vielzahl von Einflussfaktoren für die Entstehung von Sexualdelinquenz verantwortlich ist. Neben statischen oder entwicklungsbezogenen Bedingungen sind auch Persönlichkeitsmerkmale in Verbindung mit aktuellen Auslösefaktoren für die Begehung von dissozialen Sexualverhaltensweisen verantwortlich. Je mehr Risiken eine Person aufweist, desto höher ist statistisch die Gefahr, dass sie sexuell delinquente Handlungen zeigt. Das Modell führt uns deutlich vor Augen, dass es keine einfachen Antworten aus Sicht der Rechtspsychologie gibt. Es müssen viele Einflussfaktoren, wie in unserer Puzzleanalogie beschrieben, zusammenkommen. Darüber hinaus sind zusätzlich immer spezifische Auslösebedingungen (Gelegenheit, Konflikte u. a.) notwendig.

Abb. 2.10: Ward et al.'s (2006) Risiko-Modell der Sexualdelinquenz

2.3.5 Kriminelle Persönlichkeit?

Die Psychologie beschäftigt sich schon sehr lange mit der Frage, ob es so etwas wie eine »kriminelle Persönlichkeit« gibt oder ob zumindest bestimmte Persönlichkeitseigenschaften regelmäßig mit Kriminalität assoziiert sind. Die Verbindung von Persönlichkeit und Kriminalität ist relativ naheliegend und scheinbar offensichtlich. Insbesondere, weil bei der praktischen Arbeit mit Straftätern oftmals der klinische Eindruck entsteht, dass diese Personen spezielle Charaktermerkmale und/oder abweichende Einstellungen und Motive besitzen. Vor allem scheint das bei Straftätern der Fall zu sein, die extreme Straftaten begehen. Bei Inhaftierten findet man darüber hinaus sogar gehäuft Persönlichkeitsstörungen (vgl. Rebbapragada et al., 2021; Livanou et al, 2019; Fazal & Danesh, 2002; Köhler et al., 2009 und 2011). Aus diesen Befunden ist die Ableitung einer kriminellen Persönlichkeit wissenschaftslogisch aber nicht zulässig, worauf später noch eingegangen wird. Zudem tragen wissenschaftlich nicht belegte Äußerungen in diesem Bereich, wie z. B. die Einteilung in Persönlichkeits- und Situationstäter von Urbaniok (2012), dazu bei, dass bei Laien ein falscher Eindruck entsteht, eine völlige Simplifizierung stattfindet und ein Etikettierungseffekt geschieht. Das wird der Komplexität bzgl. der Ursachen für menschliches Verhalten nicht im Ansatz gerecht und kann keine Grundlage für rechtspsychologisches Denken und Handeln darstellen.

Verhalten ist in der Persönlichkeitspsychologie eine Funktion aus der Interaktion von Persönlichkeit (Eigenschaften, Motive, Einstellungen usw.) und situativen Einflüssen. Damit spielen beide Variablen bei der Entstehung von Kriminalität eine signifikante Rolle, allerdings natürlich in unterschiedlichem Maß. Die Persönlichkeit kann nach der eben genannten Funktion nicht zu hundert Prozent für das Verhalten verantwortlich sein (selbst nicht bei schwer persönlichkeitsgestörten Tätern). Die Forschungsergebnisse insgesamt sprechen nicht dafür, dass es eine spezifische kriminelle Persönlichkeit gibt, sondern dass bestimmte Persönlichkeitsmerkmale sich im Entwicklungsverlauf auf die psychosoziale Bewältigung ungünstig auswirken können, was sich bei einigen Menschen eben in kriminellem Verhalten äußern kann (vgl. Maltby et al., 2011).

Was ist aber eigentlich die »Persönlichkeit«? In der Literatur gibt es viele Versuche, diesen Begriff psychologisch zu bestimmen (vgl. Maltby et al., 2001). Sicherlich ist die Definition von Allport (1961) eine der bekanntesten:

Definition

»Persönlichkeit ist die dynamische Ordnung derjenigen psychophysischen Systeme im Individuum, die sein Verhalten und Denken determinieren« (Allport, 1961; zitiert nach der deutschsprachigen Ausgabe von Allport & Bracken, 1970).

Diese recht wenig präzise Begriffsbestimmung arbeitet jedoch heraus, dass es bei der Persönlichkeit um eine Ordnung psychophysischer Aspekte (u. a. Denken, Einstellungen, Eigenschaften mit einer biologischen Verankerung) im Menschen geht, die aber bei aller Struktur (Ordnung) trotzdem dynamisch, also veränderbar oder anpassungsfähig ist. Damit erfasst Allports Definition zwei für das Konzept der Persönlichkeit wesentliche Aspekte: Zunächst handelt es sich um ein innerpsychisches Konzept, dass nicht direkt beobachtbar ist und als hypothetisches Konstrukt aus dem Verhalten erschlossen werden muss. Das ist natürlich ein methodisches Problem, das im Folgenden in Bezug auf die sogenannte kriminelle Persönlichkeit noch genauer analysiert wird. Darüber hinaus geht er von einer Struktur aus, die aber auch dynamisch, also veränderbar, ist. Das ist ein gewisser Widerspruch in sich selbst: Ist die Persönlichkeit nun stabil oder dynamisch? Forscher gehen davon aus, dass die grundlegende Persönlichkeitsorganisation oder -struktur ab dem frühen Erwachsenalter weitgehend stabil ist und bleibt, dennoch ist sie aber in bestimmten Aspekten bzw. Ausprägungen trotzdem dynamisch und veränderbar (u. a. Srivastava et al., 2003). Beispielsweise werden Männer im Entwicklungsverlauf zunehmend gewissenhafter und verträglicher. Es ist aber nicht die Regel, dass eine völlig unverträgliche Person im späteren Lebensalter extrem verträglich wird. »Vom Saulus zum Paulus« ist die Ausnahme, die meisten Menschen verändern sich hinsichtlich ihrer Persönlichkeit nicht grundsätzlich, sondern zeigen in der Ausprägung von bestimmten Eigenschaften Änderungen.

Dieses Dilemma der Persönlichkeitsforschung brachte Eysenck (1970, S. 2) auf den Punkt:

Definition

»Persönlichkeit« ist nach Eysenck »die mehr oder weniger stabile und dauerhafte Organisation des Charakters, Temperaments, Intellekts und Körperbaus eines Menschen, die seine einzigartige Anpassung an die Umwelt bestimmt.« (1970, S. 2)

Wesentlich ist der letzte Absatz der Definition. Dieser betont, dass sich jeder Mensch mit seiner ausgestalteten Persönlichkeit einzigartig an die Umwelt anpasst. Das bedeutet weiter, dass auch, wenn allgemeine Persönlichkeitsmodelle bestehen – die Menschen mit bestimmten Konzepten beschreiben und hinsichtlich ihres Verhaltens erklären –, dennoch jeder Mensch als einzigartig betrachtet werden kann – und muss! Lassen Sie uns aber im Folgenden auf die Verbindung von Kriminalität und Persönlichkeit eingehen.

Dimensionale Modelle der Persönlichkeit

Grundsätzlich kann man nach Köhler (2004) und Maltby et al. (2011) von zwei grundlegenden Ansätzen in der aktuellen Persönlichkeitsforschung ausgehen. Der erste Bereich beinhaltet die »dimensionalen« Modelle und bei der zweiten Sichtweise spricht man von den »kategorialen« Ansätzen.

Die dimensionalen Modelle gehen davon aus, dass alle Menschen eine bestimmte Anzahl (das variiert je nach Modell zwischen zwei und 16) von biopsychosozial verankerten Persönlichkeitsdimensionen in sich tragen (nicht sichtbare Eigenschaften, die aus dem Verhalten erschlossen werden müssen). In diesem Aspekt unterscheiden sich Menschen also nicht, aber es bestehen zwischenmenschliche Unterschiede in den individuellen Ausprägungen in eben diesen Persönlichkeitsdimensionen und in der Anpassung an die Umwelt. Persönlichkeitsgestörte Personen hätten demnach dieselben Persönlichkeitseigenschaften wie alle anderen Menschen, aber eben extremer ausgeprägt. Ein Straftäter hätte entsprechend dieses Konzepts auch dieselbe Persönlichkeitsstruktur oder dieselben Eigenschaften wie alle anderen Menschen, aber eben in einer individuellen und spezifischen Ausgestaltung, die sich im Rahmen einer Nicht-Anpassung in straffälligem Verhalten äußert. Die Vertreter dieses Standpunktes würden entsprechend das Konzept einer »kriminellen Persönlichkeit« ablehnen. Sie würden hingegen argumentieren, dass vielmehr die individuelle Ausgestaltung der Persönlichkeit, die aktuellen Situationen und die daraus resultierende Bewältigung sozialer Problemlagen für die Begehung von Straftaten verantwortlich sind. Eine bestimmte Ausgestaltung von Persönlichkeitseigenschaften ist danach also prädisponierend (begünstigend) für Kriminalität. Beispielsweise hat Eysenck (1980) schon sehr früh versucht zu beweisen (vgl. Köhler, 2004, oder Maltby et al., 2011), dass Straftäter nach seinem Modell v. a. durch bestimmte Ausprägungen in den Dimensionen Psychotizismus (z. B. Gefühlskälte) und Extraversion (z. B. Suche nach Stimulation) gekennzeichnet sind. Extravertierte Personen sollten wiederum weniger gut aus Erfahrungen lernen können als Introvertierte. Neuere Forschungsarbeiten haben zwar viele Annahmen von Eysenck nicht bestätigen können (vgl. Maltby et al., 2011), dennoch sind seine Forschungsarbeiten sehr innovativ gewesen und haben die Sichtweise auf die Persönlichkeit maßgeblich beeinflusst. Das bekannteste dimensionale Persönlichkeitsmodell ist das Fünf-Faktoren-Modell der Persönlichkeit von Costa und McCrae (zitiert nach Ostendorf & Angleitner, 2004): Neurotizismus/Emotionale Stabilität, Extraversion/Introversion, Offenheit für neue Erfahrungen, Gewissenhaftigkeit und Verträglichkeit. Diese Faktoren sollen die meisten Unterschiede zwischen Menschen erklären können (zur Übersicht: Maltby et al, 2011).

Kategoriale Modelle der Persönlichkeit

In Abgrenzung zu den eben ausgeführten dimensionalen Ansätzen haben die »kategorialen Modelle« einen grundsätzlich anderen Ausgangspunkt. Während die dimensionalen Persönlichkeitsforscher nach für alle Menschen gemeinsamen Grunddimensionen der Persönlichkeit suchen, gehen die kategorialen Verfechter davon aus, dass sich die Persönlichkeit von gestörten Personen qualitativ von nicht gestörten unterscheidet. Diese Sichtweise entspricht dem traditionellen medizinischen Krankheitsmodell. Gesunde unterscheiden sich durch (zumeist) physiologische Differenzen von Kranken: Man hat ein Grippevirus (krank) oder nicht (gesund); das Bein ist gebrochen (krank) oder nicht (gesund). Entsprechend dieser Sichtweise auf den Menschen haben Psychiater im 19. Jahrhundert damit begonnen, Kriterienkataloge von Verhaltensweisen und Eigenschaften zu erstellen, die für bestimme Persönlichkeitstypen und Persönlichkeitsstörungen prototypisch sein sollen (vgl. Köhler, 2004; Köhler et al., 2007). Erfüllt eine Person eine bestimmte Anzahl dieser Kriterien und weist darüber hinaus weitere Merkmale (z. B. Leidensdruck oder Scheitern in wesentlichen psychosozialen Lebensbereichen) auf, dann ordnet man ihr diagnostisch einen Persönlichkeitstyp oder eine Persönlichkeitsstörung zu.

An dieser Herangehensweise wurde vielfältige Kritik geübt, vor allem aus der psychologischen Persönlichkeitsforschung (vgl. Maltby et al., 2011). Das hat u. a. dazu geführt, dass in dem neusten Entwurf der amerikanischen Psychiatrischen Vereinigung (APA; vgl. https://www.psychia try.org/dsm5) ein Mischkonzept aus dimensionalem und kategorialem Modell entworfen wurde. Geht man zurück zum noch gültigen Persönlichkeitstypen-Modell der amerikanischen Psychiatrie (Diagnostisches und Statistisches Manual psychischer Störungen; DSM-IV-TR/DSM-5), dann findet man im untenstehenden Kasten eine kurze Beschreibung verschiedener Persönlichkeitsstörungen, die bei Straftätern häufig gefunden werden.

Histrionische Persönlichkeitsstörung
Neigung zur Emotionalisierung; Inszenierung zwischenmenschlicher Beziehungen; übermäßiges Verlangen nach Aufmerksamkeit.

Narzisstische Persönlichkeitsstörung
Neigung zu Selbstwerterhöhung; Überempfindlichkeit gegenüber Kritik; mangelnde Empathie; Orientierung an eigenen Bedürfnissen.

Borderline-Persönlichkeitsstörung
Intensive und instabile zwischenmenschliche Beziehungen; impulsives und gelegentlich selbstzerstörerisches Verhalten; deutliche Stimmungswechsel und unklares Selbstbild.

Antisoziale Persönlichkeitsstörung
Andauernde Missachtung und Verletzung der Rechte anderer; keine Scham; fehlendes Verantwortungsgefühl; Mangel an Empathie, Störung des Sozialverhaltens im Kindes- und Jugendalter, kriminelles Verhalten.

Anmerkungen: Anlehnung an Fiedler (1997) und Köhler (2004)

Die Diagnose Antisoziale Persönlichkeitsstörung ist wahrscheinlich das, was man landläufig unter einer kriminellen Persönlichkeit verstehen würde. Allerdings ist das Problematische an dieser Herangehensweise das Tautologische: Man erstellt eine Liste mit Merkmalen und Verhaltensweisen (in unserem Kontext kriminelles Verhalten und damit assoziierte Merkmale wie z. B. geringe Empathie), die für einen bestimmten Personenkreis typisch sein sollen. Anschließend untersucht man diesen Personenkreis und stellt fest, dass diese Personen tatsächlich diese Kriterien gehäuft aufweisen, und diagnostiziert bei ihnen z. B. eine Antisoziale Persönlichkeit. Kriminelles Verhalten als Symptom einer Antisozialen Persönlichkeit führt damit zu einer Pathologisierung von Straftätern, da ihr Verhalten die Eingangstür in eine abweichende Persönlichkeit darstellt. Es muss uns daher nicht wundern, dass bei bis zu 80 % (teilweise sogar mehr) von inhaftierten Gewaltstraftätern eine derartige Störung gefunden wird (vgl. Köhler et al., 2012). Zudem ist eine Etikettierung, als gestört oder krank bezeichnet zu werden, sicherlich für Straftäter kein resozialisierender Faktor. Kann man ernsthaft von einer kriminellen Persönlichkeit sprechen, wenn in diesem Feld derartige theoretische, methodische und ethische Probleme bestehen? Unter anderem aus diesen Gründen ist der kategoriale Ansatz in den letzten Jahren heftig und kontrovers in der Wissenschaft diskutiert worden.

Im DSM-5 wird mit einem »hybriden« Modell versucht, den kategorialen Ansatz und die dimensionale Sichtweise auf Persönlichkeitsstörungen zu berücksichtigen. Zunächst gibt es nicht mehr wie im DSM-IV zehn, sondern nur noch sechs kategoriale Persönlichkeitsstörungen. Zudem gibt es die Möglichkeit, eine traitspezifische Persönlichkeitsstörung (PS-TS) zu vergeben, wenn keine der spezifischen Kategorien vorliegt. Für die PS-TS werden zur Beschreibung die fünf DSM-5-Persönlichkeitsdimensionen

Negative Affektivität (vs. Emotionale Stabilität), Verschlossenheit (vs. Extraversion), Antagonismus (vs. Verträglichkeit), Enthemmtheit (vs. Gewissenhaftigkeit), Psychotizismus (vs. Klarheit) verwendet.

In der Internationalen Klassifikation Psychischer Störungen der WHO (ICD-11) ist man in der neusten Überarbeitung den benannten Kritikpunkten noch weiter entgegengekommen. Versucht man die komplexen diagnostischen Vorgehensweisen vereinfacht zusammenzufassen, so werden in der ICD-11 Persönlichkeitsstörungen mit Hilfe der folgenden fünf Persönlichkeitsdimensionen beschrieben: *Zwanghaftigkeit, Distanziertheit, Enthemmung, Dissozialität* und *negative Affektivität*. Daneben gibt es nur noch die Borderline-Persönlichkeitsstörung als einzige kategoriale Störung, d. h., die Persönlichkeitsstörungen werden noch stärker als im DSM-5 dimensional betrachtet.

Mit Hilfe der dimensionalen Modelle des DSM-5 und der ICD-11 lassen sich Personen, die (früher) die Kriterien einer Antisozialen oder Dissozialen Persönlichkeitsstörung erfüllt haben, als Menschen beschreiben, die sehr antagonistisch (wenig sozial verträglich) und enthemmt (wenig gewissenhaft) sind. Weiter sind sie durch eine hohe Dissozialität, Extravertiertheit und eine negative Affektivität gekennzeichnet.

Bei beiden dimensionalen Modellen der Persönlichkeitsstörungen ist ersichtlich, dass diese zu vier der fünf Faktoren des Fünf-Faktoren-Modells von Costa und McCrae (1992) eine hohe inhaltliche Überschneidung aufweisen. Allerdings findet sich weder in der ICD-11 noch im DSM-5 der Faktor »Offenheit für Erfahrungen« des Fünf-Faktoren-Modells wieder. Weiter ist es wichtig, darauf hinzuweisen, dass der DSM-5-Faktor Psychotizismus inhaltlich nicht mit dem gleichbenannten Psychotizismus-Faktor von Eysenck (1980) gleichzusetzen ist. Bei den Persönlichkeitsstörungen nach ICD-11 und DSM-5 handelt es sich um extreme bzw. normabweichende Ausprägungen auf den jeweiligen Dimensionen. Durch eine dimensionale Einordnung und Profildarstellung soll sich die jeweilige Persönlichkeitsstörung u. a. differenzierter beschreiben lassen. Inwieweit sich diese Veränderungen in der Diagnostik von Persönlichkeitsstörungen in der Praxis und Forschung bewähren, muss zum gegenwärtigen Zeitpunkt offenbleiben.

Psychopathische Persönlichkeit (Psychopathy)

Abschließend wird ein aktuelles Persönlichkeitskonzept vorgestellt, das ebenfalls vielfach kritisiert wurde (vgl. u. a. Stoll et al., 2011), aber für Rechtspsychologen sehr bedeutsam ist. Robert Hare (2003) hat in den 1980er Jahren für den Strafvollzug in Kanada begonnen, eine Checkliste von Persönlichkeitsmerkmalen und Verhaltensweisen zu erstellen, die für die Einschätzung der Gefährlichkeit von Straftätern bedeutsam sein sollte. Er nahm dafür das Konzept der Psychopathy aus der Literatur auf (Deutsch: psychopathische Persönlichkeit), präzisierte es und entwickelte ein psychologisches Interview zur Diagnostik von psychopathischen Merkmalen. Ziel seiner Psychopathy Checklist-Revision (PCL-R) war eine Einschätzung der möglichen Rückfälligkeit von inhaftierten Straftätern und die Bereitstellung einer strukturierten Checkliste. Vor dem Hintergrund der in den 1980er und 1990er Jahren üblichen klinischen-intuitiven Methode der Prognoseeinschätzung war Hares Ansatz sehr wichtig und notwendig. In den Merkmalen der psychopathischen Persönlichkeit spiegelt sich sicher das wider, was man umgangssprachlich als kriminelle Persönlichkeit bezeichnen kann. Psychopathen sind auf der zwischenmenschlichen Ebene charmant und können Menschen positiv für sich gewinnen. Sie zeichnen sich durch ein hohes Selbstbewusstsein aus, was sie oft dazu nutzen, andere Personen zu manipulieren oder zu betrügen. Werden sie auf ihr dissoziales Verhalten angesprochen, so übernehmen sie meist keine Verantwortung dafür und zeigen Neutralisationstechniken. Psychopathen erzählen unverfroren Lügen und zeigen keinerlei Schuldgefühle, Reue oder ein schlechtes Gewissen. Ihre Gefühlswelt kann man als kaltherzig und egozentrisch bezeichnen. Sie sind sich selbst am nächsten und interessieren sich für die Belange oder Gefühle anderer kaum. Sie haben ein unpersönliches, auf die eigenen Bedürfnisse zugeschnittenes Sexualleben und zeigen unverbundene sowie wechselnde Beziehungen zu Menschen und Partnern auf. Seit ihrer Kindheit begehen sie immer wieder verschiedene Straftaten oder zeigen dissoziale Verhaltensweisen. Sie nutzen andere Menschen ohne Gewissensbisse für ihren eigenen Vorteil aus und leben auf »Kosten« anderer. Zusätzlich verhalten sie sich oft impulsiv, aufbrausend und führen risikoreiche Aktivitäten durch (z. B. Fallschirmspringen, Drogenkonsum, schnelles Autofahren). Psychopathen haben oftmals keine prosozialen langfristigen Ziele, sondern leben verantwortungslos in den Tag hinein und sind an kurzfristigen Zielen orientiert. Früher hat man angenommen, dass Psychopathen intelligenter sind als andere Menschen. Diese Annahme konnte aber nicht eindeutig bestätigt werden (vgl. u. a. Heinzen et al., 2011). Inhaftierte Psychopathen scheinen nur intelligenter als andere Gefangene zu sein (ebd.). Mit zunehmendem Alter verändert sich die psychopathische Persönlichkeit positiv. Psychopathen werden etwas gewissenhafter und verträglicher (u. a. Huchzermeier et al., 2008).

Mit Hilfe der ICD-11-Persönlichkeitsdimensionen können Psychopathen als Menschen beschrieben werden, die sehr antagonistisch (wenig sozial verträglich) und enthemmt (wenig gewissenhaft) sind. Sie zeichnen sich weiter durch eine hohe Dissozialität, Extravertiertheit und eine negative Affektivität aus. Psychopathen sind in Abgrenzung zu dissozial Persönlichkeitsgestörten auf der zwischenmenschlichen Ebene zusätzlich als einnehmend und charmant zu bezeichnen. Dieser Aspekt lässt sich mit Hilfe der ICD-11-Dimensionen nur bedingt abbilden. Die PCL-R fokussiert diesen interpersonellen Aspekt deutlich intensiver. Psychopathische Menschen müssen aber nicht zwangsläufig Straftaten begehen. Es gibt durchaus nichtkriminelle Psychopathen, die ähnliche Eigenschaften aufweisen, aber nicht im Gefängnis landen, sondern beispielsweise in der Wirtschaft, in den Medien oder der Politik sehr erfolgreich sind (Babiak & Hare, 2019). Eine lesenswerte Einführung in die Thematik bieten Schuler und Schwarzinger (2022).

Leider werden die spannenden und wegweisenden Arbeiten von Hare häufig missinterpretiert oder seine Checkliste wird fälschlicherweise als kategoriales (klinisches) Diagnostikinstrument verwendet. Hare geht jedoch vielmehr von einem dimensionalen Konzept aus. Seine Checkliste sollte, wie oben schon benannt, primär ein Instrument zur Erfassung wichtiger Merkmale der Persönlichkeit von Straftätern sein, die für die Einschätzung der Rückfallwahrscheinlichkeit bzw. der Gefährlichkeit eingesetzt werden kann (deutsche Version der PCL-R von Mokros et al., 2017). Wer sich in die komplexe methodische und theoretische Wissenschaftsdiskussion der letzten Jahre einlesen will, kann u. a. in dem Lehrbuch von Patrick (2019) oder bei von Buch et al. (2022) viele Informationen finden.

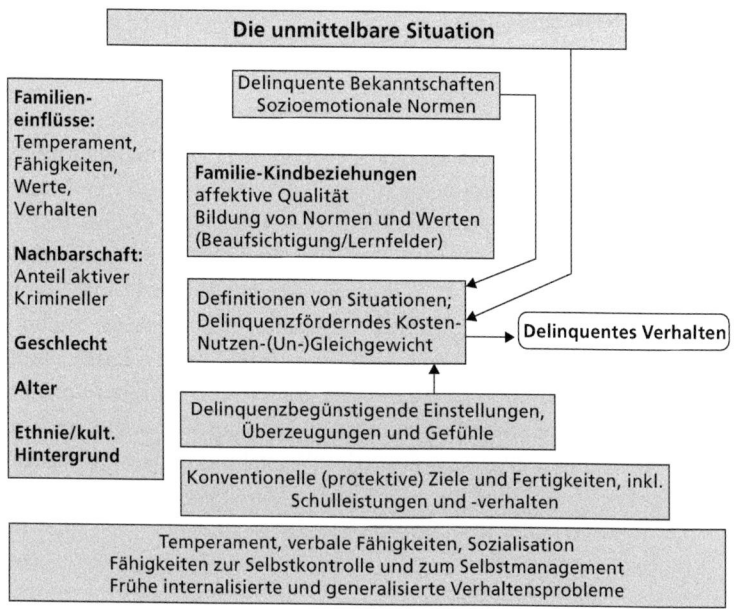

Abb. 2.11 Persönlichkeitspsychologische und sozialpsychologische Perspektive des kriminellen Verhaltens (Andrews & Bonta, 2003; S. 164; modifiziert nach Dahle et al., 2012, S. 8)

Bereits in der Abbildung 2.8 wurde deutlich, dass dissoziales oder kriminelles Verhalten sich durch die Kombination von verschiedenen Faktoren über den Lebensverlauf entwickelt (▶ Abb. 2.8). Daher kann die Persönlichkeit nur einen Anteil der Entstehung von Straftaten erklären und muss immer um soziale und situative Einflüsse ergänzt werden. Anhand der persönlichkeits- und sozialpsychologisch basierten Kriminalitätstheorie von Andrews und Bonta (2003) in Abbildung 2.11 wird deutlich, wie irreführend und stark vereinfachend das Konzept der kriminellen Persönlichkeit ist. Die Autoren arbeiten zahlreiche soziale, biologische, kulturelle und Umwelteinflüsse für die Entstehung von Delinquenz heraus. In der Rechtspsychologie muss man mit vielen verschiedenen empirischen Befunden und Modellen oder Theorien arbeiten, um ein ganzheitliches Verständnis für das menschliche Verhalten und Erleben zu erlangen.

Zusammenfassung

In diesem Kapitel wurde aufgezeigt, dass die »reale« Kriminalitätsentwicklung der letzten Jahre keinesfalls eine so negative Veränderung aufweist, wie es in den Medien oft dargestellt wird. Bei der Analyse der Theorien zur Entstehung von straffälligem Verhalten und Delinquenz ist herausgearbeitet worden, dass die Ursachen für Sexual- und Gewaltdelinquenz als multikausal bedingt und im Sinne eines biopsychosozial eingebetteten und vielschichtigen Entwicklungsprozesses zu verstehen sind. Die Rechtspsychologen beschäftigen sich in ihrer Arbeit mit der Lösung dieses komplexen Puzzles. Einfache Antworten sind weder zielführend noch zu erwarten. Simplifizierende Einteilungen in »das Böse« vs. »das Gute« helfen ebenso wenig weiter wie die naive Vorstellung einer »kriminellen Persönlichkeit«.

Literaturempfehlungen

Von Buch, J., Müller, R. & Köhler, D. (2022). *Einführung in die Rechtspsychologie.* Berlin: Springer.

Bliesener, T., Lösel, F. & Dahle, K.-P. (2023). *Lehrbuch Rechtspsychologie.* Göttingen: Hogrefe.

Schuler, H. & Schwarzinger, D. (2022). *Die Masken der Psychopathen. Wie man sie durchschaut und nicht zum Opfer wird.* München: C. H. Beck

Aufgaben und Fragen zur Selbstüberprüfung

- Was sind die Definition und der Gegenstandsbereich von Kriminalpsychologie?
- Was bedeuten die Begriffe »Hell- und Dunkelfeld«?

- Wie sind die Kriminalitätsentwicklung und die Belegungsrate vom Regel- und Maßregelvollzug in den letzten zehn Jahren zu beschreiben?
- Welche Entwicklungstypen der antisozialen/dissozialen Entwicklung sind Ihnen bekannt?
- Was sind biopsychosoziale Modelle der Delinquenzentstehung?
- Wie entsteht Sexualdelinquenz?
- Gibt es eine kriminelle Persönlichkeit?

3 Forensische Psychologie: Definition, Fragestellungen und juristische Aspekte

In diesem Kapitel wird der Gegenstandsbereich der Forensischen Psychologie definiert und von anderen Gebieten abgegrenzt (▶ Kap. 3.1). Anschließend werden forensisch-psychologische Fragestellungen und Begutachtungsanlässe vorgestellt (▶ Kap. 3.2) und grundlegende Kenntnisse über das Ermittlungsverfahren, das Gerichtsverfahren sowie die Aufgaben und Ziele von Jugend-, Straf- und Maßregelvollzug vermittelt (▶ Kap. 3.3).

3.1 Definition und Abgrenzungen

In Kapitel 1 wurde die Rechtspsychologie definiert sowie die beiden Teilbereiche Kriminalpsychologie (▶ Kap. 2) und die Forensische Psychologie voneinander abgegrenzt. Die Kapitel 3 bis 8 beschäftigen sich eingehend mit der *Forensischen* Psychologie. Dabei wird es um rechtspsychologische Fragestellungen und Theorien rund um das Gerichtswesen gehen. Manchmal wird die Forensische Psychologie daher auch als *Gerichtspsychologie* bezeichnet. Die starken Überschneidungen mit den Rechtswissenschaften wurden bereits durch die Erläuterung des Begriffs *Forensik* deutlich. Dieser stammt vom lateinischen *forum* ab, was so viel bedeutet wie »Marktplatz« und auf welchem in früheren Zeiten Gericht gehalten wurde. Im Vergleich zur Kriminalpsychologie kann man die Forensische Psychologie als eine Art »Hilfswissenschaft« verstehen, in der die Gutachterin oder Sachverständige das Gericht fachlich unterstützen soll, um zu einer qualifizierten Entscheidung zu gelangen (Kury & Obergfell-Fuchs,

2012) z. B., wenn es um die Frage der Gefährlichkeit einer verurteilten Straftäterin geht (▶ Kap. 9). In der Forensischen Psychologie liegt der Fokus aber nicht immer nur auf der Täterin. Von Interesse sind die psychischen Prozesse aller Personen, die an der Tataufklärung sowie der Beurteilung und Erziehung von Straffälligen beteiligt sind (vgl. Dettenborn et al., 1984). Die forensische Psychologin befasst sich daher z. B. ebenso mit der Glaubhaftigkeit von Aussagen von Opfern und Zeuginnen einer Straftat (▶ Kap. 5). Aufgrund der vielfachen Berührungspunkte mit den Rechtswissenschaften sollte man sich im Arbeitsbereich der Forensischen Psychologie gewisse juristische Grundkenntnisse aneignen.

Die Forensische Psychiatrie ist ebenso wie die Forensische Psychologie eine forensische Hilfswissenschaft, jedoch ein Teilgebiet der Psychiatrie und daher dem medizinischen Bereich zuzuordnen. Forensische Psychiaterinnen erstatten ebenso Gutachten im Auftrag der Gerichte, meistens dann, wenn es sich um klinisch relevante Fälle handelt, d. h., wenn es um die Bewertung psychischer Störungen von Straftäterinnen geht. Neben der Rolle der Sachverständigen nehmen sie manchmal auch die Rolle der (behandelnden) Ärztin ein, z. B. im Maßregelvollzug. Diese Doppelfunktion verlangt, das richtige Maß zwischen therapeutischer Arbeit für die Täterin und beratender Tätigkeit für das Gericht zu finden.

3.2 Forensisch-psychologische Fragestellungen und Begutachtungsanlässe

In der Berufspraxis sind viele Rechtspsychologinnen im Feld der Forensischen Psychologie tätig. Der Schwerpunkt des Buchs liegt auf jenen Fragestellungen, die von Rechtspsychologinnen am häufigsten bearbeitet werden. Dies wären

- familienrechtliche Fragestellungen,
- Fragen zur Glaubhaftigkeit einer Zeugin,
- die Beurteilung der strafrechtlichen Verantwortlichkeit und Schuldfähigkeit
- sowie die Gefährlichkeitseinschätzung von Straftäterinnen.

Einen breiten Einstieg in die Thematik liefert das »Lehrbuch Rechtspsychologie« von Bliesener, Dahle und Lösel (2023). Hier widmet sich je ein ganzer Teilabschnitt der Psychologie der Gerichtsverhandlung sowie der forensisch-psychologischen Begutachtung. Stärker fokussiert behandelt Pfundmaier (2020) im Werk »Psychologie bei Gericht« die Hauptbereiche, mit denen eine Psychologin bei Gericht befasst ist. Das Lehrbuch von Lempp et al. (2003) gibt einen sehr umfassenden Überblick über die psychiatrisch-psychologische Begutachtung zu allen oben genannten Schwerpunkten, aber mit Fokus auf Kinder und Jugendliche. Es beschreibt die gutachterliche Praxis im Rahmen von zivil- und strafrechtrechtlichen Verfahren, befasst sich aber auch mit den Erscheinungsformen von Kriminalität im Kindes- und Jugendalter sowie mit Kindern und Jugendlichen als Opfer oder Zeuginnen vor Gericht. Als Pendant für den Erwachsenenbereich kann man das Buch von Kury und Obergfell-Fuchs (2012) heranziehen.

Für eine nähere Beschäftigung mit familienrechtspsychologischen Fragestellungen empfiehlt sich das 2019 erschienene Werk von Volbert und Kolleginnen. Es gibt einen Überblick über aktuelle Forschungsergebnisse und liefert die empirischen Grundlagen für die Gutachtenerstellung in diesem Bereich. Ebenso empfehlenswert aus dem familienrechtspsychologischen Bereich ist das Buch von Zumbach und Kolleginnen (2020), welches den Prozess der Gutachtenerstellung chronologisch abarbeitet. Mit Strukturierungshilfen und den wichtigsten diagnostischen Bausteinen bietet es sich aber eher zur Vertiefung bereits vorhandener Grundlagen an.

Das aktuelle Werk zur Glaubhaftigkeitsbegutachtung stellen Deckers und Köhnken (2021). Es behandelt verschiedene Themen der Aussagepsychologie, wie z. B. aktuelle gedächtnispsychologische Erkenntnisse und Befragungsmethoden, aber berichtet auch aus juristischer Perspektive, z. B. über wichtige Neuerungen in der Rechtsprechung.

Für den Bereich der forensisch-psychologischen Diagnostik im Strafverfahren gilt das Werk von Volbert und Dahle (2010) nach wie vor als Standard. Ein 2021 erschienenes Werk von Nedopil und Kollegen befasst sich mit der Gefährlichkeitseinschätzung von Straftäterinnen, u. a. werden auch gebräuchliche Prognoseverfahren vorgestellt.

Das nächste Unterkapitel umfasst einen kleinen Exkurs in die Rechtswissenschaften, um Ihnen basales Hintergrundwissen zu vermitteln. Bei den Ausführungen handelt es sich jedoch nur um eine einführende Darstellung. Für ein vertiefendes Verständnis und für eine spätere Tätigkeit als Rechtspsychologin muss eine Einarbeitung in die einschlägige juristische Fachliteratur erfolgen.

3.3 Juristische Aspekte

Wie im Vorfeld bereits erläutert, arbeiten forensische Psychologinnen im Bereich der Rechtswissenschaften. In diesem Exkurs wird sich daher etwas von der Psychologie entfernt und es werden juristische Aspekte behandelt, mit denen eine psychologische Gutachterin vor Gericht konfrontiert wird und die die Grundlage ihrer Arbeit darstellen.

Einen Überblick über die Struktur der Rechtsgebiete gibt Abbildung 3.1. Auf einer ersten Ebene teilen sich die Rechtsgebiete in *öffentliches Recht* und *Privat- oder Zivilrecht* auf. Das öffentliche Recht regelt das Verhältnis zwischen Staats- und Verwaltungsorganen untereinander sowie das Verhältnis des Bürgers zum Staat. Das Zivilrecht hingegen regelt die Beziehungen zwischen den Bürgern und juristischen Personen (z. B. Vereine, GmbHs oder Aktiengesellschaften). Unter das öffentliche Recht fällt u. a. das Strafrecht, da Straftaten in Konflikt mit Gesetzen stehen, die vom Staat vertreten werden. Forensisch-psychologische Gutachten sind sowohl im Bereich des öffenlichen Rechts (z. B. Strafrecht) wie auch im Zivilrecht (z. B. Familienrecht) gefragt.

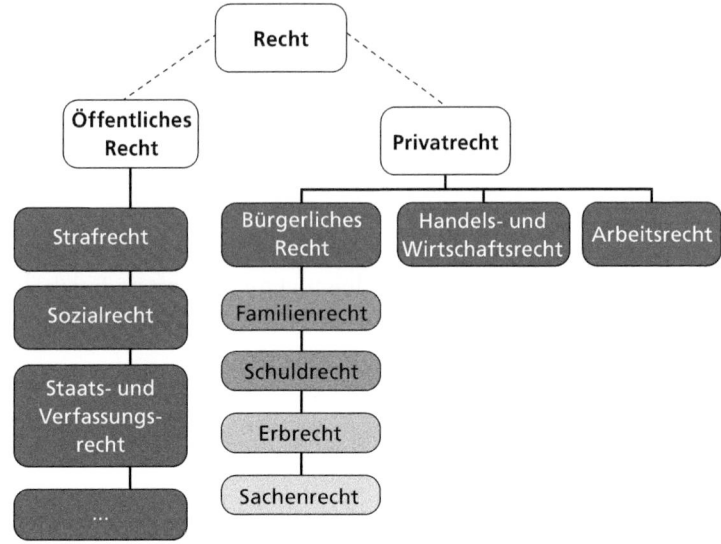

Abb. 3.1: Überblick der Rechtsgebiete

3.3.1 Strafverfahren

Das Verfahren im Strafrecht unterscheidet sich von dem im Zivilrecht hinsichtlich der Sache, die verhandelt wird (Straftaten wie z. b. schwerer Raub oder versuchter Mord), und der beteiligten Personen, aber auch maßgeblich in den einzelnen Schritten des Verfahrensablaufs. Folgend soll der Ablauf eines Strafverfahrens näher erläutert werden.

Das Strafverfahren ist im Gerichtsverfassungsgesetz (GVG) und der Strafprozessordnung (StPO), bei Jugendlichen und Heranwachsenden zusätzlich im Jugendgerichtsgesetz (JGG) geregelt. Es gliedert sich in das Ermittlungsverfahren, das Zwischenverfahren und Hauptverfahren, das Vollstreckungsverfahren und den Vollzug (vgl. Trenczek et al., 2011).

Besteht der Verdacht einer Straftat, wird Strafanzeige gestellt und das Ermittlungsverfahren eingeleitet (▶ Abb. 3.2). Es gilt das Legalitätsprinzip, d. h., auch ohne eine Anzeige muss bei Verdacht einer Straftat ermittelt werden. Die Polizei sowie die Staatsanwaltschaft erforschen den Sachverhalt, indem sie die *Beschuldigte* selbst und evtl. Zeuginnen vernehmen.

Hausdurchsuchungen und Observationen genauso wie Beschlagnahmung von Gegenständen (z. B. PKW) können weitere Erkenntnisse über die Schuld und Unschuld der Tatverdächtigen erbringen. Wenn die Ermittlungen ergeben haben, dass mit der Verurteilung der Beschuldigten zu rechnen ist, und ausreichend Beweise vorliegen, die eine Überführung der Täterin möglich machen, wird durch die Staatsanwaltschaft Anklage erhoben. Andernfalls muss das Verfahren eingestellt werden. Eine Ausnahme vom Anklagegrundsatz stellt das Opportunitätsprinzip dar, welches häufig zur Einstellung des Verfahrens führt. Hiernach kann die Staatsanwaltschaft oder das Gericht das Verfahren z. B. wegen Geringfügigkeit und Vermeidung unnötiger Härte einstellen. Vor allem bei Verfahren mit jugendlichen Beschuldigten wird eher auf alternative Mittel als die Strafe zurückgegriffen, um den formellen Strafprozess zu umgehen und so frühzeitige Stigmatisierungen zu vermeiden (Diversion). Es gilt der Grundsatz der Unschuldsvermutung: »in dubio pro reo« – im Zweifel für die Angeklagte. In den Abbildungen 3.2 und 3.3 sind die Abläufe von Ermittlungs- und Hauptverfahren veranschaulicht.

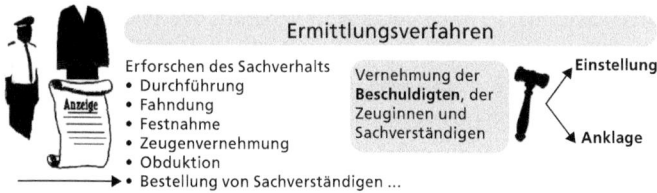

Abb. 3.2: Ablauf des Ermittlungsverfahrens

3.3.2 Das Gerichtsverfahren

Bevor die eigentliche Hauptverhandlung beginnt, wird ein sog. Zwischenverfahren eingeleitet. In diesem wird der nun *Angeschuldigten* die Anklageschrift mitgeteilt und ihr wird die Möglichkeit gegeben, dazu Stellung zu nehmen. Die Eröffnung des Hauptverfahrens wird bei hinreichendem Tatverdacht durch das Gericht beschlossen, ansonsten abgelehnt.

Wird das Verfahren eröffnet, beginnen die Vorbereitungen der Hauptverhandlung (z. B. Terminfestlegung, offizielle Ladung der Angeklagten, der
Verteidigerin und der Zeuginnen). Grundsätzlich steht es jedem Bürger
frei, an Gerichtsverhandlungen teilzunehmen (Öffentlichkeitsprinzip,
§ 169 S. 1 GVG). Allerdings kann die Öffentlichkeit unter besonderen
Umständen ausgeschlossen werden, u. a. zum Schutz von Privatgeheimnissen (§ 172 Nr. 3 GVG).

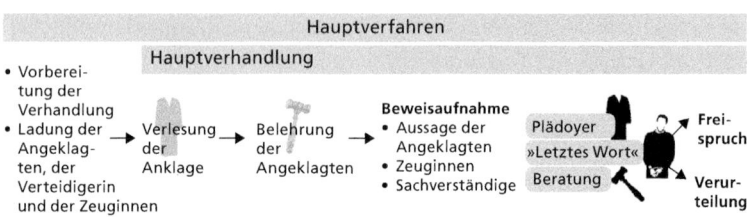

Abb. 3.3: Ablauf des Hauptverfahrens

In der Hauptverhandlung wird zunächst festgestellt, wer alles anwesend ist.
Anschließend folgt die Vernehmung der *Angeklagten* zu ihrer Person. Die
Anklageschrift wird vom Staatsanwalt verlesen. Die Belehrung der Ange-
klagten über ihr Schweigerecht ist Aufgabe der Richterin. Hat sie im
Vorfeld die Aussage nicht verweigert, wird die Angeklagte ebenfalls zur
Sache, u. a. zum Tathergang selbst, befragt – selbst dann, wenn sie die Tat
bereits im Vorfeld gestanden hat. Ebenfalls zur Beweisaufnahme gehört die
Vernehmung von Zeuginnen und Sachverständigen (z. B. psychologische
Gutachterin). Dem Schlussvortrag von Staatsanwaltschaft und Verteidi-
gung sowie dem »letzten Wort« der Angeklagten folgt die nicht öffentliche
Beratung des Gerichts. Die Richterin und die ebenfalls beteiligten Schöffinnen müssen nun über Freispruch oder Verurteilung und abhängig
davon über das Ausmaß der Strafe entscheiden. Die Hauptverhandlung
endet damit, dass die Richterin das Urteil verkündet und dieses begründet.
Gegen das Urteil kann grundsätzlich *Berufung* (das Urteil wird von einem
übergeordneten Gericht geprüft) oder *Revision* (das Urteil wird auf
Grundlage eines Rechtsfehlers angefochten) eingelegt werden.

3.3.3 Unterschiede von Jugend- und Erwachsenenstraf- und Maßregelvollzug

Strafvollzug

Der Strafvollzug oder besser gesagt der Vollzug der Freiheitsstrafe ist nicht nicht das einzige, aber das wichtigste Sanktionsmittel im deutschen Strafsystem. Das Strafvollzugsgesetz (StVollzG) ist ein Bundesgesetz, welches teilweise durch die im Zuge der Föderalismusreform eingeführten Landesstrafvollzugsgesetze ersetzt wird. Die meisten Menschen gehen wahrscheinlich davon aus, dass der Sinn und Zweck einer Inhaftierung vor allem die Bestrafung und die Sühne für begangene rechtliche Verfehlung sei. Das mag historisch betrachtet sogar zutreffen, jedoch steht heute zumeist das Ziel der Resozialisierung im Vordergrund, d. h., im Vollzug der Freiheitsstrafe »soll der Gefangene fähig werden, künftig in sozialer Verantwortung ein Leben ohne Straftaten zu führen« (§ 2 StVollzG). Daneben besteht aber auch der Auftrag, die Allgemeinheit vor weiteren Straftaten zu schützen. Im Bayrischen StVollzG steht dieser als einzige Ausnahme vor dem Resozialisierungsauftrag.

Durch die Maßnahmen der (Re-)Sozialisierung oder einer intramuralen (hinter Mauern) Behandlung sollen die Gefangenen darauf vorbereitet werden, in Zukunft ein Leben ohne Straftaten und in sozialer Verantwortung führen zu können. Im Kapitel 12 wird ausführlicher auf Behandlungsprogramme und deren Wirksamkeit eingegangen (▶ Kap.12). Mittlerweile haben zudem ein intensiver Ausbau und eine Professionalisierung von Sozialtherapeutischen Abteilungen (SothA) oder Einrichtungen im Strafvollzug und Jugendstrafvollzug stattgefunden. Einen aktuellen Überblick geben Wischka und Kolleginnen (2012). Neben den genannten Aspekten beinhaltet eine Resozialisierung mehrere andere Maßnahmen, die Cornel (2009) umfassend erläutert. Unter anderem sind schulische und berufliche Bildungs- und Qualifizierungsangebote ein wesentlicher Anteil in der Resozialisierung.

Jugendstrafvollzug

Für Jugendliche und Heranwachsende gilt das im Jugendgerichtsgesetz (JGG) geregelte Jugendstrafrecht. Im Unterschied zum Erwachsenenbereich steht im Jugendstrafrecht der Erziehungsgedanke immer im Vordergrund. Das Jugendgerichtsgesetz (JGG) orientiert sich nicht an der Tat, sondern an der Person selbst und deren Entwicklungsstand. Es geht dabei nicht um Vergeltung und Sühne der Tat, sondern um die Erziehung, Entwicklung und (Re-)Integration der Jugendlichen, damit weitere Straftaten verhindert werden. Begeht eine Jugendliche (14–17 Jahre) oder Heranwachsende (18–20 Jahre) eine Straftat, wird in erster Linie das Verfahren eingestellt oder mit pädagogischen Erziehungsmaßregeln reagiert (z. B. soziale Arbeitsleistungen, vgl. §§ 9–12 JGG). Wenn diese Erziehungsmaßregeln nicht den gewünschten Effekt erzielen, werden sog. Zuchtmittel eingesetzt (vgl. § 13 JGG). Darunter fällt auch der Jugendarrest, der als Freizeit-, Kurz- (2 Tage) oder Dauerarrest (1–4 Wochen) festgesetzt werden kann. Die eigentliche Jugendstrafe darf nur bei besonders »schädlichen Neigungen« oder »schwerer Schuld« (§ 17 Abs. 2 JGG) verhängt werden. Die Mindestdauer der Jugendstrafe liegt bei sechs Monaten und kann bei besonders schweren Fällen bis zu zehn Jahre betragen. In Deutschland wird der Freiheitsentzug für männliche Jugendliche und Erwachsene in getrennten Einrichtungen vollstreckt. Aufgrund der geringeren Anzahl von weiblichen Inhaftierten (häufig nicht mehr als 10–20 pro Bundesland) sind die jungen Frauen oftmals zusammen mit den erwachsenen Inhaftierten in einer JVA untergebracht; jedoch in verschiedenen Bereichen.

Maßregelvollzug

In einem Strafverfahren können neben der Geld- und Freiheitsstrafe auch Maßregeln der Besserung und Sicherung angeordnet werden, nämlich dann, wenn keine oder eine verminderte Schuldfähigkeit bei der Täterin vorliegt (§§ 20, 21 StGB). Im Kapitel 7 werden diese Aspekte etwas vertiefender behandelt und werden im Folgenden nur kurz erläutert. Die Maßregeln umfassen:

- Unterbringung in einem psychiatrischen Krankenhaus (§ 63 StGB),
- Unterbringung in einer Entziehungsanstalt (§ 64 StGB),
- Sicherungsverwahrung (§§ 66, 66a StGB),
- Führungsaufsicht (§ 68 StGB),
- Entziehung der Fahrerlaubnis (§ 69 StGB),
- Berufsverbot (§ 70 StGB).

Die drei erstgenannten Maßregeln sind mit einer z. T. unbefristeten Unterbringung verbunden und werden somit unter den Begriff *Maßregelvollzug* gefasst. Für die befristete, d. h. zeitlich begrenzte Unterbringung der Verurteilten in einer Entziehungsanstalt wird sich meist entschieden, wenn die Tat im Rausch geschah (z. B. Alkohol) oder in direktem Zusammenhang mit einer Abhängigkeit steht (z. B. Beschaffungskriminalität). Dabei muss die Täterin nicht notwendigerweise als vermindert schuldfähig eingestuft worden sein. Das vorrangige Ziel der Unterbringung nach § 64 StGB ist es, die Verurteilte von ihrer Sucht zu befreien, sie aber natürlich auch von weiteren Straftaten abzuhalten.

Für forensische Psychologinnen ist die Maßregel nach § 63 StGB von besonderer Bedeutung. Sie hat ihren Ursprung im sog. Gewohnheitsverbrechergesetz (1933) und sieht heute eine unbefristete Unterbringung in einem psychiatrischen Krankenhaus vor. Im Vorfeld werden die Persönlichkeit der Täterin und die Tatumstände begutachtet, um eine Aussage darüber machen zu können, ob die Straftat infolge einer in § 20 StGB genannten Störung geschah und sie somit schuldunfähig war. Eine ausführliche Darstellung der rechtspsychologischen Begutachtung der Schuldfähigkeit und der Maßregeln (§§ 20, 21, 63, 64 StGB) erfolgt in Kapitel 8.

Im Gegensatz zu den zuvor genannten Freiheitsstrafen hat die Unterbringung im Maßregelvollzug (»Forensische Psychiatrie«) das übergeordnete Ziel, die Allgemeinheit zu schützen, also eine überwiegende Sicherungsfunktion (vgl. Leygraf, 2006). Seit Mitte der 1980er Jahre hat man sich jedoch bemüht, die Therapie und Resozialisierung der Patientinnen zu ermöglichen (Leygraf, 1996). Nur in sehr schweren Fällen, d. h. bei vorherigen Haftstrafen oder Unterbringungen im Maßregelvollzug, wird die Maßregel der Sicherungsverwahrung nach § 66 StGB angeordnet. Sie setzt zudem die kriminalprognostische Einschätzung voraus (▶ Kap. 9), dass die Täterin einen »Hang« hat, auch in Zukunft erhebliche Straftaten zu begehen, und für die Allgemeinheit gefährlich ist. Ein 2004 beschlossenes Gesetz führte die *nachträgliche Sicherungsverwahrung* ein (§ 66b StGB), welche beschlossen werden konnte, wenn sich die Gefährlichkeit erst während der Haft herausstellte. Dieses Gesetz wurde mittlerweile jedoch wieder abgeschafft. Auch allgemeine Regelungen wurden vom Bundesverfassungsgericht im Mai 2011 als verfassungswidrig erklärt, da die Unterschiede zwischen Sicherungsverwahrung und Haft nicht deutlich genug waren. Im November 2012 wurde ein neuer Gesetzesentwurf beschlossen (Bundestags-Drucksache, 17/11388), der u. a. vorsieht, dass die Sicherungsverwahrten getrennt von den Strafgefangenen untergebracht werden und sie eine intensive sozialtherapeutische Behandlung erfahren sollen. Daraufhin haben die Bundesländer neue Gesetze auf den Weg gebracht. Rechtspsychologinnen müssen sich hinsichtlich der aktuellen Gesetzeslage immer auf dem Laufenden halten, da Änderungen teilweise erhebliche Auswirkungen auf ihre Tätigkeit haben können.

Zusammenfassung

Zu Beginn des Kapitels wurden die Definition und der Gegenstandsbereich der Forensischen Psychologie vorgestellt. Daran anschließend sind die bedeutsamsten forensisch-psychologischen Fragestellungen und Begutachtungsanlässe aufgeführt worden. Dabei zeigte sich, dass vielfältige Fragen der Justiz an die Rechtspsychologie existieren. Rechtspsychologinnen müssen neben fachspezifischem Wissen auch über eine grundlegende juristische Kompetenz verfügen. In diesem Kontext sind das Ermittlungs- und Gerichtsverfahren betrachtet worden. Die Rechtspsychologinnen haben sich immer grundlegend mit den rechtlichen Rahmenbedingungen ihres jeweiligen Arbeitsbereichs auseinanderzusetzen. Beispielsweise sollten sie Kenntnisse über die Aufgaben und Ziele des Jugend-, Straf- und Maßregelvollzuges aufweisen und/oder das Strafgesetzbuch (StGB) oder das Familiengerichtsgesetz (FamFG) kennen.

Literaturempfehlungen

Kury, H. & Obergfell-Fuchs, J. (2012). *Rechtspsychologie – Forensische Grundlagen und Begutachtung. Ein Lehrbuch für Studium und Praxis.* Stuttgart: Kohlhammer.

Volbert, R. & Dahle, K.-P. (2010). *Forensisch-psychologische Diagnostik im Strafverfahren.* Göttingen: Hogrefe.

Fragen und Aufgaben zur Selbstüberprüfung

- Was sind die Definition und der Gegenstandsbereich der Forensischen Psychologie?
- Mit welchen Fragestellungen kann eine Psychologin vom Gericht beauftragt werden?
- Wie ist der Ablauf eines Gerichtsverfahrens?
- Wie unterscheiden sich das Erwachsenen- und das Jugendstrafrecht sowie ihre jeweilige Vollstreckung?
- Was sind die Ziele des Maßregelvollzuges?

4 Forensische Psychologie im Familienrecht

Dieses Kapitel beschäftigt sich mit der Forensischen Psychologie im Familienrecht. Zunächst erhalten Sie einen grundlegenden Einblick in den Gegenstandsbereich und die forensischen Fragestellungen von Sachverständigen im familienrechtlichen Verfahren (▶ Kap. 4.1). Anschließend wird sich vertiefend mit den Begriffen »Kindeswohl« und »Kindeswohlgefährdung« befasst und anhand von theoretischen Aspekten und fachlichen Kriterien werden Möglichkeiten aufgezeigt, erste Aussagen zu einer möglichen Kindeswohlgefährdung zu treffen (▶ Kap. 4.2).

Das Familienrecht ordnet sich dem Zivilrecht unter. Es verhandelt alle rechtlichen Angelegenheiten zwischen Eheleuten (z.B. Scheidung, Unterhalt), zwischen Eltern und Kindern (z.B. Sorge, Umgang, Adoption) und durch Verwandtschaft verbundene Personen, aber auch gesetzliche Vertretungsfunktionen außerhalb einer Verwandtschaft, z.B. wenn es um die Regelung der Vormundschaft, Pflegschaft oder rechtlichen Betreuung eines Kindes geht.

In einem familienrechtlichen Verfahren gibt es verschiedene beteiligte Personen: die Eltern bzw. Sorgeberechtigten und das Kind/die Kinder, die Anwälte der Beteiligten, der Familienrichter und auf Antrag auch ein Jugendamtsmitarbeiter. Zusätzlich können auch ein Verfahrensbeistand und ein Umgangspfleger involviert sein. Laut § 158 FamFG muss das Gericht dem minderjährigen Kind einen Verfahrensbeistand zur Seite zu stellen. Dies ist notwendig, um die Wahrnehmung seiner Interessen zu sichern, z.B. wenn es von jenem Elternteil getrennt werden soll, bei dem es bisher gelebt hat. Er hat die Aufgabe, den Willen des Kindes unter Berücksichtigung seines Wohls zu vertreten, und erklärt ihm die Abläufe und Inhalte des Verfahrens. Insbesondere zu Beginn der Trennung gibt es noch viele ungeklärte Fragen, die in dem Kind Ängste und Unsicherheit auslösen können. Die Begleitung durch einen Verfahrensbeistand soll dem entgegenwirken. Ein Umgangspfleger wiederum stellt sicher, dass die am Ende festgelegten Regelungen, die den Umgang der Eltern mit dem Kind betreffen, auch eingehalten werden.

Ist zudem noch ein psychologisches Gutachten gefordert, wird ein geeigneter Sachverständiger bestellt. Dieser hat die Aufgabe, Fragen zur Regelung des Umgangs oder der elterlichen Sorge im Fall einer Trennung oder Scheidung zu klären, oder ist damit beauftragt zu beurteilen, ob eine Kindeswohlgefährdung vorliegt. Der § 163 FamFG regelt seit 2016 die zu erfüllenden fachlichen Qualifikationen des Sachverständigen.

Erklärung

FamFG

Das *Gesetz über das Verfahren in Familiensachen und in Angelegenheiten der freiwilligen Gerichtsbarkeit* ist ein 2009 in Kraft getretenes Bundesgesetz, welches das gerichtliche Verfahren und die rechtlichen Mittel u. a. in Familiensachen regeln soll. Es löst Teile der Zivilprozessordnung (ZPO) sowie das Gesetz zur Regelung der Angelegenheiten der freiwilligen Gerichtsbarkeit (FGG) ab. Das FamFG dient dem psychologischen Sachverständigen neben dem Grundgesetz (GG), dem SGB (Sozialgesetzbuch) und dem Bürgerlichen Gesetzbuch (BGB) als rechtliche Grundlage. Eine Einführung der Grundlagen des neuen Familienverfahrensgesetzes bietet Balloff (2011). Das FamFG wurde seit Inkrafttreten wiederholt geändert. Seit 2021 hat beispielsweise das Gericht auch Kinder unter 14 Jahren persönlich anzuhören (§ 159 FamFG) und erst 2022 wurden die Eignung und Aufgaben des Verfahrensbeistandes konkretisiert (§§ 158a, 158b, 158c FamFG). Für den psychologischen Sachverständigen ist es unabdingbar, sich hinsichtlich aller Neuerungen informiert zu halten.

4.1 Die Sachverständigentätigkeit am Familiengericht

Ein psychologischer Sachverständiger wird im Allgemeinen hinzugezogen, wenn dem Gericht das nötige Fachwissen fehlt, um zu einer Entscheidung zu gelangen. Genau genommen ist er ein »Gehilfe« des Gerichts und ist nur nach dessen Weisungen hinsichtlich Umfang und Art seiner Tätigkeit befugt zu handeln (§ 404a ZPO). Sein Auftrag ist es, die gerichtliche Fragestellung zu beantworten und diagnostische Verfahren sowie notwendige Erkundungen an dieser zu orientieren.

Die Arbeitsgruppe Familienrechtliche Gutachten entwickelte 2015 Mindestanforderungen an die Qualität von Sachverständigengutachten, die zuletzt 2019 überarbeitet wurden. Dabei handelt es sich um Empfehlungen für die Praxis.

Vor dem Familiengericht können sich die Fragestellungen auf unterschiedliche Belange beziehen. Am häufigsten geht es um die Regelung der elterlichen Sorge und des Umgangs bei Trennung und Scheidung, worauf im Folgenden näher eingegangen werden soll. Der Sachverständige kann aber auch an Verfahren beteiligt werden, in denen es um die Herausgabe oder die Adoption eines Kindes geht.

Der psychologische Sachverständige erfasst und beurteilt im Rahmen der Begutachtung vor allem die familiären Beziehungen und Bindungen, die Ressourcen und Risikofaktoren in der Familie, die Kompetenzen der Eltern bzw. Sorgeberechtigten, den Entwicklungsstand und die Bedürfnisse des Kindes.

Wird der Sachverständige bei Fragen zur elterlichen Sorge im Falle von Trennung und Scheidung hinzugezogen, muss er abwägen, inwiefern das grundsätzlich angestrebte gemeinsame Sorgerecht dem Kindeswohl noch dienlich ist. Nach § 1627 BGB sind die Eltern dazu verpflichtet, die gemeinsame Sorge zum Wohle des Kindes auszuüben und bei Meinungsverschiedenheiten zu einer Einigung zu kommen. Dies kann mit gewissen Hürden verbunden sein, wenn die Eltern getrennt leben und das Kind dauerhaft bei einem der Elternteile wohnt. Aus praktischen Gründen muss dann nicht jede zu treffende Entscheidung, die den Alltag des Kindes anbelangt, mit dem getrenntlebenden Elternteil abgesprochen werden (§ 1687 BGB). Ob die gemeinsame Sorge oder aber die Übertragung der Sorge an einen der Elternteile für das Kindeswohl am besten ist, lässt sich anhand verschiedener Bewertungskriterien abschätzen, die in Abbildung 4.1 dargestellt sind.

Abb. 4.1: Bewertungskriterien zur Regelung der Alleinsorge (Oberloskamp, Balloff & Fabian, 2001)

Erachtet das Gericht es für notwendig, kann auch für umgangsrechtliche Verfahren ein Sachverständiger hinzugezogen werden. Hinsichtlich des Umgangs bei der Trennung oder Scheidung der Eltern müssen Vereinbarungen getroffen und Regeln festgelegt werden. Abhängig vom Konfliktniveau zwischen den Eltern, kann dies mehr oder weniger problematisch sein. Die Trennung zwischen der Eltern- und der Partnerebene kann genauso eine Herausforderung darstellen wie die regelmäßige »Abgabe« des Kindes beim Ex-Partner. Der Sachverständige unterstützt das Gericht, um zu einer kindeswohldienlichen Entscheidung zu kommen. Diese ist im besten Fall für beide Elternteile akzeptabel.

Für die Regelung des Umgangs gilt Ähnliches wie im Sorgerechtsverfahren. Zuallererst sollte versucht werden, den Kontakt zu beiden Elternteilen aufrechtzuerhalten; sofern dies dem Wohl des Kindes dient. Um die dem Kindeswohl dienlichste Entscheidung zu treffen, ist es im Vorfeld notwendig, die Beziehungen zwischen den Eltern und ihrem Kind anhand ähnlicher Kriterien wie der in Sorgerechtsverfahren verwendeten genau zu prüfen. Fragen nach der Qualität der Beziehung und Bindung sowie der Höhe des Konfliktniveaus zwischen den Beteiligten spielen dabei eine zentrale Rolle. Nicht zu vernachlässigen sind dabei die Wünsche und Interessen des Kindes selbst (vgl. Dettenborn & Walter, 2002, Kury & Obergfell-Fuchs, 2012).

Besonders in familienrechtlichen Angelegenheiten kann der gerichtliche Auftrag auch über die bloße Unterstützung bei der Entscheidungsfindung hinausgehen. Familiäre Konflikte und Unstimmigkeiten, z. B. bei der Regelung des Umgangs, machen es nötig, im Interesse des Kindeswohls zu handeln und gerichtlich zu intervenieren. Liegt ein entsprechender Beschluss vom Gericht vor (und auch nur dann), hat der Sachverständige ferner die Aufgabe, auf die Herstellung des Einvernehmens zwischen den Beteiligten hinzuwirken (§ 163 Abs. 2 FamFG). In diesen Fällen berät der Rechtspsychologe und vermittelt zwischen den Beteiligten, so dass diese letztendlich zu einem Konsens finden. Für solche strittigen Fälle ist es für den Sachverständigen von Vorteil, neben diagnostischen Kenntnissen zusätzlich Qualifikationen auf dem Gebiet der Familienberatung und -mediation oder der Familientherapie zu besitzen (vgl. Dettenborn & Walter, 2002).

Ebenfalls wird er involviert, wenn der Verdacht des sexuellen Missbrauchs eines Kindes besteht. Letzteres war nicht immer Thema in familiengerichtlichen Verfahren. Seit Anfang der 1990er Jahre wird ein Anstieg der Verdächtigungen im Rahmen von Sorgerechts- und Umgangsstreitigkeiten verzeichnet, allerdings gilt dies auch für falsche oder nicht belegbare Missbrauchsverdächtigungen (vgl. Kluck, 1995). Der Sachverständige sollte daher dem Verdacht diagnostisch fundiert und neutral nachgehen. Auf wissenschaftlich nicht belegte Verfahren und Methoden sollte er nicht zurückgreifen (vgl. Greuel et al., 1998). Beispielsweise sind anatomische Puppen oder (nicht strukturierte) Kinderzeichnungen keine geeigneten und belegten diagnostischen Instrumente (▶ Kap. 5).

4.2 Kindeswohl und Kindeswohlgefährdung

Die Anzahl von Fällen der Kindeswohlgefährdung hat in den vergangenen 10 Jahren stark zugenommen. Seit 2012 ist die Anzahl von rund 38 000 auf fast 60 000 Fälle gestiegen, besonders stark seit 2018. Etwa jedes zweite betroffene Kind war jünger als acht Jahre, jedes vierte jünger als vier Jahre. In jedem fünften Fall wurden gleich mehrere Arten von Kindeswohlgefährdung festgestellt. Die häufigsten Melder stellten im Jahr 2021 die Justiz und die Polizei dar (28 %), aber auch Verwandte, Bekannte und Nachbarn (25 %) sowie die Schulen (10 %, Statistisches Bundesamt, 2022). Über die tatsächliche Häufigkeit von Kindeswohlgefährdungen in Deutschland lässt sich nur schwer eine Aussage treffen. Das Problem liegt u. a. darin, dass solche Vorfälle nicht immer bekannt werden, d. h., das Dunkelfeld ist vermutlich sehr groß.

Eine Studie von Münder et al. aus dem Jahre 2000 untersuchte an 20 Jugendämtern rund 300 an das Gericht gemeldete Fälle von Kindeswohlgefährdung. Häufig handelte es sich um Fälle von Vernachlässigung, jedoch traten auch andere Formen der Gefährdung auf, u. a Autonomiekonflikte (Konflikte beim Ablösungsprozess von den Eltern), psychische und körperliche Misshandlung sowie sexuelle Gewalt (▶ Abb. 4.2). Eine Sonderauswertung der polizeilichen Kriminalstatistik von 2020 ergab, dass sich insbesondere Fälle von Kinderpornographie seit 2018 verfünffacht hatten.

Bei den Begriffen »Kindeswohl« und Kindeswohlgefährdung handelt es sich um unbestimmte Rechtsbegriffe, d. h. eine vom Gesetzgeber bewusst offengelassene Formulierung, um dem Richter gewisse Flexibilität zu verschaffen.

Gemäß des BGB haben die Eltern das Recht und die Pflicht, für ihr minderjähriges Kind zu sorgen (§ 1626 BGB). Besonders die Personensorge ist hier von Relevanz, welche die Pflicht und das Recht umfasst, das Kind zu pflegen, zu erziehen, zu beaufsichtigen und seinen Aufenthalt zu bestimmen. Gleichzeitig ist dort auch das Recht des Kindes auf gewaltfreie Erziehung geregelt, d. h., körperliche Bestrafungen, seelische Verletzungen und andere entwürdigende Maßnahmen sind unzulässig (§ 1631 BGB).

In § 1666 BGB Abs. 1 ist festgelegt, wann gerichtliche Maßnahmen wegen Gefährdung des Kindeswohls erforderlich sind, nämlich dann, wenn das körperliche, geistige oder seelische Wohl des Kindes oder sein Vermögen gefährdet sind und die Eltern nicht gewillt oder nicht in der Lage sind, die Gefahr abzuwenden. Die Gefährdung des Kindes muss gegenwärtig und die künftige vorhersehbare Schädigung muss erheblich sein. Die Maßnahmen reichen vom Gebot, die Kinder- und Jugendhilfe in Anspruch zu nehmen, bis hin zur vollständigen Entziehung der elterlichen Sorge. Letzteres ist allerdings nur zulässig, wenn der Gefahr nicht auf andere Weise begegnet werden kann und vorherige Maßnahmen erfolglos blieben.

Nach Dettenborn und Walter (2022) ist Kindeswohl »die für die Persönlichkeitsentwicklung eines Kindes oder Jugendlichen günstige Relation zwischen seiner Bedürfnislage und seinen Lebensbedingungen« (S. 71). Kindeswohlgefährdung ist demnach gegeben, wenn die Erfüllung dieser Bedürfnisse nicht mehr ohne negative Folgen gewährleistet ist. Im Sinne des § 1666 BGB wird die Kindeswohlgefährdung als »eine gegenwärtige, und zwar in einem solchen Maße vorhandene Gefahr« verstanden«…, dass bei der weiteren Entwicklung der Dinge eine erhebliche Schädigung des geistigen oder leiblichen Wohls des Kindes mit hinreichender Wahrscheinlichkeit zu erwarten ist. An die Wahrscheinlichkeit des Schadenseintritts sind dabei umso geringere Anforderungen zu stellen, je schwerer der drohende Schaden wiegt« (BGH XII ZB 149/16).

Folgende Faktoren sollten u. a. bei der Frage einer vorliegenden Kindeswohlgefährdung geprüft werden (Dettenborn & Walter, 2022):

- die körperliche Zufriedenheit und gesundheitliche Versorgung, d. h., liegt eine Fehlernährung vor oder werden notwendige Hilfemaßnahmen verhindert?
- Sicherheit, d. h. Bindungsabbrüche, Verlust von Bezugspersonen, Diskontinuität der Lebensbedingungen, eingeengter Wohnraum, Armut.
- Emotionale Zuwendung, d. h., erlebt das Kind Feindseligkeit, Ablehnung, Gleichgültigkeit seitens der Bezugsperson, erlebt es Misshandlung oder Missbrauch oder wird es durch Konflikte anderer belastet?
- Zugehörigkeitsgefühl, d. h., erlebt es Ausgrenzung, Loyalitätskonflikte, isoliert es sich innerhalb des Familiensystems?

- Zugang zu Wissen und Bildung, d. h., liegt eine mangelnde Anregung und Förderung oder sogar Demotivierung für Leistungen vor?

Inwiefern sich diese Faktoren auf das körperliche und psychische Wohl auswirken, ist vom Alter des Kindes, seinem psychischen und physischen Entwicklungsstand, dem subjektiven Erleben der Gefährdungssituation und weiteren psychischen Merkmalen, wie z. B. der Bindungs- und Selbstsicherheit, abhängig (Dettenborn & Walter, 2022). D. h., die individuellen Fähigkeiten des Kindes, mit den herrschenden, teilweise schwierigen Bedingungen umzugehen, sind daher stets in die Einschätzung miteinzubeziehen.

> **Merke**
>
> Ob eine Kindeswohlgefährdung vorliegt, ist sowohl von den vorhandenen Risikobedingungen und Belastungen im Leben des Kindes abhängig als auch von den Ressourcen, über die es verfügt.

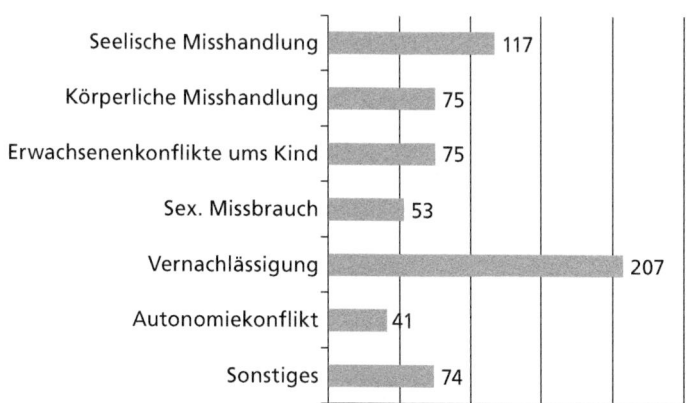

Abb. 4.2: Studienergebnisse zur Verteilung von Formen der Kindeswohlgefährdung (Münder et al., 2000; Mehrfachnennungen möglich)

Weiterhin zu berücksichtigen ist neben dem Kindeswohl auch der Kindeswille. Problematisch wird es, wenn der Kindeswille gegen das Kindeswohl spricht und umgekehrt. Dettenborn (2008) weist auf das Prinzip eines allgemeinen Grundsatzes hin, an dem man sich in einem solchen Fall orientieren kann: So viel Akzeptanz des Kindeswillens wie möglich und so wenig staatliche Reglementierung wie nötig, um das Kindeswohl zu sichern.

Zusammenfassung

Das Kapitel 4 beschäftigte sich mit der Forensischen Psychologie im Familienrecht. Die rechtliche Grundlage für juristische Entscheidungen, aber auch für die Sachverständigentätigkeit sind u. a. durch das Grundgesetz, das BGB, SGB und FamFG gegeben. Es wurde versucht, die Begriffe Kindeswohl und Kindeswohlgefährdung zu erklären. Zentrale diagnostische Aufgabe in diesem Feld ist es oftmals, eine fachliche Einschätzung des Kindeswohls bzw. der potenziellen oder realen Gefährdung eben dieser zu erstellen. Das geschieht selbstverständlich auch in Abwägung des Kindeswillens. Die Rechtspsychologen bewegen sich dabei in einem ethisch sehr anspruchsvollen Tätigkeitsfeld. Der Anspruch des psychologischen Sachverständigen sollte es daher sein, seine fachliche Einschätzung auf einem höchstmöglichen qualitativen Niveau zu erstellen, um dem Gericht eine gute Entscheidungsgrundlage zu liefern.

Literaturempfehlungen

Dettenborn, H.& Walter, E. (2022). *Familienrechtspsychologie* (4. Auflage). Stuttgart: utb.

Salzgeber, J. (2001). *Familienpsychologische Gutachten: Rechtliche Vorgaben und sachverständiges Vorgehen*. München: C. H. Beck.

Volbert, R., Huber, A., Jacob, A & Kannegießer, A. (2019). *Empirische Grundlagen der familienrechtlichen Begutachtung: Familienpsychologische Gutachten fundiert vorbereiten.* Göttingen: Hogrefe.

Fragen und Aufgaben zur Selbstüberprüfung

- Was ist das FamFG?
- Für welche Fragestellungen wird ein psychologischer Sachverständiger in familienrechtlichen Verfahren hinzugezogen?
- Was versteht man unter den Begriffen »Kindeswohl« und »Kindeswohlgefährdung«?

5 Forensische Psychologie der Aussage und der Glaubhaftigkeitsbeurteilung von Zeugenaussagen

Dieses Kapitel befasst sich damit, wie unwahre Aussagen zustande kommen können, welche Strategien man einsetzt, um Wahrheit von Lüge zu unterscheiden, und an welche Grenzen psychologische Gutachterinnen während der Aussageanalyse stoßen können. Daher wird zunächst in das Feld der Aussagepsychologie eingeführt und verschiedene Herangehensweisen der Glaubhaftigkeitsbeurteilung erläutert (▶ Kap. 5.1). Wir betrachten die heute gängige Praxis der Begutachtung der Glaubhaftigkeit und widmen uns hier der Methodik der Merkmalsorientierten Inhaltsanalyse (▶ Kap. 5.2).

5.1 Aussagepsychologie und Glaubhaftigkeitsbeurteilung

Warum machen Personen, die vermeintlich Opfer einer Straftat geworden sind und als Zeugen befragt werden, falsche Aussagen? Zur Klärung dieser Frage werden von Rechtspsychologinnen mögliche *Entstehungsypothesen* gebildet. Naheliegend ist die Annahme, dass die Wahrheit absichtlich verschwiegen wird bzw. unzutreffende Angaben gemacht werden, z.B., um jemandem zu schaden, die Täterin zu schützen oder selbst einer Strafe zu entgehen (Lügenhypothese). Allerdings könnte es auch sein, dass die Zeugin zwar motiviert ist, korrekte Angaben zu machen, ihre für wahr gehaltene Erinnerung jedoch nicht der Realität entspricht. Eine unwahre

Aussage ist demnach nicht immer eine Lüge. Grund hierfür kann z. b. sein, dass die Zeugin während der Befragung suggestiv beeinflusst wurde (Suggestionshypothese) und ihre vermeintliche Erinnerung nicht der Realität entspricht (Pseudoerinnerung). Eine Vertiefung der Grundlagen der Glaubhaftigkeitsbeurteilung findet sich u. a. bei Köhnken (2003) und bei Volbert und Steller (2020). Zur speziellen aussagepsychologischen Begutachtung von Kindern hilft das Kapitel von Volbert und Steller (2023) weiter.

Definition

Die Aussagepsychologie befasst sich mit den einer Aussage zugrundeliegenden Wahrnehmungs- und Gedächtnisvorgängen. Hauptsächliches Anwendungsgebiet der Aussagepsychologie in der Gerichtspraxis ist die Beurteilung der Glaubhaftigkeit von Anschuldigungen über Sexualdelikte, nicht selten in Aussage-gegen-Aussage-Konstellationen. Aufgabe der Gutachterin ist es, die wissenschaftlichen Erkenntnisse der Aussagepsychologie in die Begutachtung einzubringen (Steller, 2020).

Durch verschiedene Informationsquellen und Methoden kann man versuchen, den Wahrheitsgehalt einer Aussage einzuschätzen. Im Alltag verlassen sich Menschen dabei oft auf ihren subjektiven Eindruck. Der Forschungslage nach zu urteilen, liegt die Fähigkeit, ohne weitere Hilfsmittel Täuschungen zu erkennen, aber nur knapp über dem Zufall und ist sogar etwas besser, wenn man die aussagende Person nur hört und nicht sieht. Selbst geübte Expertinnen wie Polizeibeamtinnen erreichten in Studien keine bessere Trefferquote als Laien (Bond & DePaulo, 2006). »Strategien«, die Sie vielleicht aus Fernsehserien kennen, konzentrieren sich auf nonverbale Lügenmerkmale. Darstellungen, in denen Kriminalbeamtinnen im polizeilichen Verhör anhand des Blickverhaltens oder minimaler muskulärer Gesichtsveränderungen genau zu wissen scheinen, ob jemand die Wahrheit erzählt, entsprechen nicht der Realität. In der Fachwelt weiß man, dass kein eindeutiges Merkmal existiert, welches eine Lügnerin entlarven kann (Vij, 2008). De Paulo et al. (2003) veröffentlichte die bisher umfangreichste Meta-Analyse, bestehend aus über 100 Studien, welche 10 von 50 untersuchten nonverbalen Merkmalen einen bestenfalls schwachen Zusammenhang mit unwahren Aussagen zuweisen konnte. Eine aktuelle Übersicht der Befunde zu nonverbaler Kommunikation im Kontext der Wahrheitsfindung geben Vrij und Kollegen (2019).

Ein gänzlich anderes Vorgehen ist die Aussagenbeurteilung mit Hilfe psychophysiologischer Methoden. Sie gründet auf der Annahme, dass sich psychische Prozesse in physiologischen Veränderungen (z. B. erhöhtem Blutdruck) widerspiegeln. Unter anderem wird vermutet, dass eine erhöhte Erregung aufgrund von Schuldgefühlen bzw. Furcht vor Entdeckung der Lüge auftritt (Ekman, 1992). Bereits 1987 wies Steller darauf hin, dass es keine spezifischen und eindeutigen Anzeichen einer Lüge, wie z. B. starkes Schwitzen, gibt. Es handelt sich bei der psychophysiologischen Analyse der Aussage vielmehr um ein Verfahren, das die Stärke von physiologischen Reaktionen vergleicht. Allerdings ist in Deutschland diese Art der Aussageanalyse ohnehin seit 1998 im Rahmen von Strafverfahren (BGHSt 44, 315) und auch im zivilrechtlichen Bereich (Beschluss vom 24.06.03-VI ZR 327/02) als Beweismittel generell ausgeschlossen. In Kapitel 10 folgt eine genauere Beschreibung der Methodik (▶ Kap. 10.8).

Am wenigsten umstritten und Bestandteil der in Deutschland gängigen Praxis der Glaubhaftigkeitsbeurteilung ist die *Merkmalsorientierte Inhaltsanalyse*, welche ausschließlich verbale Informationen berücksichtigt. Aus dem Englischen übernommen findet sich in der Fachliteratur zumeist die Bezeichnung *CBCA – Criteria-Based Content Analysis*. Auf diese soll im folgenden Abschnitt näher eingegangen werden.

5.2 Begutachtung der Glaubhaftigkeit

In Fällen, in denen es z. B. um sexuellen Missbrauch geht, ist die Beweissituation nicht selten uneindeutig und problematisch. Insbesondere, wenn die Zeugin an einer psychischen Störung leidet, intellektuell eingeschränkt oder entwicklungsverzögert ist, muss sich das Gericht die Hilfe einer psychologischen Sachverständigen einholen, damit diese sowohl die Aussagetüchtigkeit als auch die Glaubhaftigkeit der Aussage beurteilen kann.

Definition

»Die Aussagetüchtigkeit ist die grundsätzliche Fähigkeit einer aussagenden Person, Situationen zuverlässig wahrzunehmen, über einen längeren Zeitraum zu speichern und weitgehend selbständig abzurufen, sowie angemessen zwischen verschiedenen Quellen einer Erinnerung unterscheiden zu können. Weiter umfasst sie die Fähigkeit, in der Befragungssituation eine für Dritte nachvollziehbare Schilderung zu produzieren« (Pfundmaier, 2020, S. 5).

Die Teilnahme an einer Glaubhaftigkeitsbegutachtung für die Zeuginnen ist stets freiwillig (§ 81c StPO) und auch Kinder müssen dieser zustimmen (die Zustimmung der Sorgeberechtigten allein ist nicht ausreichend). Auch wenn für eine Sachverständige die Erfüllung ihres Gutachtenauftrags hohe Priorität besitzt, um die Beweiskraft in einem Verfahren zu erhöhen, darf sie die Zeugin keinesfalls zur Mithilfe drängen (siehe hierzu auch Aymans, 2015).

Eine Geschichte zu erfinden, sie ohne Widersprüche wiederholt darzustellen und dabei stets überzeugend zu wirken, ist laut Undeutsch (1967) nur mit hohem kognitivem Aufwand möglich. Er nimmt daher an, dass Aussagen ohne Erlebnishintergrund kürzer und weniger komplex sind.

Auf dieser sogenannten »Undeutsch-Hypothese« beruht die Merkmalsorientierte Inhaltsanalyse: Aussagen mit Erlebnishintergrund weisen eine höhere Aussagequalität auf als erfundene Darstellungen derselben Person. Es sollte sich daher immer die Frage gestellt werden, ob eine bestimmte Zeugin zu der festgestellten Aussagequalität gekommen wäre, wenn sie das Geschehene nicht selbst erlebt hätte.

Wichtige Komponenten des inhaltsanalytischen Ansatzes sind die *Konstanzanalyse,* die *Realkennzeichenanalyse,* und der *Qualitäts-Kompetenz-Vergleich.*

Konstanzanalyse

Da real erlebte Szenarien stärker im Gedächtnis verankert sind als solche ohne Erlebnishintergrund, wird vermutet, dass hohe Übereinstimmungen über verschiedene Aussagezeitpunkte hinweg für eine erlebnisbasierte Aussage sprechen. Es findet ein Vergleich aller gemachten Aussagen statt, wobei besonderes Augenmerk auf Beschreibungen des Kerngeschehens und der darin befindlichen Personen und Gegenstände gelegt wird, welche konstant beschrieben werden sollten. Treten doch Inkonsistenzen auf, muss zunächst geprüft werden, ob sich diese nicht gedächtnispsychologisch erklären lassen. In erlebnisbezogenen Aussagen treten Inkonsistenzen v. a. bei Angaben zu Häufigkeiten, Reihenfolgen und Nebenhandlungen auf (Arntzen, 2007).

Realkennzeichenanalyse

Einer Zusammenstellung von Realkennzeichen basierend auf Erfahrungswerten psychologischer Sachverständiger (Arntzen, 1970) folgte eine erste Systematisierung der Merkmale (Steller & Köhnken, 1989). Eine detaillierte Auflistung findet sich in Tabelle 5.1. Da jedoch auch wahre Aussagen von geringer Qualität sein können, bedeutet ein Fehlen dieser Merkmale nicht zwingend, dass die Aussage unwahr ist. In Studien konnte wiederholt gezeigt werden, dass sich mit Hilfe der Realkennzeichenanalyse zwischen Lüge und Wahrheit differenzieren lässt (u. a. Oberlader et al., 2016). Zur näheren Erläuterung der Merkmale wird auf Köhnken (2003, 2004) verwiesen.

Die Kriterienliste von Steller und Köhnken (1989) gilt in der Praxis als zentrale Systematik aussagepsychologischer Glaubhaftigkeitsmerkmale und wird bis heute verwendet. Eine Kritik, der sie jedoch nach wie vor ausgesetzt ist, besteht in der fehlenden theoretischen Basis. Ihre Ableitung erfolgte damals heuristisch, d. h., es werden mutmaßlich Schlussfolgerungen basierend auf begrenztem Wissen getroffen. Seit der ersten Formulierung der Realkennzeichen wurden daher mehrere Versuche unternommen, die Kriterien mit den ihnen zu Grunde liegenden Prozessen zu verknüpfen.

Eine erste Modifizierung der Aufteilung nach Steller und Köhnken (1989) erfolgte durch Niehaus (2008). In dieser begründen unterschiedliche motivationale sowie kognitive Prozesse die Unterscheidung zwischen wahren und erfundenen Aussagen. Eine weitere Neuordnung durch Volbert und Steller (2014) weist die 19 Kriterien nur drei Kategorien zu:

(1) *Merkmale episodischer Erinnerungen* (z. B. Schilderung psychischer Vorgänge),

(2) *Schemaabweichungen* (z. B. unverstandene Handlungselemente) und

(3) *Fehlen strategischer Selbstpräsentation* (z. B. Zugeben von Erinnerungslücken).

Angenommen wird, dass Kriterien der ersten Gruppe auch in erfundenen Aussagen auftauchen, während Kriterien der zweiten Gruppe in Falschaussagen eher nicht zu finden sind (Rönspies-Heitmann, 2022).

Tab. 5.1: Merkmale zur Beurteilung der Aussagequalität (orientiert an Steller & Köhnken, 1989)

Allgemeine Merkmale der Aussage	Spezielle Inhalte der Aussage	Inhaltliche Besonderheiten der Aussage	Motivationsbezogene Inhalte
Logische Konsistenz	Raum-zeitliche Verknüpfung	Schilderung ausgefallener Einzelheiten	Spontane Verbesserung der eigenen Aussage
Ungeordnet sprunghafte Darstellung	Interaktionsschilderungen	Schilderung nebensächlicher Details	Eingeständnis von Erinnerungslücken
Quantitativer Detailreichtum	Wiedergabe von Gesprächen	Phänomengemäße Schilderung unverstandener Handlungselemente	Einwände gegen die Richtigkeit der Aussage
	Komplikationsschilderungen	Indirekt handlungsbezogene Schilderungen	Selbstbelastung

Tab. 5.1: Merkmale zur Beurteilung der Aussagequalität (orientiert an Steller & Köhnken,1989) – Fortsetzung

Allgemeine Merkmale der Aussage	Spezielle Inhalte der Aussage	Inhaltliche Besonderheiten der Aussage	Motivationsbezogene Inhalte
		Schilderungen eigener psychischer Vorgänge	Entlastung der Angeschuldigten
		Schilderungen psychischer Vorgänge der Angeschuldigten	
		Deliktspezifität	

Qualitäts-Kompetenz-Vergleich

Zuletzt wird die Aussagequalität mit der Aussagekompetenz der Zeugin in Beziehung gesetzt. Wir müssen uns die Frage stellen, könnte die Zeugin unter den gegebenen Umständen und mit ihren vorhandenen Fähigkeiten, ihrem Wissen und den gemachten Erfahrungen die Aussage erfinden? Dabei wird zwischen *personellen* und *situativen Aspekten* unterschieden (Volbert, 2010).

Personelle Aspekte

• Das *autobiographische Erinnerungsvermögen* und Schilderungen hierzu dienen als Bezugspunkt zur Qualitätsanalyse. Hieraus lässt sich ableiten, auf welche Weise und wie detailliert tatsächliche Begebenheiten geschildert werden.

• Die *Fähigkeit, bewusst und gezielt zu täuschen,* ist in der Regel vor Eintritt ins Grundschulalter nicht vorhanden, da hierfür bestimmte kognitive Voraussetzungen erfüllt sein müssen (z. B. braucht es eine Vorstellung davon, was glaubwürdig erscheint und was nicht).

- *Vorerfahrungen und einschlägiges Wissen* insbesondere über Sexualität und Sexualdelinquenz ist bei jungen Kindern oft nicht vorhanden, so dass komplexe Falschaussagen unwahrscheinlich sind.
- Bestimmte *Persönlichkeitsausprägungen* (z.b. ein erhöhtes Geltungsbedürfnis) sollten bei der Bewertung der Kompetenz miteinbezogen werden.
- Ist die *Aussagemotivation* gering, kann dies ebenso zu einer geringen Aussagequalität führen.

Situative Aspekte

- Die Aussagequalität ist abhängig von der Komplexität der Ereignisse; bei einem kurzen Geschehen würde auch eine erlebnisbasierte Aussage keine hohe Qualität erreichen.
- Die Art der Befragung wirkt sich auf die Qualität der Aussage aus, z.b. wenn nur sehr spezifisch gefragt wird und kein freier Bericht erfolgt.
- Ist zwischen dem Ereignis und der Befragung oder zwischen zwei Befragungen viel Zeit vergangen, können Erinnerungen an Details verblassen und womöglich nicht mehr abgerufen werden.

Merke

Die Merkmalsorientierte Inhaltsanalyse besteht aus drei Komponenten, der Konstanz- und Realkennzeichenanalyse sowie dem Qualitäts-Kompetenz-Vergleich, die bei der Begutachtung alle zur Anwendung kommen sollten (z.b. nicht nur eine Realkennzeichenanalyse).

Grenzen und Hürden der Merkmalsorientierten Inhaltsanalyse

Die inhaltsanalytische Methode hat, wie andere Verfahren auch, ihre Grenzen. Gibt es z.b. kein oder nur sehr wenig brauchbares Aussagematerial, was u.a. bei sehr jungen Kindern (unter sechs Jahren) vorkommen kann, lässt sich eine Beurteilung der Aussagequalität nicht mehr sinnvoll durchführen. Ein weiteres Problem ist die Vorbereitung der Zeugin auf die

Beurteilung der Aussagequalität. Die Realkennzeichen sind kein Geheimnis, sondern mehrfach in Büchern und Artikeln abgedruckt und in Internetquellen zu finden. Weiß man über die Existenz der Realkennzeichen Bescheid, könnte man sie ohne Weiteres in eine erfundene Geschichte einbauen und eine Unterscheidung von einer wahren Schilderung somit deutlich erschweren (Vrij, Akehurst, Soukara & Bull, 2004).

Eine weitere Schwierigkeit ist die Möglichkeit der suggestiven Beeinflussung. Wie am Anfang dieses Kapitels bereits erwähnt wurde, sind sich Zeuginnen ihrer unwahren Aussagen nicht immer bewusst. Sie könnten auch aufgrund vorheriger Befragungen, z. B. durch einen Elternteil oder eine Therapeutin, suggeriert worden sein.

Fremd- oder autosuggestive Einflüsse können sogar Scheinerinnerungen entstehen lassen, welche sich für die aussagende Person wie tatsächlich erlebte Ereignisse anfühlen (Steller, 2019). Daher sollte man immer auch die Aussageentstehung sowie -entwicklung in den Analyseprozess einbeziehen. Wenn der Verdacht besteht, dass die originäre Aussage durch Fremdeinflüsse verändert wurde, stößt die inhaltliche Aussageanalyse an ihre Grenzen. Ein vertiefender Einblick zur Entstehung von Scheinerinnerungen findet sich bei Volbert (2014, 2018).

Fehler im Rahmen der Glaubhaftigkeitsbegutachtung können an verschiedenen Punkten des Begutachtungsprozesses auftreten (Köhnken & Gallwitz, 2021):

- Fehlende relevante Entstehungshypothesen (z. B. Möglichkeit von Scheinerinnerung, fehlende Aussagetüchtigkeit),
- Anwendung einer ungeeigneten diagnostischen Methode (z. B. ist es nicht möglich, anhand von körperlichen Symptomen oder Verhaltensauffälligkeiten bei der Zeugin oder mit Hilfe von Kinderzeichnungen auf einen erlebten sexuellen Missbrauch zu schließen; Köhnken, 2006),
- falsche Anwendung einer grundsätzlich geeigneten Methode (wenn z. B. unreflektiert das gesamte Aussagematerial analysiert wird oder die Realkennzeichen fehlerhaft kodiert werden),
- Fehler in Planung und Durchführung der Untersuchung (z. B. Störung der Exploration durch Anwesenheit der Eltern, Einsatz einer Dolmetscherin),
- Fehler bei der diagnostischen Bewertung der Befunde.

Zusammenfassung

Die Frage, ob es erkennbare Unterschiede zwischen Lügnerinnen und Wahrheitssagerinnen gibt, beschäftigt Psychologinnen, aber auch die Gesellschaft seit über 100 Jahren. In diesem Kapitel wird erläutert, welche Strategien der Glaubhaftigkeitsbeurteilung bisher erprobt wurden und näher auf die heute in der Praxis verwendete Methode der Merkmalsorientierten Inhaltsanalyse eingegangen. Zentraler Bestandteil sind die sogenannten Realkennzeichen, welche häufiger in erlebnisbasierten und seltener in ausgedachten Aussagen gefunden werden. Die mit der Methodik verbundenen Schwierigkeiten werden dabei nicht außen vorgelassen. Die Glaubhaftigkeitsbeurteilung von Zeugenaussagen stellt ein Alleinstellungsmerkmal von geschulten Rechtspsychologinnen dar, mit denen sie sich klar gegen andere Professionen (z. B. Psychiaterinnen) abgrenzen können. Aufgrund jahrzehntelanger und fortwährender Forschung in dem Bereich ist es ihnen möglich, dabei wissenschaftlich fundiert vorzugehen und den hohen Qualitätsanforderungen gerecht zu werden.

Literaturempfehlungen

Volbert, R. (2010). Aussagepsychologische Begutachtung. In R. Volbert & K.-P. Dahle (Hrsg.), *Forensisch-psychologische Diagnostik im Strafverfahren* (S. 18–26). Bern: Hogrefe.

Volbert, R. & Steller, M. (2023). Glaubhaftigkeit. In T. Bliesener, K.-P. Dahle & G. Köhnken (Hrsg.), *Lehrbuch Rechtspsychologie* (2. Auflage, S. 387–404). Bern: Hogrefe.

Pfundmair, M. (2020). Psychologie bei Gericht. Heidelberg: Springer Berlin.

Fragen und Aufgaben zur Selbstüberprüfung

- Unter welchen Umständen wird eine Sachverständige für ein Glaubhaftigkeitsgutachten bestellt?
- Auf welcher Annahme basiert die Merkmalsorientierte Inhaltsanalyse?
- An welche Grenzen stößt man im Rahmen der Merkmalsorientierten Inhaltsanalyse?

6 Identifizierung von Tatverdächtigen

Stellen Sie sich vor, auf einem Abendspaziergang kommen Ihnen zwei dunkel gekleidete Männer mit hohem Tempo entgegengelaufen. Beide haben gefüllte Plastikbeutel in den Händen. Sie können gerade noch ausweichen, um nicht von ihnen überrannt zu werden. Später stellt sich heraus, dass kurz vorher eine Tankstelle in der Nähe überfallen wurde. Zudem handelt es sich bei den Tätern höchstwahrscheinlich um diese beiden Männer. Was nun? Sie könnten der Polizei womöglich noch sagen, dass die beiden Personen männlich waren, vielleicht sogar, ob sie besonders groß oder klein waren. Maskiert waren sie zwar nicht, aber aufgrund der schlechten Lichtverhältnisse und der kurzen Zeit, die blieb, um einen Blick auf die Gesichter zu werfen, würde es schwerfallen, eine detailliertere Beschreibung zu liefern.

Zeugen, die dem Phantombildzeichner in so einer Situation ein perfektes Portrait der Täter liefern könnten, kommen nur in der Welt der Krimiserien und -filme vor. In der Realität weichen Phantombilder vom wahren Aussehen des Täters stark ab. Nichtsdestotrotz können auch vage Beschreibungen dabei helfen, geeignete Wahllichtbildvorlagen zusammenzustellen, die für eine Gegenüberstellung bei der Polizei genutzt werden, sobald eine verdächtige Person gefasst ist.

Dieses Kapitel befasst sich mit Personenidentifizierung und den dahinterliegenden psychologischen Prozessen von Augenzeugen. Deren Wiedererkennungsleistung kann möglicherweise durch verschiedene Faktoren beeinflusst werden, die während und nach dem Geschehen auftreten. Die Aufgabe eines Psychologen ist es, die Verlässlichkeit des Augenzeugenberichts und somit auch der Identifizierung abzuschätzen (▶ Kap. 6.1). Zum anderen soll es in diesem Kapitel darum gehen, wie Polizei und Justiz den Identifizierungsprozess selbst so gestalten können, dass der Augenzeuge bestmöglich von weiteren Einflüssen abgeschirmt wird. In diesem Zuge werden verschiedene Möglichkeiten der Gegenüberstellung und die damit verbundenen Schwierigkeiten erläutert (▶ Kap. 6.2).

Merke

Der ehrliche Bericht eines Augenzeugen kann dennoch von dem tatsächlichen Geschehen abweichen, da vielerlei Faktoren während des Geschehens und der Berichterstattung die Wahrnehmung, Speicherung und den Gedächtnisabruf beeinflussen können.

6.1 Situations-, Zeugen- und Täterfaktoren

In der Fachliteratur wird im Allgemeinen zwischen Schätzvariablen und Kontrollvariablen unterschieden (▶ Abb. 6.1; u.a. Wells, 1978; Sporer & Sauerland, 2023).

Schätzvariablen beeinflussen die Wahrnehmung und Speicherung der Tätermerkmale. Der Name rührt daher, dass ihr Einfluss zum Tatzeitpunkt auf die spätere Wiedererkennensleistung nur »geschätzt« werden kann. Im Folgenden sollen zunächst die darunterfallenden Situations-, Zeugen und Täterfaktoren vorgestellt werden.

Zu den Situationsfaktoren zählt zunächst die Wahrnehmungsdauer. Je kürzer der Moment ist, in dem man einem Täter begegnet, und das umgebende Geschehen dauert, desto weniger Informationen können wahrgenommen und gespeichert werden.

Inwieweit sich akuter Stress auf die Wahrnehmung von Details auswirkt, ließ sich bisher nicht abschließend klären. Es existieren zwar Befunde, die eine negative Auswirkung auf die Identifizierungsleistung vermuten lassen (Deffenbacher, Bornstein, Penrod & McGorty, 2004). In neueren Experimenten fand sich wiederum kein signifikanter Effekt auf die Identifizierungsleistung (Marr et al., 2021).

Damit zusammenhängend wurde auch untersucht, welche Folgen es haben kann, wenn Zeugen mit einer Waffe bedroht werden. Es ist leicht nachzuvollziehen, dass die Aufmerksamkeit dann erst einmal auf die Waffe und nicht etwa auf das Gesicht des Täters gelenkt wird. Dieser Aufmerksamkeitsfokus kann später einen Effekt auf die Erkennensleistung haben. Frühere Studien zeigten, dass der sog. *Waffeneffekt* eine erhöhte Anzahl von Falschidentifizierungen zur Folge hatte (Steblay, 1992). Neuere Erkenntnisse legen nahe, dass sich der Einfluss einer Waffe zunächst nur auf die Qualität der Personenbeschreibung auswirkt, nicht aber auf die Identifizierungsleistung (Kocab & Sporer, 2016).

Darüber hinaus können auch die Entfernung zwischen Zeuge und Täter, sowie die Lichtverhältnisse die Wahrnehmungsleistung des Zeugen stark beeinflussen und sollten stets in Kombination bedacht werden (Nyman et al. 2019).

Zu den Schätzvariablen gehören zudem auch Einflüsse durch Merkmale des Zeugen selbst. Beipielsweise kann das Alter eine ausschlaggebende Rolle spielen. Die Identifizierungsleistung von kindlichen Zeugen ist erst ab einem Alter von etwa 5 Jahren so gut wie die von erwachsenen Zeugen. Außerdem könnten sie sich eher dazu gedrängt fühlen, bei Gegenüberstellungen zwingend eine Person auszuwählen (obwohl es möglich ist, dass der Täter nicht unter den gezeigen Personen ist). Ein weiterer Einfluss, der sich aus einem Merkmal des Zeugen ergibt, ist seine Ethnie. In zahlreichen Studien zeigte sich der sogenannte *Cross-Race-Effect*. Dieser beschreibt, dass Mitglieder der eigenen Ethnie besser erkannt werden, als die einer anderen Ethnie (u. a. Meissner & Brigham, 2001). Dieser Effekt lässt sich auch auf die Identifizierung von Personen einer anderen Altersgruppe übertragen (Own-Age-Bias, Rhodes & Anastasi, 2012; Martschuk & Sporer, 2018).

Steht ein Zeuge während des Ereignisses unter dem Einfluss von Alkohol, kann sich dies negativ auf die spätere Identifizierungsleistung auswirken (Sauerland, Boers & van Oorsouw, 2019).

Darüber hinaus wirkt sich auch die Dauer zwischen dem Zeitpunkt des relevanten Geschehens und des Wiederabrufens der Erinnerung aus. Es zeigte sich, dass mit längerem Behaltensintervall die Erinnerung an Gesichter deutlich abnimmt (Deffenbacher et al., 2008). Während des Be-

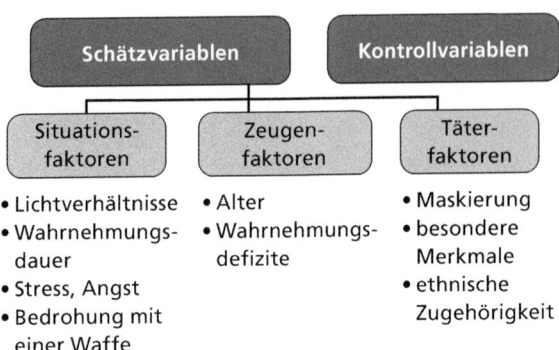

Abb. 6.1: Faktoren, die sich auf die Zuverlässigkeit der Identifizierung auswirken.

haltensintervalls kann es zu Ereignissen kommen (post-event information), die die Erinnerung im Nachhinein verzerren, abschwächen oder sogar ganz ersetzen. Denn der Zeuge muss sich nicht nur an den Täter erinnern, sondern auch an die Situation, in der er diesen wahrgenommen hat. So kann es leicht passieren, dass sich erinnerte Details mit neuen Informationen vermischen, die z. B. aus der medialen Berichterstattung oder von Fahndungsplakaten stammen.

Bis heute wird in der Fachwelt darüber debattiert, was genau hinter dem sogenannten Misinformationseffekt steckt. Höchstwahrscheinlich existieren aber unzählige Möglichkeiten, wie eine Person dazu kommen kann, eine Fehlinformation zu glauben und zu berichten. Vielleicht hat der Zeuge die ursprüngliche Information gar nicht erst kognitiv verarbeitet oder er wägt zwischen zwei möglichen Details ab und entscheidet sich dann für die Fehlinformation. Auch durch weiteres Nachdenken über die ursprüngliche Erinnerung kann ein Detail verblassen. Welcher Prozess auch immer abläuft, das Endergebnis kann ein sehr selbstbewusster Zeuge sein, der vor Gericht in überzeugender Weise über ein Detail aussagt, das völlig falsch ist (S. 499, Loftus, 2019).

6.2 Der Prozess der Identifizierung

Wie oben bereits erwähnt, existieren neben den Schätzvariablen auch *Kontrollvariablen*, die von Polizei und Justiz im Zuge des Identifizierungsprozesses beeinflusst werden können. Dabei geht es darum, das bestmögliche Ergebnis zu erreichen, nämlich die richtige Identifizierung des Täters. Hier spielen die Art der Gegenüberstellung, die Wahl der Vergleichspersonen sowie die Instruktion des Zeugen eine bedeutende Rolle.

Sehr geläufig ist die Identifikation anhand von Lichtbildvorlagen (auf einem PC-Monitor), da auf diese Weise mit Zugriff auf Datenbanksysteme in kurzer Zeit eine adäquate Auswahl an Vergleichspersonen erstellt werden kann. Aus Gründen der Standardisierung und Praktikabilität greift man mittlerweile auf Bilder von künstlich erzeugten oder verfremdeten Gesichtern zurück (»virtuelle Personen«), die dann gemeinsam mit dem Bild des Tatverdächtigen präsentiert werden. Wichtig hierbei ist, dass nicht eines der Lichtbilder aufgrund äußerer Merkmale hervorsticht, z. B. weil eines viel größer oder heller ist als die anderen. Dies könnte sich wiederum suggestiv auf den Zeugen auswirken.

Live-Gegenüberstellungen sind aufgrund von Terminorganisation und dem Finden geeigneter und verfügbarer Vergleichspersonen kosten- und zeitaufwendiger als die Wahllichtbildvorlage.

Ist die Art der Präsentationsform entschieden, existieren in der Praxis verschiedene Präsentationsbläufe. Die Einzellichtbildvorlage, also die Vorlage eines Bildes mit der tatverdächtigen Person, gilt als hoch suggestiv und nicht empfehlenswert (Stebley, Dysart & Lindsay, 2003). Dennoch ist zu vermuten, dass diese Form in der polizeilichen Praxis sehr verbreitet ist (Behrman & Davey, 2001). Die simultane und sequenzielle Gegenüberstellung oder Wahllichtbildvorlage, dargestellt in ▶ Abb. 6.2, ist der Einzellichtbildvorlage in jedem Falle vorzuziehen.

Simultane Gegenüberstellung/Wahllichtbildvorlage

Es wird angenommen, dass der Zeuge bei gleichzeitiger Präsentation des Tatverdächtigen mit den Vergleichspersonen ein Relativurteil abgibt und die Person auswählt, die der Erinnerung am nächsten kommt (Wells, 1984). Ist der eigentliche Täter jedoch gar nicht anwesend, wird sich für die ihm am ähnlichste Person entschieden.

Sequenzielle Gegenüberstellung/Einzellichtbildvorlage

Bei der sequenziellen Gegenüberstellung wird ein Relativurteil verhindert, indem jeder Kandidat nacheinander und nur einmal gezeigt wird. Der Zeuge muss zu jeder Person ein endgültiges Urteil abgeben. Dabei weiß er jedoch nicht, wie viele Personen noch folgen werden. Denkt er, den Täter erkannt zu haben, wird die Gegenüberstellung abgebrochen. Die Rate an korrekten, aber auch falschen Zurückweisungen ist bei diesem Verfahren insgesamt häufiger.

Zusammenfassend lässt sich festhalten, dass der Beweiswert für beide Verfahren ähnlich hoch ist oder sich nur unter sehr bestimmten Bedingungen unterscheidet (Carslon, Gronlund & Clark, 2008).

Auch die Art der Instruktion des Zeugen vor der Gegenüberstellung kann die Wiedererkennungsleistung beeinflussen. Unter anderem sollte er immer darauf aufmerksam gemacht werden, dass der Täter vielleicht gar nicht unter den Personen zu finden ist. So ist der Zeuge weniger gehemmt zu sagen, dass er niemanden wiedererkennt, wenn dies wirklich der Fall ist. Der Beamte, welcher die Gegenüberstellung durchführt, sollte bestenfalls die Identität des Verdächtigen nicht kennen, um eine bewusste oder unbewusste Beeinflussung des Zeugen ausschließen zu können (Canter, Hammond & Youngs, 2013).

Leider kommt es immer wieder zu fatalen Fehlern bei Gegenüberstellungen oder Lichtbildvorlagen, meist aufgrund von Unwissenheit über das Fehlerpotenzial der Methoden und weil der Wiedererkennungstest oft nur als letzter Schritt zur Überführung genutzt wird. An realen Beispielen erläutern Sauerland und Kollegen (2016), welche Fehler bei der Gegenüberstellung unterlaufen können. Bisher werden aussagepsychologisch ausgebildete Psychologen für die Vorbereitung von Gegenüberstellungen leider nicht regelmäßig zu Rate gezogen. Umso wichtiger ist daher die Aufklärung über potenzielle Fehler bei der Arbeit mit Augenzeugen im Rahmen der polizeilichen Aus- und Fortbildung.

Simultane Gegenüberstellung

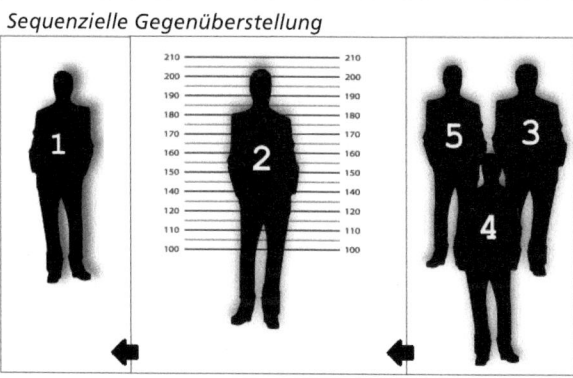

Sequenzielle Gegenüberstellung

Abb. 6.2: Schaubild einer simultanen und sequenziellen Gegenüberstellung

Zusammenfassung

Augenzeugenberichten sollte stets mit gewisser Vorsicht begegnet werden. Aufgrund der gegebenen Situations-, Zeugen- und Täterfaktoren, ist es möglich, dass das vermeintlich Gesehene mit der Realität nicht vollständig übereinstimmt. Sei es aufgrund von schlechten Lichtverhältnissen oder Ereignissen, welche die Erinnerungen im Nachhinein verzerren können.

Aufgabe des Aussagepsychologen ist es, alle möglichen Einflüsse während des Tatgeschehens, zwischen Tatgeschehen und Bericht sowie bestenfalls auch im Zuge der Vorbereitung und Durchführung einer Gegenüberstellung oder Wahllichtbildvorlage zu identifizieren bzw. zu berücksichtigen. Die Forschung zu Augenzeugenberichten und Täteridentifizierung liefert noch immer neue Erkenntnisse, die in der polizeilichen und justiziellen Praxis von hohem Wert sein können.

Literaturempfehlungen

Sporer, S. L. & Sauerland, M. (2023). Personenidentifizierung. In T. Bliesener, K. P. Dahle & G. Köhnken (Hrsg.), *Lehrbuch Rechtspsychologie* (2. Auflage, S. 139–154). Bern: Hogrefe.

Lampinen, J. M., Neuschatz, J. S. & Cling, A. D. (2012). *The psychology of eyewitness identification*. New York, NY: Taylor & Francis.

Fragen und Aufgaben zur Selbstüberprüfung

- Welche Einflüsse wirken auf die Wahrnehmung eines Augenzeugen während eines Tatgeschehens?
- Welche Arten der Gegenüberstellung oder Lichtbildvorlage kommen in der Praxis zu Einsatz?
- Welche Fehler können bei Gegenüberstellungen unterlaufen?

7 Forensische Psychologie im Jugendgerichtsverfahren

Rechtspsychologinnen können im Rahmen eines Jugendgerichtsverfahrens (nach dem Jugendgerichtsgesetz; JGG) als externe Sachverständige zu verschiedenen forensischen Fragestellungen angehört werden. Im Jugendstrafrecht nimmt die Jugendgerichtshilfe (JGH; § 38 JGH) eine besondere Rolle ein. Im Gegensatz zum Erwachsenenstrafrecht ist vorgesehen, dass bei jugendlichen und heranwachsenden Angeklagten eine Fachperson (in der Regel Sozialpädagoginnen oder Sozialarbeiterinnen) aus dem Jugendamt bzw. der Jugendhilfe »die erzieherischen, sozialen und sonstigen im Hinblick auf die Ziele und Aufgaben der Jugendhilfe bedeutsamen Gesichtspunkte im Verfahren vor den Jugendgerichten zur Geltung« bringt. Die JGH erstattet nach einer sozialpädagogischen Diagnostik (vgl. § 38 JGG Abs. 2) im Rahmen des Jugendgerichtsverfahrens eine schriftliche und mündliche Stellungnahme zur Entwicklung der Angeklagten. Zudem macht sie in der Regel ebenfalls Vorschläge für erzieherische Maßnahmen. Die JGH ist in dem Jugendverfahren eine gesetzlich verankerte fachliche Unterstützung zur Urteilsfindung im Jugendgerichtsverfahren, welches nach dem § 2 JGG am Erziehungsgedanken ausgerichtet ist. Inhaltlich gibt es eine hohe Überschneidung des Tätigkeitsbereichs der JGH zur rechtspsychologischen Begutachtung im Jugendgerichtsverfahren. Während die JGH standardmäßig aus sozialpädagogischer Perspektive beteiligt ist, werden rechtspsychologische Gutachterinnen, vereinfacht gesprochen, in den Fällen vom Gericht als Gutachterin beauftragt, wenn für die Beantwortung rechtlicher Fragen eine zusätzliche rechtspsychologische Expertise erforderlich erscheint. Die Rolle und die Aufgaben der JGH sind für rechtspsychologische Gutachterinnen u. a. bedeutsam, da die rechtspsychologischen Sachverständigen in der mündlichen Hauptverhandlung meist zwischen der Staatsanwaltschaft und der Jugendgerichtshilfe sitzen, d. h., neben der fachlichen Nähe ist man auch in der Praxis persönlich nah positioniert. Weiter muss erwähnt werden, dass der im JGG verwendete Begriff »Jugendgerichtshilfe« innerhalb der Jugendhilfe aus diversen Gründen, die an dieser Stelle nicht näher beschrieben werden können, kritisch diskutiert werden. Aktuell wird von einigen Protagonistinnen in diesem Feld der Begriff »Jugendhilfe im Strafverfahren« (JuhiS) vorgezogen. Die aktuelle Debatte kann auf der Homepage der Deutschen Vereinigung der Jugendgerichte und Jugendhilfe (www.dvjj.de) verfolgt werden.

Erklärung

§ 38 Jugendgerichtshilfe

(1) Die Jugendgerichtshilfe wird von den Jugendämtern im Zusammenwirken mit den Vereinigungen für Jugendhilfe ausgeübt.

(2) Die Vertreter der Jugendgerichtshilfe bringen die erzieherischen, sozialen und sonstigen im Hinblick auf die Ziele und Aufgaben der Jugendhilfe bedeutsamen Gesichtspunkte im Verfahren vor den Jugendgerichten zur Geltung. Sie unterstützen zu diesem Zweck die beteiligten Behörden durch Erforschung der Persönlichkeit, der Entwicklung und des familiären, sozialen und wirtschaftlichen Hintergrundes des Jugendlichen und äußern sich zu einer möglichen besonderen Schutzbedürftigkeit sowie zu den Maßnahmen, die zu ergreifen sind. [...]

Dieses Kapitel betrachtet aus rechtspsychologischer Sicht exemplarisch die strafrechtliche Verantwortlichkeit (§ 3 JGG; ▶ Kap. 7.1) und die Beurteilung der Strafreife (§ 105 JGG; ▶ Kap. 7.2). In beiden Unterkapiteln werden die wesentlichen juristischen und psychologischen Begriffe herausgearbeitet. Darüber hinaus wird in die Methodik der rechtspsychologischen Beurteilung dieser beiden Themen eingeführt.

7.1 Strafrechtliche Verantwortlichkeit (§ 3 JGG)

Das deutsche Strafrecht geht prinzipiell davon aus, dass Kinder unter 14 Jahren nicht schuldfähig sind (§ 19 StGB). Diese Altersgrenze ist eine politisch-juristische Setzung und bezieht sich nicht auf entwicklungspsychologische Befunde. Beispielsweise beginnen Kinder bereits im Alter von ca. drei bis vier Jahren erste meta-kognitive Fähigkeiten zu entwickeln. »Schummeln« und absichtliches Täuschen oder »Lügen« kommt in diesem Alter in gemeinschaftlichen (kooperativen) Situationen und auch bei sozialen Gegebenheiten mit Wettstreit (kompetitive Situationen) vor (Sodian & Ziegenhain, 2011, S. 40). Es dient wohl aber noch eher dazu, negative Konsequenzen zu vermeiden (ebd.). Dennoch scheint in diesem Alter langsam eine Differenzierung zwischen sozial nicht erwünscht und erwünscht zu beginnen. Möglicherweise haben viele Kinder ab dem 4. Lebensjahr schon ein größeres Unrechtsempfinden und »epistemisches Wissen« als so manch erwachsene Politikerin, die bei ihrer Doktorarbeit plagiiert hat. In einer Studie von Nunner-Winkler (2007) wussten mehr als 90 % der vier- bis fünfjährigen Kinder, dass Diebstahl moralisch falsch ist. Hommers (2003) berichtet, dass bereits Grundschulkinder über Sachbeschädigung und Köperverletzung eine Unrechtskenntnis besitzen (vgl. Barnikol, 2012). Streng (1997) vertritt die Meinung, dass bei fünf- bis sechsjährigen Kindern in Bezug auf »Wegnehmen«, Diebstahl und üble Nachrede eine Unrechtskenntnis vorliegt. Laut Ostendorf (2003) soll das bei 16- bis 18-Jährigen im Kontext des Mofa-Frisierens (Betrug und Verstoß gegen die Versicherungspflicht) der Fall sein. Bei letzteren Einschätzungen fehlen aber weitgehend empirische Grundlagen. Insgesamt gibt es zu der Thematik recht wenig wissenschaftliche Studien. Meist werden Behauptungen neben Befunde gestellt und sich gegenseitig zitiert (beispielhaft dafür ist die Liste von Schepker & Toker, 2007, zitiert nach Dahle, 2010). In ihrer Studie zur Entwicklung rechtsanaloger Strukturen im kindlichen Denken und Handeln weisen Weyers et al. (2007) auf das Forschungsdefizit hin. Sie stellen aber abschließend fest, dass im Bereich des Strafrechts bereits Vorschulkinder wichtige Bestandteile zentraler Normen (er)kennen können (S. 189; u. a. Diebstahl, Schlagen, Raub).

Vergleicht man die deutsche Gesetzeslage mit denen anderer europäischer Länder, so wird ersichtlich, dass hinsichtlich der Altersgrenzen für die Strafmündigkeit erhebliche Unterschiede bestehen (z. B. Großbritannien und Frankreich ab dem 10. Lebensjahr, die Niederlande ab dem 12. Lebensjahr). Selbstverständlich bedeutet die deutsche Altersgrenze von 14 Jahren nicht, dass die Polizei, Staatsanwaltschaft oder die Gesellschaft bei jüngeren Kindern untätig bleibt. Vielmehr greift bei den unter 14-jährigen Kindern das 8. Sozialgesetzbuch, bekannt unter dem Namen Kinder- und Jugendhilfegesetz. Im Bereich der Kinder- und Jugendhilfe setzt eine gezielte Diagnostik, Förderung und Hilfe ein, die eine weitere ungünstige Entwicklung der in Frage kommenden Kinder verhindern soll.

Erklärung

§ 1 JGG Persönlicher und sachlicher Anwendungsbereich

(1) Dieses Gesetz gilt, wenn ein Jugendlicher oder ein Heranwachsender eine Verfehlung begeht, die nach den allgemeinen Vorschriften mit Strafe bedroht ist.

(2) Jugendlicher ist, wer zur Zeit der Tat vierzehn, aber noch nicht achtzehn, Heranwachsender, wer zur Zeit der Tat achtzehn, aber noch nicht einundzwanzig Jahre alt ist.

Für den Altersbereich der 14;00 bis 17;11-jährigen Jugendlichen, die mit dem Gesetz durch Straftaten in Konflikt geraten, gilt das Jugendgerichtsgesetz (JGG; siehe Kasten oben). Es baut auf dem Erziehungsgedanken auf (vgl. §§ 1 und 2 JGG) und weist beispielsweise neben der Jugendstrafe (maximal 10 Jahre) auch Erziehungsmaßregeln auf (z. B. Jugendarrest, Freizeitarrest).

Erklärung

§ 2 Ziel des Jugendstrafrechts; Anwendung des allgemeinen Strafrechts

(1) Die Anwendung des Jugendstrafrechts soll vor allem erneuten Straftaten eines Jugendlichen oder Heranwachsenden entgegenwirken. Um dieses Ziel zu erreichen, sind die Rechtsfolgen und unter Beachtung des elterlichen Erziehungsrechts auch das Verfahren vorrangig am Erziehungsgedanken auszurichten.

(2) Die allgemeinen Vorschriften gelten nur, soweit in diesem Gesetz nichts anderes bestimmt ist.

Der Gesetzgeber geht davon aus, dass 14 bis 17;11-jährige Personen prinzipiell schuldunfähig sind. Das steht im Gegensatz zum Erwachsenenstrafrecht, bei dem eine grundsätzliche Schuldfähigkeit angenommen wird, worauf Kapitel 7 weiter eingehen wird. Durch die Prüfung des § 3 JGG muss bei jugendlichen/heranwachsenden Angeklagten eine strafrechtliche Verantwortlichkeit durch das Gericht positiv festgestellt werden. Aus diesem Grund kommt dem Paragraphen eine besonders wichtige Stellung zu. Allerdings zeigt sich in der Gerichtspraxis häufig eine recht laxe Einschätzung des § 3 JGG; und zwar in die Richtung, dass der § 3 JGG nur äußerst selten negativ festgestellt wird (nicht strafrechtlich verantwortlich). Dieses wird durch die Studie von Barnikol (2012) belegt. Sie zeigte, dass der § 3 JGG häufig vom Gericht lediglich beiläufig geprüft und begründet wird. Das würde einerseits dem Anliegen des Gesetzgebers wohl kaum entsprechen und die Sinnhaftigkeit des § 3 JGG in Frage stellen. Lassen Sie uns aus diesen Gründen die strafrechtliche Verantwortlichkeit im Detail anschauen und prüfen, wie eine rechtspsychologische Bearbeitung der Inhalte auszusehen hat.

Erklärung

§ 3 JGG Verantwortlichkeit
Ein Jugendlicher ist strafrechtlich verantwortlich, wenn er zur Zeit der Tat nach seiner sittlichen und geistigen Entwicklung reif genug ist, das Unrecht der Tat einzusehen und nach dieser Einsicht zu handeln. Zur Erziehung eines Jugendlichen, der mangels Reife strafrechtlich nicht verantwortlich ist, kann der Richter dieselben Maßnahmen anordnen wie das Familiengericht.

Aus dem eben aufgeführten Wortlaut des § 3 JGG lassen sich aus rechtspsychologischer Sicht die folgenden Kernmerkmale ableiten:

- sittliche (= moralische) Entwicklung,
- geistige (= intellektuelle) Entwicklung,
- »Reife«-Begriff,
- Unrechtseinsicht,
- Handlungseinsicht,
- Tatzeitpunktbezogenheit.

Die juristischen Begriffe müssen zunächst in rechtspsychologische Fachtermini und überprüfbare Konzepte transformiert werden. Dabei ist die »geistige Entwicklung« psychologisch unter den in Kapitel 9 dargestellten diagnostischen Zugängen relativ gut erfassbar. Beispielsweise kann man als Rechtspsychologin die allgemeine geistige Reife mit Intelligenz-, Leistungs- und Entwicklungstests gut feststellen. Darüber hinaus müssen natürlich andere diagnostische Befunde (z. B. Fremdbefunde, anamnestische Daten, Verhaltensbeobachtung) für die Gesamteinschätzung einer Probandin hinzugezogen werden.

Wesentlich problematischer ist hingegen die reliable und valide Erfassung der sogenannten »sittlichen Entwicklung«. Meist wird in der Literatur und Praxis dabei auf die Konzepte der Moralentwicklung nach Kohlberg oder Piaget zurückgegriffen (vgl. dazu Barnikol, 2012; Pinquart, 2011; Schaffstein & Beulke, 2002; Schütze & Schmitz, 2003). Prinzipiell geht es um die Ausbildung eines ethischen Wertesystems. Diese soll es der Jugendlichen ermöglichen, die »sittlichen« Forderungen, die den Gesetzen zugrunde liegen, nachzuvollziehen (Schaffstein & Beulke, 2002; Ostendorf, 2007). Laut Barnikol (2012) scheinen die meisten Expertinnen den Übergang von Stufe 3 nach 4 im Modell von Kohlberg (also hin zur Moralorientierung an übergeordneten Systemen wie Staatsgemeinschaften) als entscheidenden Schritt für die Erlangung der sittlichen Reife nach dem § 3 JGG zu sehen. Insbesondere wird aber das Modell der Moralentwicklung von Kohlberg als nicht wirklich empirisch belegt und als problematisch kritisiert (vgl. Lohaus et al., 2010; Barnikol, 2012). Zudem fehlt es an passgenauen und validen psychometrischen Tests. Aus dem Grund muss man über die Exploration, die Aktenanalyse, den psychischen Eindruck in Verbindung mit kritisch zu betrachtenden diagnostischen Instrumenten die »sittliche« Reife einschätzen (Schütze & Schmitz, 2003). Durch die Aggregation verschiedener diagnostischer Zugänge ist in der Praxis aber sicherlich eine reliable und valide Einschätzung möglich.

Dazu könnten auch informationsverarbeitungstheoretische Modelle wie beispielsweise das von Rest (1999) beitragen. Sein Vier-Komponenten Modell des moralischen Handelns differenziert kognitive Schritte, die man in der rechtspsychologischen Praxis diagnostisch erfassen kann. Zudem wird durch die Prozessorientierung deutlich, dass moralisches Handeln kein statisches Konzept ist oder eine stabile Persönlichkeitseigenschaft darstellt. Für jeden Schritt sind verschiedene psychische Voraussetzungen notwendig, die in den Klammern angegeben sind:

1. Situationsinterpretation (Empathie): Beeinflusst das eigene Verhalten das Wohlergehen anderer?
2. Welches ist das in der Situation moralisch richtige Verhalten? (moralisches Urteilsvermögen): »Was ist moralisch geboten?« (Pinquart, 2012, S. 234).
3. Man muss eine Entscheidung treffen (moralische Motivation): Will man das moralisch korrekte Verhalten zeigen oder sind einem andere Verhaltensweisen wichtiger?
4. Das Verhalten wird ausgeführt (»Willensstärke und Selbstkontrolle«; ebd., S. 234).

Weiter muss bei der allgemeinen Einschätzung der »geistigen« und »sittlichen« Reife immer auf den Tatzeitpunkt Bezug genommen werden. Bei mehreren Taten muss entsprechend für jede Tat eine rechtspsychologische Einschätzung erfolgen. Insbesondere wird die Diagnostik erheblich durch das Zeitintervall zwischen Tatzeitpunkt und Untersuchung durch die Sachverständige erschwert. Beispielsweise können »Reifungsprozesse« oder »Lerneffekte« die Einlassungen einer Angeklagten so verändern, dass sie zum Untersuchungszeitpunkt reifer wirkt oder sich klarer zum Thema der moralischen Einschätzung ihres Verhaltens einlassen kann, als es zum Tatzeitpunkt der Fall gewesen wäre. Es muss unter allen Umständen eine retrospektive Einschätzung der Gutachterin erfolgen, wie es um die fraglichen Aspekte zum Tatzeitpunkt gestanden hat. Es werden mehrere Herausforderungen für die Rechtspsychologin offensichtlich. Sie muss einen theoretisch und empirisch schwierig zu präzisierenden Gegenstandsbereich (»moralische« und »geistige« Reife zum Tatzeitpunkt) diagnostisch erheben und auf den Tatzeitpunkt beziehen. Sicherlich kann eine professionelle Prüfung nicht ohne entsprechende Fachkompetenzen und Zeitressourcen erfolgen.

Als nächster diagnostischer Schritt kommt die Einschätzung des Unrechtsbewusstseins und der Handlungseinsicht. Diese muss auf der zuvor festgestellten »geistigen und moralischen« Reife zum Tatzeitpunkt erfolgen. Unter dem Unrechtsbewusstsein oder der Einsichtsfähigkeit versteht man, dass eine jugendliche Angeklagte auf Basis ihrer geistigen und sittlichen Reife in der Lage ist zu erkennen, dass ihre Straftaten mit dem korrekten Zusammenleben mit anderen Menschen nicht vereinbar sind und diese deshalb gesetzlich nicht toleriert werden (vgl. Schütze & Schmitz, 2003). Es reicht dabei nicht aus, die Tat für unmoralisch zu halten. Es geht darüber hinaus um die Einsicht in das staatliche Verbotensein. Das wiederum setzt nach Kohlberg ein deutlich höheres moralisches Niveau voraus als ein reines (allgemeines) Verständnis von »Gut/Richtig« und »Falsch«. Wie bereits beschrieben, geht es bei der Unrechtseinsicht um die konkrete Handlung zum Tatzeitpunkt. Wiederum ist das allein nicht ausreichend. Zusätzlich muss eine Jugendliche auch in der Lage sein, nach dieser Einsicht handeln zu können. Es geht in diesem Bereich um die Möglichkeiten der Angeklagten, aufgrund ihres Entwicklungsstandes eigengesteuert handeln zu können. Schütze und Schmitz (2003) weisen in dieser Frage darauf hin, dass der

Aspekt äußerst schwierig zu untersuchen und zu beantworten ist. Nach ihnen ist hier »eine infolge von Reifeverzögerungen persistierende, übermäßig affektiv bestimmte Handlungssteuerung« (S. 131) gemeint. »Ferner sind hier gruppendynamische Abhängigkeiten des Jugendlichen von Mittätern zu berücksichtigen« (S. 131). Sie weisen zudem darauf hin, dass zu der Frage des § 3 JGG kein psychometrisches Testverfahren vorliegt. Das wäre – wenn überhaupt – nur für eine allgemeine Einsichts- und Handlungsfähigkeit möglich. Durch die Tat- und Zeitpunktspezifität muss eine umfassende rechtspsychologische (qualitative) Einzelfalldiagnostik die Grundlage zur Beantwortung des § 3 JGG darstellen. Einen guten Überblick zum diagnostischen Vorgehen haben Dahle und Richter (2023) vorgelegt.

Abschließend ist zu betonen, dass der § 3 JGG nur Unreifezustände beinhaltet, die Folge einer verzögerten Entwicklung sind.

Erklärung

Der § 3 JJG ist ein normalpsychologischer Paragraph. Es geht nicht um das Vorliegen von psychischen Störungen.

Schütze und Schmitz (2003) heben deshalb hervor, dass Unreifezustände aufgrund von krankhaften seelischen Störungen unter die §§ 20, 21 StGB zu fassen sind. Wobei die Abgrenzung in der rechtspsychologischen Praxis äußerst herausfordernd ist.

7.2 Strafreifebeurteilung nach § 105 JGG

Erklärung

§ 105 JGG Anwendung des Jugendstrafrechts auf Heranwachsende

---

(1) Begeht ein Heranwachsender eine Verfehlung, die nach den allgemeinen Vorschriften mit Strafe bedroht ist, so wendet der Richter die für einen Jugendlichen geltenden Vorschriften der §§ 4 bis 8, 9 Nr. 1, §§ 10, 11 und 13 bis 32 entsprechend an, wenn

1. die Gesamtwürdigung der Persönlichkeit des Täters bei Berücksichtigung auch der Umweltbedingungen ergibt, daß er zur Zeit der Tat nach seiner sittlichen und geistigen Entwicklung noch einem Jugendlichen gleichstand, oder

2. es sich nach der Art, den Umständen oder den Beweggründen der Tat um eine Jugendverfehlung handelt.

(2) § 31 Abs. 2 Satz 1, Abs. 3 ist auch dann anzuwenden, wenn der Heranwachsende wegen eines Teils der Straftaten bereits rechtskräftig nach allgemeinem Strafrecht verurteilt worden ist.

(3) Das Höchstmaß der Jugendstrafe für Heranwachsende beträgt zehn Jahre. Handelt es sich bei der Tat um Mord und reicht das Höchstmaß nach Satz 1 wegen der besonderen Schwere der Schuld nicht aus, so ist das Höchstmaß 15 Jahre.

Das Jugendalter endet juristisch mit dem Erreichen des 18. Lebensjahres. Danach werden Jungerwachsene zwischen dem Altersbereich von 18;00 und 20;11 als Heranwachsende bezeichnet. Ab dem 21. Lebensjahr beginnt das Erwachsenenalter. Problematisch an dieser Alterseinteilung ist, dass es um das 18. Lebensjahr keine Zäsur bzgl. der Reifeentwicklung gibt (vgl. Schütze & Schmitz, 1999/2003). Vielmehr scheint die Hirnreifung wohl erst ab dem (frühen) Erwachsenenalter weitgehend abgeschlossen zu sein (vgl. Berk, 2011) und neuere empirische Befunde zur Persönlichkeitsentwicklung legen sogar erst für das Alter von ca. 30 Jahren eine signifikante Abnahme der Persönlichkeitsveränderung nahe (vgl. u. a. Srivastava et al., 2003). Darüber hinaus weisen bereits Schütze und Schmitz (2003) darauf hin, dass es große Probleme gibt, die Jugendlichen hinsichtlich bestimmter Reifekriterien klar zu definieren und die Heranwachsenden signifikant sowie trennscharf vom Jugendlichen und Erwachsenen abzugrenzen. Ebenso fehlen hier reliable und valide psychologische Testverfahren (vgl. Köhler, 2014; von Buch & Köhler, 2019; von Buch et al., 2022). Trotz dieser Schwierigkeiten und Beurteilungsprobleme wird es in der einschlägigen

Fachwelt als sinnvoll betrachtet, die sich noch (deutlich) in der adoleszenten Weiterentwicklung befindende Heranwachsende nach dem Jugendgerichtsgesetz zu behandeln (ebd.).

Der § 105 JGG sieht entsprechend der eben genannten Aspekte vor, die sich noch deutlich in der Entwicklung verhaftete Heranwachsende mit den besseren Möglichkeiten des Jugendgerichtsgesetzes erzieherisch erreichen zu können und damit positiv auf sie einwirken zu können.

In der Vorgehensweise unterscheidet sich die Beurteilung des § 105 JGG aber vom § 3 JJG dahingehend, dass der Juristin zunächst allein obliegt, die konkrete Straftat als eventuelle Jugendverfehlung nach Satz 2 des § 105 JGG zu beurteilen. Damit wird sich im § 105 JGG zwar auch auf den Tatzeitpunkt bezogen, nach Schütze und Schmitz (1999, S. 131) wird aber nicht auf den Kontext des Tatgeschehens abgehoben.

Aufgrund der geforderten Gesamtwürdigung der Persönlichkeit in Absatz 1 des § 105 JGG kommen aus fachlicher Sicht als Sachverständige nur Psychologinnen (mit Diplom- oder Masterabschluss) in Frage. Psychologinnen weisen bereits im Studium eine fundierte Ausbildung in normalpsychologischen und klinischen Aspekten der Persönlichkeit(-sentwicklung) und der Differentiellen Psychologie auf. Weder bei Medizinerinnen noch bei Sozialpädagoginnen ist das der Fall. Darüber hinaus findet in Abgrenzung zum Medizinstudium eine fundierte Ausbildung in Persönlichkeitsdiagnostik, Testtheorie- und Testkonstruktion sowie in Statistik und Methodenlehre statt. Diese wissenschaftlichen Inhalte sind u. a. notwendig, um den § 105 JGG Abs.1 einschätzen zu können. Dieselben Sachkundevoraussetzungen sind sicherlich auch für die Einschätzung des § 3 JGG anzunehmen.

Die Gesamtwürdigung der Persönlichkeit muss neben einer reinen testpsychologischen Diagnostik (z. B. Fragebögen, Interviews, Fremdbeurteilungen) und Anamnese oder Exploration auch eine Verhaltensbeurteilung und Aktenanalyse umfassen. Dabei geht es nicht nur um eine statistische Persönlichkeitsdiagnostik bzw. Profildiagnostik, sondern nach Schütze und Schmitz (1999; Köhler, 2014; von Buch & Köhler, 2019, von Buch et al., 2022) muss das Vorliegen einer dynamischen adoleszenten Entwicklung und eine deutlich erfassbare aktuelle Persönlichkeitsentwicklung zum Tatzeitpunkt ermittelt werden. Bei mehreren Tatzeitpunkten müssen, wie im § 3 JGG, die Persönlichkeit und die geistige und sittliche Reife zu allen Tatzeitpunkten getrennt beurteilt werden. Wichtig ist es auch bei dem § 105 JGG darauf hinzuweisen, dass nur Unreifezustände aufgrund von Entwicklungsverzögerungen gemeint sind und nicht solche infolge von pathologischen Entwicklungen (ebd.). Es muss immer eine entsprechende differentialdiagnostische Abgrenzung von den §§ 20 und 21 StGB vorgenommen werden. In Zweifelsfällen muss die Juristin nach Schütze und Schmitz (1999) eine Zuordnung vornehmen.

Im Folgenden wird auf die Beurteilungskriterien für die Gesamtwürdigung der Persönlichkeit und die bereits erläuterte geistige und sittliche Reife eingegangen. Meist wird in der Rechts- und Begutachtungspraxis auf die Marburger Richtlinien von 1955 bei der Reifebeurteilung zurückgegriffen. 1991 haben Esser et al. diese Kriterien in einer größeren Studie analysiert. Dabei haben sie die folgenden Reifekriterien vorgeschlagen:

- »realistische Lebensplanung vs. Leben im Augenblick,
- Eigenständigkeit gegenüber Eltern vs. starkes Anlehnungsbedürfnis und Hilflosigkeit,
- Eigenständigkeit gegenüber der Peer-Gruppe und dem Partner vs. starkes Anlehnungsbedürfnis und Hilflosigkeit,
- ernsthafte vs. spielerische Einstellung gegenüber Arbeit und Schule,
- äußerer Eindruck,
- realistische Alltagsbewältigung vs. Tagträumen, abenteuerliches Handeln, Hineinleben in selbstwerterhöhende Rollen,
- gleichaltrige oder ältere vs. überwiegend jüngere Freunde,
- Bindungsfähigkeit vs. Labilität in den mitmenschlichen Beziehungen oder Bindungsschwäche,
- Integration von Eros und Sexus,
- konsistente berechenbare Stimmungslage vs. jugendliche Stimmungswechsel ohne adäquaten Anlaß« (Schütze & Schmitz, 1999, S. 132).

Etwas aktueller hat sich Busch (2006) den Kriterien zur Beurteilung der Reife empirisch gewidmet und sieben Beurteilungsskalen zum Entwicklungsstand, eine Skala zu den Umweltbedingungen und zwei Skalen zur Frage der Jugendtümlichkeit des Tatgeschehens gefunden. Dahle (2010, S. 148) hat diese Kriterien übersichtlich aufgearbeitet (▶ Tab. 7.1). Unter anderem sollen die folgenden Tatumstände für eine Jugendtümlichkeit sprechen (ebd.): Tat als Wettstreit, Tat unter Gleichaltrigen, Tat unter Außendruck (z. B. durch Gruppe) oder Tat aus fehlendem Situationsüberblick. Ebenso kommen Motivationsaspekte der Tatbegehung für die Einschätzung der Jugendtümlichkeit ins Spiel (u. a. Mutprobe, Vorbild nacheifern, Anerkennung erlangen, Anschluss an Dritte). Für die weiteren Skalen sind in Tabelle 7.1 Aspekte aufgeführt, die für oder gegen eine ausreichende Entwicklungsreife sprechen könnten.

Tab. 7.1: Kriterien zur Einschätzung der Entwicklungsreife von Busch nach Dahle (2010)

Skala von Busch (2006)	Ausreichende Entwicklungsreife	
	Spricht für	Spricht gegen
Autonomie	Eigener Haushalt	Delinquenz aus Gruppe heraus
Qualifikation/Ziele	Politisches Interesse	Häufiger Interessenwechsel
Problem-/ Konfliktmanagement	Nutzung sozialer Normen zur Konfliktlösung	—
Werte/ Normen	—	Gruppennormorientierung
Beziehung/ Partnerschaft	Verantwortungsübernahme in Partnerschaft	Auflehnung gegen relevante Bezugspersonen
Emotionalität/ Impulsivität	—	Starke Experimentierfreude (z. B. Drogen)
Kommunikation/ Reflexivität	Abwägen von Handlungsfolgen	Unangemessene Sprache
Umwelt	—	Keine eigene Wohnung

Problematisch bei diesen Kriterienlisten ist, dass es kein Außenkriterium zur Validierung gibt, d. h., es gibt kein objektives Maß dafür, ob jemand wirklich zum Tatzeitpunkt heranwachsend oder erwachsen war. Busch (2006) orientiert sich daher primär an Experteneinschätzungen. Zudem sind die aufgeführten Kriterien nicht im Sinne einer gleichrangigen Checkliste zu verstehen, deren Einzelvariablen abzuhaken oder additiv (d. h. gleichwertig) aufzusummieren sind. Auch gibt es dafür keine Cut-Off-Werte oder eine Normierung. Vielmehr handelt es sich eher um qualitative Merkmale, die die Basis einer fundierten rechtspsychologischen Einzelfalldiagnostik darstellen (▶ Kap. 10) und als Bezugsbereiche gelten können. Die Kriterien sind im Einzelfall unterschiedlich zu gewichten und/oder schließen sich nicht gegenseitig aus. In einer aktuellen Überarbeitung haben von Buch und Köhler (2019) einen erweiterten Kriterienkatalog vorgelegt, der gesellschaftliche Veränderungen berücksichtigt (u. a. kulturelle Variablen und Mediennutzung). Nach Schütze und Schmitz (1999, S. 132) genügt es für die Bejahung des § 105 JGG laut Rechtsprechung, wenn in wesentlichen Teilbereichen Entwicklungsrückstände diagnostiziert werden. Dahle und Richter (2023) bieten ein übersichtliches Prozessmodell zur Beurteilung Heranwachsender gemäß § 105 JGG, an dem man sich in der Praxis sehr gut orientieren kann.

Wie auch der § 3 JGG, so wird der § 105 JGG rechtswissenschaftlich und politisch kontrovers diskutiert (vgl. Barnikol, 2012). Die politischen Verfechterinnen einer Strafverschärfung fordern, die Altersgrenze für die Strafreife abzusenken und den § 105 JGG zu streichen, um alle Heranwachsenden nach Erwachsenenstrafrecht aburteilen zu können. Dagegen spricht sich die weit größere Mehrheit der forensischen Fachleute für eine Beibehaltung der Inhalte und für den Nutzen des Erziehungsgedankens im Jugendgerichtsgesetz aus. Allerdings wäre in diesem Themenfeld eine größere rechtspsychologische Forschungstätigkeit mit Anwendungscharakter und deutlichem Praxisbezug für eine diagnostische Präzisierung äußerst wünschenswert.

Zusammenfassung

Die Einschätzung der strafrechtlichen Verantwortlichkeit (§ 3 JGG) und der Strafreife (§ 105 JGG) erfolgt auf der Basis verschiedener psychologischer Theorien (z. B. aus der Entwicklungspsychologie) und anhand der Verwendung von wissenschaftlich fundierten Methoden (z. B. Entwicklungs- und/ oder Intelligenztest, Interviewverfahren, Persönlichkeitstest, Checklisten). Die Bearbeitung dieser »psychologischen« Paragraphen kann entsprechend nur durch Rechtspsychologinnen fachlich erfolgen. Alle erhobenen Befunde müssen im Sinne einer einzelfalldiagnostischen Bewertung zusammengeführt und auf den Tatzeitpunkt bezogen werden. Das stellt in der Praxis eine besondere Herausforderung dar. Meist erfolgt nämlich eine rechtspsychologische Untersuchung der Angeklagten zeitlich deutlich verzögert, so dass die zwischenzeitlich eingetretenen Veränderungen und »Reifungsprozesse« »rausgerechnet« werden müssen.

Literaturempfehlungen

Von Buch, J. C. & Köhler, D. (2019). Jugendlich oder erwachsen? Standards in der Beurteilung der strafrechtlichen Verantwortungsreife nach § 105 JGG. *Rechtspsychologie, 2,* 178–205.
Dahle, K.-P. & Richter, M. S. (2023). Die strafrechtliche Entwicklungsreife junger Täter. In T. Bliesener, F. Lösel, & K.-P. Dahle (Hrsg.), *Lehrbuch Rechtspsychologie* (S. 371–386). Göttingen: Hogrefe.

Fragen und Aufgaben zur Selbstüberprüfung

- Was ist die strafrechtliche Verantwortlichkeit nach § 3 JGG?
- Wie kann man als Psychologin die »sittliche« Reife einschätzen?
- Welche Möglichkeiten gibt es zur psychologischen Beurteilung der Reife eines Heranwachsenden (§ 105 JGG)?
- Welche Kriterien schlägt Busch (2006) zur Einschätzung der Entwicklungsreife vor?

8 Forensische Psychologie im Strafverfahren (Schuldfähigkeit)

Wahrscheinlich ist die Frage nach der Schuldfähigkeit von Straftätern neben der Gefährlichkeitseinschätzung in Bezug auf Rückfälle das in der Allgemeinbevölkerung und in den Medien am meisten beachtete und kontrovers diskutierte Thema der Rechtspsychologie. Wie kommt es beispielsweise dazu, dass zwei verschiedene Gutachtergruppen im Fall des spektakulären Massenmörders Anders Behring Breivig (siehe https://de.wikipedia.org/wiki/Anders_Behring_Breivik) zu zwei völlig verschiedenen Beurteilungen gekommen sind? Das folgende Kapitel beschäftigt sich u. a. damit und analysiert die Schuldfähigkeit aus juristischer und psychologischer Sicht (▶ Kap. 8.1). Insbesondere werden die rechtspsychologische Diagnostik und Methodik sowie die Beurteilung der §§ 20, 21, 63, 64 StGB betrachtet. Darüber hinaus wird auch die Frage beantwortet, was mit Straftätern passiert, die vom Gericht als vermindert oder voll schuldunfähig eingestuft werden (▶ Kap. 8.2).

8.1 Schuldfähigkeit

Zunächst werden die zur Frage der Schuldfähigkeit gehörenden Paragraphen des Strafgesetzbuches (StGB) betrachtet. Im folgenden Kasten sind die wesentlichen juristischen Merkmale aufgeführt. Dabei wurden die sogenannten vier Eingangskriterien aus Gründen der Übersichtlichkeit bereits durchnummeriert. Dieses ist im Originaltext des Gesetzes nicht vorhanden.

Schuldunfähigkeit nach den §§ 20, 21 StGB

Generell ist schuldunfähig, wer bei der Tatbegehung noch nicht vierzehn Jahre alt ist (§ 19 StGB). Bei Jugendlichen zwischen 14;0 und 17;11 Jahren muss nach dem § 3 Abs. 1 JGG die strafrechtliche Verantwortlichkeit im Einzelfall positiv festgestellt werden. Grundsätzlich ist ein erwachsener Täter zum Tatzeitpunkt als schuldfähig anzusehen. In den §§ 20 und 21 sind aber die Ausnahmen festgelegt.

§ 20 StGB: Schuldunfähigkeit wegen seelischer Störungen

Ohne Schuld handelt, wer bei Begehung der Tat wegen

1. einer krankhaften seelischen Störung,
2. wegen einer tiefgreifenden Bewußtseinsstörung oder wegen
3. Intelligenzminderung oder
4. einer schweren anderen seelischen Störung

unfähig ist, das Unrecht der Tat einzusehen oder nach dieser Einsicht zu handeln.

§ 21 StGB: Verminderte Schuldfähigkeit

Ist die Fähigkeit des Täters, das Unrecht der Tat einzusehen oder nach dieser Einsicht zu handeln, aus einem der in § 20 bezeichneten Gründe bei Begehung der Tat erheblich vermindert, so kann die Strafe nach § 49 Abs. 1 gemildert werden.

Einige Aspekte, die am Anfang des Kastens beschrieben wurden, sind bereits an anderer Stelle diskutiert worden. Daher werden die rechtspsychologisch bedeutsamen Formulierungen des § 20 StGB genauer analysiert.

Merke

Für eine Schuldunfähigkeit kommt eine Person in Frage, die eine oder mehrere der vier folgenden Kriterien aufweist:

- eine krankhafte seelische Störung,
- eine tiefgreifende Bewusstseinsstörung,
- eine Intelligenzminderung oder
- eine schwere andere seelische Störung.

Diese Kriterien werden auch als Eingangskriterien bezeichnet

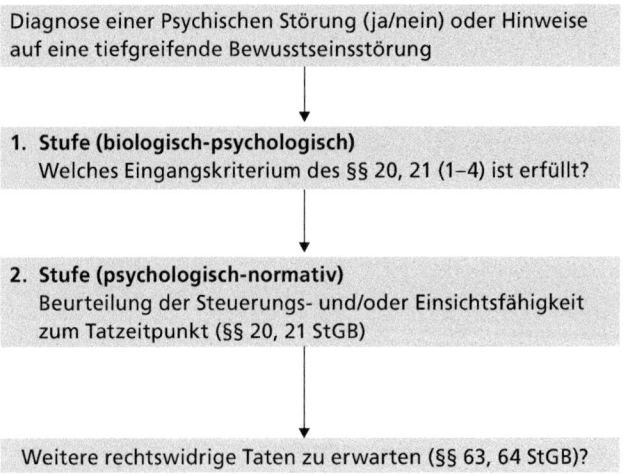

Abb. 8.1: Beurteilungsstufen der Schuldfähigkeitsbegutachtung

Diese Voraussetzungen werden Eingangskriterien genannt, weil der Angeklagte Einlass in den § 20 StGB findet (vgl. Nedopil, 2023). Nachdem ein Angeklagter über die genannten Kriterien in das Tor des Schuldfähigkeitsparagraphen gefunden hat, wird im zweiten Schritt die Unrechtseinsicht und Handlungseinsicht zum Tatzeitpunkt geprüft. Damit stellt die

Begutachtung der Schuldfähigkeit einen mindestens zweistufigen Prozess dar, der in Abbildung 8.1 dargestellt ist (ebd.).

Unter das erste Eingangskriterium der »*krankhaften seelischen Störung*« werden nach Schütze (2003) alle somatisch bedingten psychischen Störungen gefasst: »exogene und endogene Psychosen, Folgen von Intoxikation, Verletzungen sowie entzündliche und nichtentzündliche Erkrankungen des ZNS. Auch Intelligenzminderungen als Folge einer Erkrankung des ZNS sind hier zu subsummieren« (ebd., S. 144). Vertiefende Informationen finden sich bei Nedopil (2023).

Bei der »*tiefgreifenden Bewusstseinsstörung*« ist nicht die medizinische Bewusstseinsstörung gemeint, sondern es geht laut Schütze (2003) um einen Zustand höchsten Affektes mit gestörter Handlungskontrolle. Der Affektbogen steigt dabei oft geradezu steil rechtwinkelig an. Es handelt sich um das einzige nicht pathologische Kriterium. Es bezieht sich beispielsweise auf sehr selten vorkommende Affekttaten, die in einem eskalierenden Tatgeschehen (zumeist Beziehungsdelikt) von einem psychisch gesunden Täter durchgeführt werden. Die Tat wird unter einer sich extrem (schnell) steigernden und einer sehr hohen psychischen Erregung begangen. In diesem Zustand des außerordentlichen Erregungsniveaus war die Handlungskontrolle zum Tatzeitpunkt außer Kraft gesetzt. Nach Maneros (2006) müsste entsprechend bei dem Täter zum Tatzeitpunkt eine schwere akute Belastungsreaktion nach der ICD-10/11 als Voraussetzung für den § 20 StGB vorgelegen haben (vgl. Nedopil, 2023). Die Straftat ist persönlichkeitsfremd, da sie für den Täter ungewöhnlich ist, und muss von einer dissozialen Entwicklung abgegrenzt werden. Es muss in dem Kontext daher betont werden, dass unter dieses Eingangskriterium keine »impulsive« Gewalttat eines als dissozial bekannten Täters gefasst wird. Phänotypisch können nämlich oberflächlich betrachtet durchaus Ähnlichkeiten vorhanden sein.

Unter den Begriff der »*Intelligenzminderung*« werden alle nicht durch erworbene Hirnschädigungen bedingten Intelligenzminderungen (früher »geistige Behinderungen«) nach der ICD-11 gefasst, wobei diese Minderungen der Intelligenz in Bezug auf die vorgeworfenen Straftaten schon signifikant und von forensischer Relevanz sein müssen. Neben einer Messung der intellektuellen Fähigkeiten durch psychometrische Intelligenztests muss auch eine Einschätzung der psychosozialen Beeinträchtigung (u. a. soziale Teilhabe) des Probanden erfolgen, da die Diagnose einer Intelligenzminderung beide Aspekte voraussetzt.

Nach Schütze (2003) bezieht sich das vierte Eingangskriterium der *schweren anderen seelischen Störung* auf nicht somatisch bedingte psychoreaktive psychische Störungen (z. B. reaktive Depression, Anpassungsstörungen), Persönlichkeitsstörungen, Störungen der Sexualpräferenz (z. B. Sadomasochismus oder Pädophilie), neurotische oder abnorme Belastungsreaktionen bzw. -störungen. Dieses Eingangskriterium ist recht weit gefasst. Verschiedene Störungen werden bei Nedopil (2023) und Konrad et al. (2019) näher betrachtet.

Bei der Einschätzung der Eingangskriterien muss bis auf bei der tiefgreifenden Bewusstseinsstörung eine Diagnose entsprechend der aktuellen Klassifikation psychischer Störungen der Weltgesundheitsbehörde (WHO) erfolgen. Zudem muss diagnostisch ein entsprechend hoher und forensisch relevanter Störungsgrad tatzeitbezogen festgestellt werden. Nach Schütze (2003) muss ein ursächlicher Zusammenhang zwischen der psychischen Störung und der Tat festgestellt werden (oder zumindest wahrscheinlich gemacht werden), d. h., sie muss das Tatgeschehen (kausal) entscheidend mitbestimmt oder »in seinem Ablauf mit ausgestaltet haben« (S. 144). Es ist natürlich ebenso möglich, dass mehrere Eingangskriterien erfüllt sind oder dass beispielsweise zwei schwächer ausgeprägte Kriterien in der Summe die erste Stufe erfüllen können.

Die rechtspsychologische Diagnostik muss entsprechend multimodal anhand der in Kapitel 10 beschriebenen diagnostischen Methoden durchgeführt werden. Es ist ersichtlich, dass neben Rechtspsychologen mit klinisch-psychologischer Praxis- und Forschungserfahrung auch approbierte Psychologische Psychotherapeuten mit einer fundierten rechtspsychologischen Weiterbildung für die Fragestellungen am besten ausgebildet sind.

Ist die erste Stufe des »*biologisch-psychologischen Stockwerks*« (Schütze, 1999, S. 144) vom Sachverständigen positiv bewertet worden, folgt die Analyse und Beurteilung des »psychologisch-normativen Stockwerks« (ebd., S. 145). Zunächst geht es um die Diagnostik der *Einsichtsfähigkeit* zum Tatzeitpunkt. Im Sinne des § 20 StGB heißt das, dass geprüft werden muss, ob die festgestellte psychische Störung oder eine tiefgreifende Bewusstseinsstörung (kausal) dazu beigetragen hat, dass der Angeklagte nicht in der Lage war, das Unrecht seiner Straftat einzusehen (vgl. Nedopil, 2023; Konrad et al., 2019). Am einfachsten ist dieser Aspekt anhand eines kleinen Fallbeispiels zu erläutern.

> Stellen Sie sich einen Mann vor, der unter einer akuten paranoiden Psychose leidet und denkt, Außerirdische würden sein Blut trinken wollen und zur Sicherheit benötige er das Blut anderer Menschen. Ein Tötungsdelikt könnte in diesem Fall aufgrund einer erheblichen verminderten Einsichtsfähigkeit stattgefunden haben, da der Mann innerhalb seiner psychischen Störung davon ausgegangen ist, dass sein Erleben mit den Außerirdischen real ist und er sich entsprechend schützen musste.

Am wahrscheinlichsten ist eine eingeschränkte Einsichtsfähigkeit bei Fällen von akuten psychotischen Zuständen zu erwarten. Bei allen anderen Konstellationen der Eingangskriterien muss die Einsichtsfähigkeit zum Tatzeitpunkt äußerst genau forensisch analysiert werden, da ein einfacher Schluss vom Vorliegen einer psychischen Störung zur aufgehobenen oder erheblich eingeschränkten Einsichtsfähigkeit allgemein nicht zulässig ist. Aus dem eben Genannten wird auch deutlich, dass die Einsichtsfähigkeit als Konzept auch noch hinsichtlich der Einschränkung beurteilt und spezifiziert werden muss: keine eingeschränkte, eine erheblich geminderte und eine aufgehobene Einsichtsfähigkeit.

Im nächsten Schritt des »psychologisch-normativen Stockwerks« wird die *Steuerungsfähigkeit* zum Tatzeitpunkt analysiert (vgl. Nedopil, 2023; Konrad et al., 2019). Schütze (2003) weist darauf hin, dass vom Gesetzgeber erwartet wird, dass ein Straftäter alle ihm zur Verfügung stehenden psychischen Kräfte aufwenden muss, sich zum Tatzeitpunkt steuern zu können. Das ist natürlich hypothetischer Natur, soll aber verdeutlichen, dass für eine eingeschränkte oder aufgehobene Steuerungsfähigkeit eine erhebliche juristisch-psychologische Hürde zu bestehen ist und es sich nicht um ein einfaches Kriterium handelt.

Für die Einschätzung der Steuerungsfähigkeit haben u. a. Bötticher et al. (2007) eine Liste vorgelegt. Allerdings müssen diese Anhaltspunkte am Einzelfall diagnostisch geprüft, auf den Tatzeitpunkt bezogen und im Gesamtkontext in Bezug auf den Täter bewertet werden.

Erklärung

Für Boetticher et al. (2007) sprechen die folgenden Punkte für eine forensisch relevante Beeinträchtigung der Steuerungsfähigkeit (ebd.).

Bei Straftätern mit einer Persönlichkeitsstörung:

- »Konflikthafte Zuspitzung und emotionale Labilisierung in der Zeit vor dem Delikt,
- abrupter impulshafter Tatablauf,
- relevante konstellative Faktoren (z. b. Alkoholintoxikation),
- enger Zusammenhang zwischen (»komplexhaften«) Persönlichkeitsproblemen und Tat« (ebd., S. 8).

Erklärung

Bei Sexualstraftätern mit einer Paraphilie/Störung der Sexualpräferenz sprechen die folgenden Punkte für eine forensisch relevante Beeinträchtigung der Steuerungsfähigkeit (Boetticher et al., 2007):

- »Konflikthafte Zuspitzung und emotionale Labilisierung in der Zeit vor dem Delikt mit vorbestehender und länger anhaltender triebdynamischer Ausweglosigkeit,
- Tatdurchführung auch in sozial stark kontrollierter Situation,
- Abrupter, impulshafter Tatablauf, wobei jedoch ein paraphil gestaltetes und zuvor (etwa in der Phantasie) ›durchgespieltes‹ Szenario kein unbedingtes Ausschlusskriterium für eine Verminderung der Steuerungsfähigkeit ist, sofern dieses Szenario der (den) unter 2. Diagnostizierten Paraphilie(n) entspricht und eine zunehmende Progredienz nachweisbar ist,
- Archaisch-destruktiver Ablauf mit ritualisiert wirkendem Tatablauf und Hinweisen für die Ausblendung von Außenreizen,
- Konstellative Faktoren (z. B Alkoholintoxikation, Persönlichkeitsstörung, eingeschränkte Intelligenz),

die u. U. auch kumulativ eine erheblich verminderte Steuerungsfähigkeit bedingen können« (ebd., S. 9).

Erklärung

Nach Bötticher et al. (2007) sprechen die folgenden Aspekte bei persönlichkeitsgestörten Straftätern gegen eine erhebliche Beeinträchtigung der Steuerungsfähigkeit. Das gilt den Autoren nach aber nicht notwendigerweise bei anderen Störungen (z. B bei Wahnstörungen):

- »Tatvorbereitung,
- Hervorgehen des Deliktes aus dissozialen Verhaltensbereitschaften,
- planmäßiges Vorgehen bei der Tat,
- Fähigkeit, zu warten, lang hingezogenes Tatgeschehen,
- komplexer Handlungsablauf in Etappen,
- Vorsorge gegen Entdeckung,
- Möglichkeit anderen Verhaltens unter vergleichbaren Umständen« (ebd., S. 8).

Wie bereits erwähnt, handelt es sich bei der rechtspsychologischen Diagnostik einer Schuldfähigkeitsbeurteilung um eine Einzelfallanalyse (Dohrenbusch, 2023), bei der immer ein Tatzeitpunktbezug herausgearbeitet werden muss. Sowohl das Tatgeschehen als auch die Persönlichkeit bzw. die Psyche müssen mit solchen Listen ganzheitlich forensisch-psychologisch eingeschätzt werden.

Aufgrund der fehlenden objektiven Kriterien kann es in der Praxis zu einer unterschiedlichen Einschätzung von Fachleuten kommen (vgl. Anders Breivig), deren Häufigkeit aber unter Berücksichtigung der gängigen Qualitätsanforderungen verringert werden kann.

8.2 Unterbringung in einem psychiatrischen Krankenhaus bzw. einer Entziehungsanstalt

Der letzte Teil dieses Kapitel beschäftigt sich mit den §§ 63 und 64 StGB. In der Allgemeinbevölkerung und in den Medien zeichnet man gerne das Bild eines Straftäters, der »nur« in die Psychiatrie eingewiesen wird und somit seiner gerechten Strafe entgeht. Dabei wird von Laien außer Acht gelassen, dass es sich bei dieser Maßnahme eigentlich um die schwerwiegendere Sanktion bzw. Intervention handelt. Im Gegensatz zur Gefängnisstrafe die – außer in Fällen von besonderer Schwere der Tat oder der Sicherungsverwahrung – nach einer klar definierten Haftstrafe zu Ende geht, ist eine Entlassung aus dem Maßregelvollzug (der Forensischen Psychiatrie) unter Berücksichtigung der Gefährlichkeit primär an die erfolgreiche Behandlung der im Hauptverfahren festgestellten psychischen Störung(en) gekoppelt (§ 63 StGB). In dem folgenden Kasten sind die beiden Paragraphen im Wortlaut aufgeführt.

---

§ 63 StGB
Unterbringung in einem psychiatrischen Krankenhaus

Hat jemand eine rechtswidrige Tat im Zustand der Schuldunfähigkeit (§ 20) oder der verminderten Schuldfähigkeit (§ 21) begangen, so ordnet das Gericht die Unterbringung in einem psychiatrischen Krankenhaus an, wenn die Gesamtwürdigung des Täters und seiner Tat ergibt, daß von ihm infolge seines Zustandes erhebliche rechtswidrige Taten zu erwarten sind und er deshalb für die Allgemeinheit gefährlich ist.

§ 64 StGB
Unterbringung in einer Entziehungsanstalt

Hat eine Person den Hang, alkoholische Getränke oder andere berauschende Mittel im Übermaß zu sich zu nehmen, und wird sie wegen einer rechtswidrigen Tat, die sie im Rausch begangen hat oder die auf

---

ihren Hang zurückgeht, verurteilt oder nur deshalb nicht verurteilt, weil ihre Schuldunfähigkeit erwiesen oder nicht auszuschließen ist, so soll das Gericht die Unterbringung in einer Entziehungsanstalt anordnen, wenn die Gefahr besteht, dass sie infolge ihres Hanges erhebliche rechtswidrige Taten begehen wird. Die Anordnung ergeht nur, wenn eine hinreichend konkrete Aussicht besteht, die Person durch die Behandlung in einer Entziehungsanstalt zu heilen oder über eine erhebliche Zeit vor dem Rückfall in den Hang zu bewahren und von der Begehung erheblicher rechtswidriger Taten abzuhalten, die auf ihren Hang zurückgehen.

Folgt man dem § 63 StGB inhaltlich (Konrad et al., 2019), dann ist nach Schütze (2003) eine Unterbringung in einem forensisch-psychiatrischen Krankenhaus nur möglich, wenn zuvor die Voraussetzungen des § 21 StGB bzw. 20 StGB gegeben waren. Zusätzlich müssen aber von dem Täter mit hoher Wahrscheinlichkeit weitere schwerwiegende Straftaten »im Zustand der eingeschränkten oder aufgehobenen Schuldfähigkeit« zu erwarten sein (Schütze, 1999, S. 147). Somit muss von rechtspsychologischen Gutachtern neben einer Gefährlichkeitsprognose auch die weitere Entwicklung der psychischen Störung analysiert werden, die zur Einschränkung der Schuldfähigkeit geführt hat (Nedopil, 2023). Nach Schütze (2003) kommen als Sachverständige neben psychiatrischen und psychologischen Experten auch kriminologisch erfahrene Gutachter für dieses Arbeitsfeld in Frage. Psychologen sollten neben einer rechtspsychologischen Kompetenz sicherlich auch klinisch-psychiatrische Erfahrung und/oder psychotherapeutische Qualifikationen aufweisen. Abschließend ist in Bezug auf diese Thematik noch darauf hinzuweisen, dass Schütze (2003) explizit betont, dass die Unterbringung im Maßregelvollzug für Jugendliche und Heranwachsende generell wenig geeignet sei. Freilich sollte man deshalb bei jungen Menschen in der Diagnostik und Beantwortung dieser Fragestellung äußerst sorgfältig vorgehen und eine entsprechende gutachterliche Empfehlung gut abwägen. Ebenso muss eine jugendforensische Ausgestaltung der Maßregeleinrichtungen gewährleistet sein.

Etwas anders als der § 63 StGB gestaltet sich nach Schütze (2003) der § 64 StGB (siehe Kasten oben). Das vorrangige Ziel des letzteren ist die

Verhinderung von zukünftigen Straftaten; nicht primär die Sicherung und Behandlung (vgl. Konrad et al., 2019). Die suchttherapeutische Behandlung in der »Entziehungsanstalt«, also der Forensischen Psychiatrie, ist quasi Mittel zum Zweck der Kriminalprävention. Vor diesem Hintergrund darf die Maßregel nach § 64 StGB auch nur erfolgen, wenn eine konkrete Aussicht auf Erfolg besteht (vgl. Schütze, 2003). Natürlich ist der Ausgangspunkt die rechtswidrige Verhaltensweise. Im Gegensatz zum § 63 StGB müssen aber die Voraussetzung der §§ 20, 21 StGB nicht gegeben sein (vgl. ebd.).

Eine Herausforderung für die rechtspsychologischen Gutachter in diesem Feld ist sicherlich die Beurteilung (vgl. Konrad et al., 2019), ob bei dem Angeklagten wirklich ein »Hang« besteht, psychotrope legale und illegale Drogen im Übermaß zu konsumieren. Schütze (2003) weist mit Recht darauf hin, dass diese juristische Terminologie nicht mit den medizinisch-psychologischen Fachbegriffen des Missbrauchs und der Abhängigkeit übereinstimmt. Während bei einer Abhängigkeit wohl grundsätzlich ein »Hang« anzunehmen ist, gestaltet sich die diagnostische Einschätzung bei Substanzmissbrauch deutlich schwieriger (vgl. ebd.). Darüber hinaus muss der rechtspsychologische Gutachter nach § 64 StGB eine Prognose über die therapeutischen Aussichten bei dem Angeklagten vornehmen. Aus den Ausführungen ist ersichtlich, dass die aus den Paragraphen des StGB abgeleiteten Fragestellungen eine hohe Kompetenzanforderung an Rechtspsychologen stellen. Daher wurde bereits in Kapitel 1 die Ausbildung und Qualifizierung betrachtet.

Über die in diesem Kapitel diskutierten Paragraphen des StGB hinaus sind in den §§ 66, 66a und 66b des StGB die Sicherungsverwahrung sowie die vorbehaltliche und nachträgliche Sicherungsverwahrung juristisch definiert. An dieser Stelle wird aber aus ökonomischen Gründen und Aspekten der Verständlichkeit auf eine Darstellung verzichtet. Es handelt sich zwar um ein hoch aktuelles, aber auch sehr kompliziertes rechtspsychologisches Thema, welches u. a. im Buch von Müller et al. (2012) sehr ausführlich behandelt wird.

Zusammenfassung

In diesem Kapitel wurde die Schuldfähigkeit aus juristischer und psychologischer Sicht analysiert. Insbesondere sind die rechtspsychologische Diagnostik und Methodik sowie die Beurteilung der §§ 20, 21, 63, 64 StGB betrachtet worden. Bei der Einschätzung der Schuldfähigkeit handelt es sich um einen zweistufigen diagnostischen Prozess. Zunächst muss laut § 20 StGB festgestellt werden, ob zum Tatzeitpunkt eines oder mehrere der sog. »Eingangskriterien« vorgelegen haben:

- eine krankhafte seelische Störung,
- eine tiefgreifende Bewusstseinsstörung,
- eine Intelligenzminderung oder
- eine schwere andere seelische Störung

Im nächsten Schritt muss eine gutachterliche Einschätzung erfolgen, ob eines der Eingangskriterien zum Tatzeitpunkt zu einer verminderten oder erheblichen Beeinträchtigung der Einsichts- und Steuerungsfähigkeit beigetragen hat. Eine besondere Herausforderung für die rechtspsychologische Diagnostik ist in diesem Kontext, dass bei einer Untersuchung retrospektiv (also rückwirkend) auf den psychischen Zustand eines Angeklagten zum Zeitpunkt der Tatbegehung geschlossen werden muss.

Abschließend wurde im Kapitel die Unterbringung in einem psychiatrischen Krankenhaus und einer Entziehungsanstalt thematisiert.

Literaturempfehlungen

Konrad, N , Huchzermeier, C. & Rasch, W. (2019). *Forensische Psychiatrie und Psychotherapie.* Stuttgart: Kohlhammer.

Lempp, R., Schütze, G. & Köhnken, G. (1999/2003). *Forensische Psychiatrie und Psychologie des Kindes – und Jugendalters.* Darmstadt: Steinkopff.

Nedopil, N. (2023). Begutachtung zur Frage von Schuldfähigkeit und verminderter Schuldfähigkeit. In T. Bliesener, F. Lösel & K.-P. Dahle (Hrsg.), *Lehrbuch Rechtspsychologie* (S. 353–370). Göttingen: Hogrefe.

Fragen und Aufgaben zur Selbstüberprüfung

- Was ist Schuldfähigkeit nach den §§ 20, 21 StGB? Nennen Sie die vier Eingangskriterien!
- Beschreiben Sie Stufen der Schuldfähigkeitsbegutachtung!
- Was unterscheidet die strafrechtliche Verantwortlichkeit (§ 3 JGG) von der Schuldfähigkeit nach den §§ 20, 21 StGB?
- Was bedeutet der Begriff »Tatzeitbezogenheit« im Kontext der §§ 20, 21 StGB?
- Erläutern Sie die Inhalte der §§ 63, 64 StGB!

9 Forensische Psychologie der Gefährlichkeitseinschätzung und der Prognosebeurteilung von Straftäterinnen

Das folgende Kapitel führt in die Grundlagen der Forensischen Psychologie der Gefährlichkeitseinschätzung und der Prognosebeurteilung von Straftätern ein (▶ Kap. 9.1). Dabei werden wissenschaftstheoretische und rechtliche Hintergründe betrachtet (▶ Kap. 9.2) und es erfolgt eine Skizzierung des historischen Hintergrunds (▶ Kap. 9.3). Darüber hinaus werden das »klassische« Vorgehen zur Prognoseeinschätzung (▶ Kap. 9.4) und die aktuelle Praxis betrachtet (▶ Kap. 9.5).

9.1 Einführung

Bei dem Begriff »Gefährlichkeit« handelt es sich um ein sehr komplexes psychologisches Konstrukt oder Konzept, welches im Folgenden ausführlich und kritisch erarbeitet wird. Entgegen der landläufigen Meinung ist »Gefährlichkeit« keine Persönlichkeitseigenschaft oder einem Menschen fest innewohnendes Merkmal. Es ist vielschichtig bedingt und muss aus bestimmten biopsychosozialen Variablen erschlossen werden. Letztendlich können Rechtspsychologinnen nur Wahrscheinlichkeitsaussagen darüber treffen, inwiefern eine Person unter bestimmten Bedingungen und Situationen wahrscheinlich »gefährlich« ist. Selbst Hannibal Lecter als medial bekanntes Beispiel aus dem Film »Das Schweigen der Lämmer« ist nicht 24 Stunden an 365 Tagen im Jahr ein gefährlicher Psychopath, der ununterbrochen Menschen isst oder ermordet. Allerdings wäre er rechtspsychologisch natürlich als »gefährlich« einzuordnen und die Legalprognose würde für ihn sicherlich sehr ungünstig ausfallen. Diese vereinfachte Darstellung soll deutlich machen, wie kompliziert und herausfordernd die Gefährlichkeitseinschätzung für die Rechtspsychologie ist. Es geht im Grunde um die Diagnostik eines nicht-statischen Konzeptes, mit welchem man einen Ausblick in die Zukunft wagen oder sogar eine Vorhersage über einen bestimmten Zeitraum treffen soll. Selbst bei den geowissenschaftlichen Kolleginnen der Meteorologie ist das Problem der Trefferquote hinsichtlich der Wettervorhersage altbekannt. Jeder hat gewiss Wetterberichte im Fernsehen gesehen und sich über die Vorhersagegenauigkeit gewundert, insbesondere wenn längere Zeiträume vorhergesagt werden sollen. Wenn man schon Probleme hat, das Wetter für mehr als sieben Tage zu prognostizieren, wie soll es dann Rechtspsychologinnen gelingen, die Wahrscheinlichkeit für kriminelle Verhaltensweisen über eine Zeitspanne von bis zu drei, fünf oder zehn Jahren fundiert und exakt abzuschätzen? Prof. Dr. Christian Huchzermeier führt in seiner Forensik-Vorlesung an der CAU zu Kiel die Studierenden immer mit historischen Zitaten in die Thematik ein, die im unten aufgeführten Kasten dargestellt sind. Offenbleiben muss allerdings, ob diese Aussagen wirklich so getätigt wurden. Die Probleme von Fehleinschätzungen und den ihnen innewohnenden Schwierigkeiten werden jedoch gut getroffen.

> »Ich wünschte, wir würden aufhören von der Wiedervereinigung zu träumen und zu faseln.« (Egon Bahr, 1989)
> »Das Auto hat keine Zukunft, ich setze aufs Pferd.« (Kaiser Wilhelm II.)
> »Prognosen sind deshalb so schwierig, weil sie etwas mit Zukunft zu tun haben.« (Winston Churchill)

9.2 Rechtliche Grundlagen

Nach dieser kurzen Einleitung wird die gesetzliche Verankerung von kriminalprognostischen Fragestellungen betrachtet. Kury und Obergfell-Fuchs (2012) führen die folgenden Paragraphen im Strafgesetzbuch auf:

- § 57 StGB Aussetzung des Strafrestes bei vorzeitiger Entlassung,
- §§ 63 und 64 StGB Unterbringung in einem psychiatrischen Krankenhaus/Entziehungsanstalt,
- § 66 StGB Unterbringung in der Sicherungsverwahrung,
- § 67d StGB Dauer der Unterbringung,
- § 68 StGB Voraussetzung der Führungsaufsicht.

Darüber hinaus sind in der Strafprozessordnung weitere juristische Aspekte geregelt, die eine Sachverständigentätigkeit beinhalten (vgl. auch Aspacher, 2023). Während der § 264a StPO die Einbeziehung einer Sachverständigen für die Unterbringung einer Angeklagten in einem psychiatrischen Krankenhaus, einer Entziehungsanstalt und der Sicherungsverwahrung regelt, ist der § 454 StPO vor allem für die Begutachtung von Inhaftierten des Strafvollzuges relevant. Im unten aufgeführten Kasten sind die wesentlichen Inhalte genannt.

---

§ 454 StPO

[...]

(1) Das Gericht holt das Gutachten eines Sachverständigen über den Verurteilten ein, wenn es erwägt, die Vollstreckung des Restes ...
1. ... der lebenslangen Freiheitsstrafe auszusetzen oder
2. ... einer zeitigen Freiheitsstrafe von mehr als zwei Jahren wegen einer Straftat der in § 66 Abs. 3 Satz 1 des Strafgesetzbuches bezeichneten Art auszusetzen und nicht auszuschließen ist, daß Gründe der öffentlichen Sicherheit einer vorzeitigen Entlassung des Verurteilten entgegenstehen.

Das Gutachten hat sich namentlich zu der Frage zu äußern, ob bei dem Verurteilten keine Gefahr mehr besteht, daß dessen durch die Tat zutage getretene Gefährlichkeit fortbesteht. Der Sachverständige ist mündlich zu hören, wobei der Staatsanwaltschaft, dem Verurteilten, seinem Verteidiger und der Vollzugsanstalt Gelegenheit zur Mitwirkung zu geben ist. Das Gericht kann von der mündlichen Anhörung des Sachverständigen absehen, wenn der Verurteilte, sein Verteidiger und die Staatsanwaltschaft darauf verzichten.
[...]

9.3 Hintergrund und Geschichte

Bereits 1967 hat Mey im Handbuch »Forensische Psychologie« in einem eigenen Kapitel ausführlich den rechtspsychologischen Forschungsstand zur Kriminalprognose in Deutschland beschrieben. Dabei wird deutlich, welche Vielzahl von empirischen Studien zu der Zeit bereits vorlag. Mey (1967) arbeitet intensiv heraus, welche Prognosetafeln und Prognoseschemata sowie Risiko- und Schutzfaktoren zu der Zeit bekannt waren. Vergleicht man die damaligen wissenschaftlichen Erkenntnisse mit heutigen Forschungsarbeiten, muss man in beeindruckender Weise feststellen, dass die wesentlichsten Aspekte, Fragen und Faktoren bereits vor 60 Jahren in der Rechtspsychologie bekannt waren. Allerdings waren der Sprachgebrauch, der Differenzierungsgrad und die Forschungsmethodik nicht so ausgereift. Jedoch finden sich viele Inhalte aus der Zeit zwischen ca. 1930 und 1960 in den heutigen kriminalprognostischen Verfahren bzw. Checklisten und Instrumenten wieder. Selbst kriminalprognostisch bedeutsame Persönlichkeitseigenschaften, wie beispielsweise das erst in den 1990er Jahren in Deutschland populär gewordene Psychopathy-Konstrukt von Hare (2003), wurden in Teilen beschrieben. Auch werden von Mey (1963) dynamische (veränderbare; z. B. Arbeitslosigkeit) und statische (nicht veränderbare; z. B. Alter) sowie behandlungsrelevante Variablen berichtet. Auf diese Themen wird ausführlich in den folgenden Unterkapiteln sowie in Kapitel 10.9 eingegangen. Die deutsche Rechtspsychologie hat entsprechend eine ca. 100-jährige Geschichte der empirischen Forschung im Bereich der Kriminalprognose vorzuweisen.

Nach Nedopil und Müller (2012) kann man die Geschichte der Prognoseforschung in mehrere Phasen einteilen. Allerdings ist zu beachten, dass die beiden Autoren aus dem forensisch-psychiatrischen Bereich stammen und die im ersten Absatz genannten rechtspsychologischen Forschungsarbeiten aus der Zeit vor 1967 nicht erwähnen. Während außerhalb der Forensischen Psychologie zwischen 1950 und 1970 die Suche nach Kriterien für die Rückfälligkeit von Straftäterinnen durch soziologisch orientierte Kohortenstudien dominiert wurde (ebd.), waren nach Nedopil und Müller (2012) die folgenden Jahre von 1970 bis 1980 hauptsächlich von einem Skeptizismus und einem Hinterfragen der wissenschaftlichen sowie ethischen Berechtigung von Gefährlichkeitsprognosen geprägt. Die nächste Phase der Prognoseforschung (ca. 1980–1990) orientierte sich stark an empirischen Analysen und Studien, die zur Entwicklung von kriterienorientierten Checklisten führte (ebd.). Dabei wurden vor allem statische Merkmale (z. B. Alter der ersten Straftat) betrachtet, die im Rahmen einer statistischen Auswertung Rückfälligkeit vorhersagen konnten. Die dabei entwickelten Prognoseinstrumente werden auch als aktuarische Verfahren bezeichnet (aktuarisch in Anlehnung an die Versicherungsmathematik). Im Rahmen dieser Forschung konnten statistisch bedeutsame Risikovariablen herausgefiltert werden, die prognostische Anhaltspunkte lieferten. Kritisiert wurde allerdings, dass es sich hauptsächlich um statische (nicht oder kaum veränderbare) Variablen handelte, die zudem aufgrund von Populationsstatistiken nur sehr eingeschränkt auf den klinischen Einzelfall übertragen werden konnten. Dennoch ist diese Phase als Meilenstein zu bezeichnen, da systematisch Risikovariablen für die Gefährlichkeits- bzw. Rückfälligkeitseinschätzung von Straftäterinnen vorgelegt wurden. Die Checklisten haben zu einer höheren Objektivität, Reliabilität und Validität der rechtspsychologischen Diagnostik geführt. Der negative Einfluss des intuitiv-klinischen »Bauch-Gefühls« wurde durch die Verwendung von Checklisten minimiert. Dieser Aspekt ist übrigens bereits 1967 von Mey ausführlich innerhalb der deutschen Rechtspsychologie diskutiert worden. In der nächsten Periode nach Nedopil und Müller (2012) von ca. 1990 bis 2000 wurden mehrdimensionale Prognoseinstrumente entwickelt, bei denen zwischen statischen und dynamischen Variablen unterschieden wurde. Ebenfalls sind langsam therapierelevante Faktoren mit einbezogen worden. Allerdings orientierte man sich zu der Zeit immer noch sehr einseitig an Risikofaktoren. Eine diagnostische Integration der sogenannten Schutzfaktoren fehlte weitgehend. Interessanterweise scheinen die von Mey (1967) berichteten Ansätze und Befunde in der Zwischenzeit weitgehend in Vergessenheit geraten zu sein. Eventuell liegt das an der angloamerikanischen Dominanz von Publikationen im wissenschaftlichen Diskurs.

Auch wenn Nedopil und Müller (2012) betonen, dass sich in der Prognoseerstellung multiprofessionelle Prognoseinstrumente entwickelt haben, so muss doch wohl zumindest für Deutschland festgestellt werden, dass sich dieses vor allem auf Medizinerinnen, Psychologinnen und Kriminologinnen bezog. Sozialwissenschaftlerinnen und Sozialarbeiterinnen sind sicherlich nicht entsprechend gleichberechtigt mit einbezogen worden.

Ab dem Jahr 2000 ging die Prognoseforschung langsam von der Risikoerfassung zu einem Risikomanagement über (Nedopil & Müller, 2012; Nedopil, 2012; Müller & Nedopil, 2017). Das bedeutet in diesem Fall, die Frage des professionellen psychosozialen Umgangs mit dem bestehenden individuellen (Rest-)Risiko zu beantworten und forensisch zu gestalten (z. B. durch eine ambulante Behandlung von Straftäterinnen nach Entlassung). Neben der Erfassung von interventionsrelevanten Variablen wurde auch die Integration von Schutzfaktoren für die Prognose mit einbezogen. Für Letzteres war vor allem die Psychologie verantwortlich, denn gerade in Hoch-Risikopopulationen scheinen vornehmlich die Schutzfaktoren entscheidende Hinweise auf die spätere Rückfälligkeit zu geben (vgl. Rotermann et al., 2009). In Anlehnung an Müller und Nedopil (2017) sowie Nedopil (2012) könnte man es also wie folgt ausdrücken:

Definition

»Wer wird wann unter welchen Umständen mit welcher Wahrscheinlichkeit mit welchem Delikt wieder rückfällig und mit welchen Maßnahmen/Interventionen kann man das möglichst verhindern?«

Die aktuelle Phase der Prognoseforschung und Praxis ist von den folgenden Punkten beeinflusst:

- systematische und wissenschaftlich fundierte Risikoerfassung,
- systematische und wissenschaftlich fundierte Erfassung von Schutzfaktoren,
- Entwicklung eines individuellen Delinquenz- und Rückfallmodells,
- Aufbau eines Risikomanagements zur Minimierung des bestehenden Rückfallrisikos.

Damit findet eine Integration der statistischen und der klinischen Methode statt, d. h., es werden sowohl statistische Befunde aus empirischen Untersuchungen (z. B. Basisraten, Risikofaktoren) als auch eine systematische Analyse des Einzelfalls (u. a. individuelles Delinquenzmodell) berücksichtigt und daraus eine Risikoeinschätzung sowie ggf. ein Risikomanagement abgeleitet. Im Kapitel 9.6 wird auf diese Thematik noch weiter eingegangen. Zunächst geht es um die Grundlagen und die »klassischen« prognostischen Vorgehensweisen.

9.4 Grundlagen der Prognosebegutachtung

Bei der Prognosebegutachtung ist man mit einer Reihe von möglichen Fehlern oder Problemen konfrontiert. Ausführlich hat das Gretenkord (2001) in seinem Buch dargestellt. Im folgenden Kasten sind einige Beurteilungsfehler aufgeführt. Diese Aspekte sind bei der diagnostischen Vorgehensweise und der rechtspsychologischen Einschätzung maßgeblich zu beachten. Natürlich scheinen diese Punkte keine rein rechtspsychologischen Besonderheiten zu sein, sondern sie tauchen auch in anderen Anwendungsbereichen der Psychologie auf (z. B. Psychotherapie oder psychologischer Diagnostik). Dennoch stellen sie wichtige Grundlagen dar und in der Praxis sollte man sich ihrer immer bewusst sein, um dem entsprechenden Fehler begegnen zu können. Grundsätzliche Schwierigkeiten in der psychologischen Diagnostik werden u. a. von Rentzsch und Schütz (2009, S. 282–315) ausführlich beschrieben.

Ausgewählte typische Beurteilungsfehler nach Gretenkord (2001; vgl. Rettenberger & Eher, 2016)

Mangelnde Berücksichtigung der Basisrate:
Die Basisrate gibt an, wie viele Personen in einer Population das vorherzusagene Verhalten innerhalb eines bestimmten Zeitraumes zeigen (z. B. Rückfälligkeit nach zwei, drei, fünf oder zehn Jahren). Dieser Wert stellt beispielsweise die durchschnittliche Rückfallrate von Sexualstraftäterinnen innerhalb der ersten zwei Jahre nach Haftentlassung dar. Intuitiv wird diese Zahl von Menschen oftmals über- oder unterschätzt. Aktuelle Zahlen werden u. a. bei Dahle und Lehmann (2023, S.441–442) berichtet.

Wahrnehmungsfehler (Selektive Wahrnehmung):

- »Recency-Effekt« oder »Primacy-Effekt« (der erste oder letzte Eindruck wird intuitiv überbewertet),
- »Halo-Effekt« (ein Merkmal »überstrahlt« andere Eigenschaften, z. B. ein Straftäter erscheint äußerst sympathisch im persönlichen Kontakt und man vernachlässigt seine »unsympathischen« Eigenschaften).

Überschätzung des eigenen Urteils:
Man überschätzt subjektiv die Sicherheit seines Urteils und seiner positiven Treffer.

Nichtbeachtung des Falsifikationsprinzips:
Man beachtet das Falsifikationsprinzip bei seinen Hypothesen nicht und sich widersprechende oder potenziell falsifizierende Informationen werden außer Acht gelassen.

Verwechslung von Häufigkeit und Wahrscheinlichkeit:
Intuitive Prognosen werden davon abgeleitet, wie häufig ein Ereignis

---

stattgefunden hat, und nicht, wie wahrscheinlich es ist (vgl. Gretenkord, 2000, S. 23–34).

Neben den typischen Beurteilungsfehlern sind auch die prognostischen Grundprinzipien für die Praxis äußerst wichtig. Prognostische Entscheidungen können anhand eines Vier-Felder-Schemas vereinfacht und anschaulich dargestellt werden (▶ Tab. 9.1).

Tab. 9.1: Vier-Felder-Schema der Prognose (vgl. Gretenkord, 2001)

		Reales Eintreten	
		Rückfällig	**Nicht rückfällig**
Prognose/ Vorhersage	**Ungünstige Prognose (Rückfall)**	Richtige Prognose (RP/TP)	Falsche Prognose (FP)
	Günstige Prognose (kein Rückfall)	Falsche Prognose (FN)	Richtige Prognose (RN/TN)

Anmerkungen: WP = richtig positiv/TP = true positive; FP = falsch positiv/false positive; FN = falsch negativ/false negative; RN = richtig negativ/TN = true negative

Das Vier-Felder-Schema ist für viele Menschen auf den ersten Blick verwirrend. Bei näherer Betrachtung wird die Einfachheit jedoch schnell deutlich. Prinzipiell gibt es zwei Arten von Prognosen: richtige und falsche. Wenn man eine ungünstige Prognose erstellt und nach einer möglichen Haftentlassung würde die Straftäterin wirklich wieder rückfällig werden, spricht man von einer »wahren positiven« Vorhersage (im Englischen »true positive«). Diesen Fall möchte man in der Praxis natürlich vermeiden. Daher würde man bei einer solchen ungünstigen Einschätzung die Straftäterin wahrscheinlich nicht entlassen. Der Begriff »positiv« steht hier entgegen der Intuition nicht für eine positive Sache, sondern er wird dafür verwendet, dass ein Ereignis für wahrscheinlich gehalten wird (also positiv vorhergesagt wird). Im Kontext der Kriminalprognose ist das die Rückfälligkeit. Wie man erkennen kann, handelt es sich bei unserem Beispiel nur um ein »theoretisches Denkspiel«. Denn um zu wissen, ob jemand in Realität wirklich wieder rückfällig werden würde, müsste man ihn ja entlassen. Das geht in der Realität praktisch fast nicht. Es ist aber für die Thematik der Prognosebegutachtung äußerst bedeutsam, sich mit diesen theoretischen Implikationen zu beschäftigen. Dadurch wird man sich nämlich der Problematik von Prognoseentscheidungen bewusst. Zunächst klingt es recht einfach, Prognosen zu erstellen. Dahinter verbergen sich jedoch einige Unwägbarkeiten. Heikel wird es nämlich bei den »falsch positiven« (FP) Probandinnen. Bei denen geht man von einer ungünstigen Prognose aus und sagt einen Rückfall vorher, in der Realität (bei einer hypothetischen Entlassung) würden diese Personen aber eben nicht rückfällig werden. Wahrscheinlich würden diese Personen im Gefängnis bleiben. Hätte man sie allerdings entlassen, wären sie niemals rückfällig geworden. Das ist ethisch äußerst problematisch. Ein Mensch würde »fälschlicherweise« inhaftiert bleiben. Darüber hinaus entstehen der Gesellschaft hohe finanzielle Kosten, da diese Personen weiter inhaftiert bleiben würden. Ein Haftplatz in einer Justizvollzugsanstalt kostet in Deutschland im Durchschnitt ca. 65 000 € pro Jahr (Nettokosten je Hafttag in Baden-Württemberg: 180,46 €; https://www.jus tiz-bw.de/,Lde/Startseite/Justiz/datenundfakten).

Die »falsch Negativen« (FN) werden als »ungefährlich« eingeschätzt. Jedoch würden sie nach einer Haftentlassung wieder rückfällig werden. Das ist sicherlich für viele Rechtspsychologinnen das »worst case scenario« und gerade diese Fälle werden in den Medien stark negativ und intensiv betrachtet. Die Schuld wird oftmals auf die »schlechten« Gutachten oder unfähigen Gutachterinnen zurückgeführt. Die gesellschaftlichen Folgen solch einer Fehlprognose sind offensichtlich: Weitere Menschen werden Opfer von einer oder mehrerer Straftaten; sie und Angehörige werden traumatisiert und psychosozial geschädigt. Es ist erklärtes Ziel der Rechtspsychologie, durch eine wissenschaftlich fundierte Diagnostik, die »falsch negativen Prognosen« maximal möglich zu verringern. Man wird sie aber wohl niemals auf »Null« reduzieren können.

Was beeinflusst die falschen Prognosen nach der eben dargestellten Systematik? Dafür sind maßgeblich drei Größen verantwortlich:

1. die sogenannte Basisrate,
2. die Selektionsquote und
3. die Güte des Vorhersageinstruments.

Die Basisrate (siehe auch Kasten zu den Beurteilungsfehlern) ist vereinfacht gesprochen die Anzahl der tatsächlichen Rückfälle in der Bevölkerung bzw. der Population. Das ist natürlich eine unbekannte und theoretische Anzahl, die man nur statistisch schätzen kann. Bereits Nedopil (2005) und Gretenkord (2001) haben entsprechende Zahlen zu Basisraten zusammengetragen. Diese liegen beispielsweise für Tötungsdelikte zwischen 0 und 3 %, für Körperverletzung zwischen 25 und 50 % oder für Vergewaltigung und sexuelle Nötigung zwischen 10 und 25 %. Intuitiv gehen die meisten Menschen, vielleicht medial beeinflusst, von viel höheren Basisraten für die Rückfälligkeit aus. Aktuell haben Jehle et al. (2021) Rückfallraten emprisch ermittelt. In der rechtspsychologischen Praxis müssen die Basisraten immer wieder auf den neusten Stand gebracht werden.

Definition

Die *Selektionsquote* ergibt sich in der Fachsprache aus der Sensitivität (je niedriger die Zahl der »falsch Negativen« ist, desto höher ist die Sensitivität der Methode) und der Spezifität (je niedriger die Zahl der »falsch Positiven« ist, desto spezifischer ist die Methode).

Gemeint ist damit der Anteil der als gefährlich bzw. ungefährlich prognostizierten Straftäterinnen. In diesem Kontext spielt auch die Trefferquote der Prognosemethode bzw. die Zuverlässigkeit des Prognoseinstruments eine Rolle. Die Trefferquote sollte signifikant besser als der Zufall sein (50 % Treffer). In der Wissenschaft wird dies durch Untersuchungen zur Reliabilität (Genauigkeit) und Validität (Gültigkeit) der gängigen rechtspsychologischen Methoden und Instrumente gewährleistet.

In Tabelle 9.2 ist ein Rechenbeispiel für ein Vier-Felder-Schema der Prognose aufgeführt (Nedopil, 2005, S. 50–54). Stellen Sie sich vor, dass eine Vorhersage der zukünftigen Rückfälligkeit nach Haftentlassung für 100 Personen erstellt werden muss (siehe Randsummen). Das Schema geht von einer Basisrate von 20 % für das hypothetische reale Eintreten der Rückfälligkeit bei einer Trefferquote der Vorhersage von 75 % aus, d. h., bei 100 Personen würden entsprechend 20 Personen nach Haftentlassung rückfällig. Das gilt aber eben nur für den angenommenen Fall, dass alle 100 Häftlinge entlassen werden würden.

In der Realität würde das aufgrund der Prognoseerstellung so nicht stattfinden, da die Personen mit einer ungünstigen Prognose sicherlich nicht entlassen werden würden. Bei einer benannten 75-prozentigen Trefferquote sehen Sie die Fehlprognosen in den grau hinterlegten Feldern. Es sind einmal die 20 Personen, bei denen man von einer ungünstigen Prognose ausgeht (also einen Rückfall vorhersagt), die aber bei einer »wirklichen« Haftentlassung nicht rückfällig geworden wären. Das sind die »falsch Positiven«, die aufgrund der Prognose fälschlicherweise wahrscheinlich inhaftiert bleiben würden.

Zudem gibt es die Häftlinge, die eine günstige Prognose bekämen (also kein Rückfall vorhergesagt würde), nach einer Entlassung aber rückfällig geworden wären. Das sind in unserem Beispiel fünf Personen, die sogenannten »falsch Negativen«. Bei einer prognostischen Trefferquote von 75 % hätte eine Rechtspsychologin bei insgesamt 100 Personen auch 75 korrekte Vorhersagen gemacht: nämlich einerseits die »wahren Positiven«, also die 15 Personen mit einer ungünstigen Prognose, welche nach einer hypothetischen Entlassung »wirklich« rückfällig geworden wären, und anderseits die 60 »wahren Negativen«. Bei Letzteren hätte man eine günstige Prognose gegeben (kein Rückfall) und das wäre auch nach einer potenziellen Haftentlassung so eingetreten.

Dieses hypothetische Beispiel soll deutlich machen, wie kompliziert eine an dem Vier-Felder-Schema angelehnte Prognoseerstellung in der Praxis ist, denn hier kann man keine Denkspiele betreiben, sondern es hat immer eine reale Auswirkung im Sinne von richtigen und falschen Prognosen. In der Realität sieht man nur die »falsch Positiven« und die »wahren Negativen«, weil diese aufgrund der positiven Prognosen wahrscheinlich entlassen werden würden. Die 20 »falsch positiven« Personen würden in der Öffentlichkeit kaum auffallen, sie blieben ja inhaftiert. Und das, obwohl sie nicht rückfällig geworden wären. Prognoseentscheidungen sind in der Praxis schwierig und müssen entsprechend auf einer rechtspsychologischen Basis erfolgen, um die beiden »Fehlerarten« zu minimieren.

Tab. 9.2: Erstes Rechenbeispiel nach Nedopil (2005, S. 50–54) für die Prognose bei einer Basisrate von 20 % Rückfälligkeit

		Theoretische/reale Rückfälligkeit		
		Rückfällig	Nicht rückfällig	Summe
Prognose/ Vorhersage	Ungünstige Prognose (Rückfall)	15 (RP/TP)	20 (FP)	35
	Günstige Prognose (Kein Rückfall)	5 (FN)	60 (RN/TN)	65
	Summe	20	80	100

Anmerkung: Basisrate 20 %; Testgüte bei 75 % Treffsicherheit; RP = richtig positiv/TP= true positive; FP = falsch positiv/false positive; FN = falsch negativ/false negative; RN = richtig negativ/TN = true negative

Aufbauend auf dem Rechenbeispiel aus Tabelle 9.2 ist in der folgenden Tabelle 9.3 eine weitere grundlegende Problematik der Prognoseerstellung dargestellt. Die Politik, die mediale Öffentlichkeit und die Gesellschaft möchten unter dem Aspekt der Sicherheit nachvollziehbarerweise vornehmlich die Anzahl der Häftlinge (»falsch Negativen«) mit einer günstigen Prognose verringern, die nach einer Haftentlassung trotz der positiven Prognose wieder rückfällig werden. Diese Fälle tauchen in erster Linie in den Medien auf.

Lassen Sie uns wieder ein kleines Rechenbeispiel durchführen. Angenommen wir reduzieren durch eine besonders strenge und konservative prognostische Herangehensweise die Anzahl der »falsch Negativen« auf eine Person, dann hat dieses Vorgehen in dem Vier-Felder-Schema bei einer Basisrate von 20% in der Population eine direkte Auswirkung auf die anderen Felder. Die Randsummen müssen entsprechend bei 20 Personen (die theoretisch rückfällig werden) und bei 80 Personen (die bei einer Entlassung unabhängig von der Prognoseeinschätzung potenziell sowieso nicht wieder rückfällig geworden wären) bestehen bleiben. Nur durch eine strengere Entscheidungsanwendung ändert sich eben nicht die Basisrate in der Population. Daher ist es äußerst wichtig, sich in der Praxis der Basisrate bewusst zu sein. Sie ist Bezugspunkt für die »richtige« oder »falsche« Prognose. Eine konservative Prognoseerstellung hätte eine direkte Folge auf die anderen Felder bzw. Personen. Zwar würden dadurch 19 potenziell rückfällige Straftäter inhaftiert bleiben, aber es findet eben auch eine Verschiebung und Erhöhung der »falsch Positiven« statt. Das würde bedeuten, dass mehr Personen »fälschlicherweise« inhaftiert blieben (68 im Vergleich zu 20 Personen aus dem Beispiel der ▶ Tab. 9.2) und dass insgesamt die Zahl der Entlassungen erheblich abnehmen würde (13 anstatt der 65 Personen aus dem Beispiel der ▶ Tab. 9.2). Wie soll eine Gesellschaft mit dem Zwiespalt umgehen? Eine Erhöhung der Sicherheit (weniger Menschen in Freiheit lassen) bedeutet in unserem Beispiel, dass Menschen inhaftiert blieben, die nach einer Entlassung keine Straftaten mehr begangen hätten. Entspricht das unserer freiheitlich demokratischen Grundordnung? Gilt das juristische Prinzip noch: in dubio pro reo; im Zweifel für die Angeklagte? Andererseits müssen auch die Gesellschaft und die Menschen vor rückfälligen Gewaltstraftätern geschützt werden. Psychologisch betrachtet ist das ein Entscheidungsdilemma.

Tab. 9.3: Zweites Rechenbeispiel nach Nedopil (2005, S. 50–54) für die Prognose bei einer Basisrate von 20 % Rückfälligkeit

		Reale Entwicklung		
		Rückfällig	Nicht rückfällig	Summe
Prognose/ Vorhersage	Ungünstige Prognose (Rückfall)	19 (RP/TP)	68 (FP)	87
	Günstige Prognose (Kein Rückfall)	1 (FN)	12 (RN/TN)	13
	Summe	20	80	100

Anmerkungen: RP = richtig positiv/TP= true positive; FP = falsch positiv/false positive; FN = falsch negativ/false negative; RN = richtig negativ/TN = true negative

Die aufgeführten Beurteilungsfehler und die beiden Rechenbeispiele machen deutlich, dass es für die Praxis der Prognosebegutachtung äußerst wichtig ist, sich dieser statistischen und methodischen Grundlagen bewusst zu sein. Mit jeder Beurteilung und jeder Prognoseeinschätzung, so einfach sie zunächst erscheinen mag, sind vielfältige Probleme oder Einschränkungen verknüpft. Natürlich strebt die Rechtspsychologie danach, mit möglichst treffgenauen Instrumenten und Methoden eine zuverlässige Prognose zu erstellen. Rein statistisch wird es immer in die eine oder andere Richtung Fehlvorhersagen geben müssen, insbesondere bei sehr seltenen Straftaten (mit einer geringen Basisrate). Zum Thema Basisraten findet man bei Jehle et al. (2021) sowie bei Groß und Nedopil (2017) eine Übersicht zu verschiedenen Deliktgruppen. Darüber hinaus berichten Dahle und Lehmann (2023) zahlreiche Studien und diskutieren die Relevanz für die Prognosebegutachtung.

9.5 Das »klassische« prognostische Vorgehen

Nachdem ein paar theoretisch-empirische Ausgangspunkte durchgearbeitet wurden, werden im folgenden Abschnitt die klassischen Methoden und Herangehensweisen der Prognoseerstellung verdeutlicht. Das stellt die Basis zum Verständnis der aktuellen Prognosebegutachtung dar, die anschließend betrachtet werden.

In der aktuellen Fachliteratur werden die Prognosemethoden heute weitgehend einheitlich in die drei folgenden Strategien unterteilt: *intuitive*, *klinische* und *statistische Methode*. Jedoch ergeben sich in den detaillierten Beschreibungen und Definitionen dieser Strategien zwischen den Autoren einige Differenzen (vgl. Dahle, 2005, S. 39–47; Gretenkord, 2001, S. 19–23; Nedopil, 2005, S. 42; Kury & Obergfell-Fuchs, 2012, S. 188–191; Dahle & Lehmann, 2023). Aus diesem Grund ist zur Erläuterung im unten aufgeführten Kasten eine zusammengefasste und vereinfachte Darstellung erfolgt. Dabei wird versucht, die gemeinsamen Merkmale der eben genannten Autoren für die drei Strategien weitgehend übersichtlich aufzuführen.

Ganz grob kann man sagen, dass es sich bei der *intuitiven Prognosemethode* um ein Vorgehen ohne explizite Regeln oder Fachwissen handelt. Quasi aus dem »Bauchgefühl« heraus würde die Person eine entsprechende Prognose erstellen. Die beiden anderen Strategien zeigen Überschneidungen auf und eine Trennung ist wohl eher ein theoretischer Versuch. In der Prognosepraxis verschmelzen die *klinische* und die *statistische Methode* miteinander. Das werden Sie in Kapitel 9.6 sehen.

Unter der *klinischen Prognosemethode* versteht man ein regelgeleitetes Vorgehen, welches sich an fachlichen Standards und Algorithmen bzw. Leitlinien orientiert (in Diagnostik und Beurteilung). Ausgangspunkt dafür ist die Einzelfallbetrachtung und die Anlehnung an klinisch-psychologischen Modellen (v. a. psychische Störungen, Persönlichkeit). Aus diesen Konzepten wird die Prognose abgeleitet.

Hingegen ist die *statistische Methode*, wie der Name schon sagt, an empirischen Studien und Befunden orientiert. Meist werden durch Rückfall-/Prognose-Instrumente oder Checklisten bestimmte Variablen eingeschätzt (▶ Kap. 10.9), die im Zusammenhang mit einer erhöhten Rückfallwahrscheinlichkeit stehen. Beispielsweise werden mit Hilfe von Algorithmen und Normierungsstichproben die Probandinnen bestimmten Gruppen mit unterschiedlichen Rückfallwahrscheinlichkeiten zugeordnet. Problematisch ist bei dieser Methode, dass man nicht von populationsstatistischen Befunden auf das individuelle Einzelfallrisiko schließen kann. Man hat nur die Rückfallwahrscheinlichkeit für die Gruppe, der die Probandin zugeordnet wurde.

Aufgrund der jeweiligen Vor- und Nachteile der beiden Strategien (klinisch und statistisch) versucht man in der Praxis, beide Methoden zu verbinden. Darauf wird im nächsten Abschnitt ausführlich eingegangen. Die Unterteilung in die drei verschiedenen Methoden ist theoretisch basiert und für die Didaktik sicherlich ganz wichtig. In der rechtspsychologischen Praxis würde man sicherlich weder ausschließlich »klinisch« oder nur »statistisch« vorgehen. Man muss sich berufspraktisch allerdings immer bewusst sein, an welchem Punkt man sich in der Begutachtung und Diagnostik befindet. Diese Reflexionsfähigkeit ist äußerst bedeutsam für die analytische Herangehensweise. Heutzutage findet eine eher »ganzheitliche« Prognosediagnostik statt, die eigentlich kein »Entweder/Oder« kennen sollte. In diesem Zuge muss darauf hingewiesen werden, dass es sich bei der rechtspsychologischen Prognosebegutachtung letztendlich um einen Spezialfall der psychologischen (qualitativen) Einzelfallanalyse handelt (vgl. Dohrenbusch, 2023); methodisch ähnlich u. a. der Schuldfähigkeitsbegutachtung (▶ Kap. 8)

Intuitive Methode

- Theoretisches Allgemeinwissen
- Subjektive Maßstäbe
- Intuitive Prognosen werden von Personen ohne psychologische oder psychiatrische Ausbildung erstellt
- Allgemeine Erfahrung (nicht auf rechtspsychologischen Grundkompetenzen basiert)
- Nicht an expliziten Regel orientiert
- Vereinfacht gesprochen: »Bauchgefühl«

Klinische Methode

- Fachspezifisches Wissen und klinische Erfahrung des Beurteilers
- An Störungsmodellen und Persönlichkeitsmerkmalen orientiert
- Klinische Regelhaftigkeit/Leitlinien
- Regelgeleitete Diagnostik u. a. durch Anamnese (Biographie, psychische Störungen, Persönlichkeit, Krankheiten und Delinquenz) und Testpsychologie
- Diagnostischer Beurteilungsprozess

Statistische Methode

- Vollständig regelgeleitet
- Orientiert an vorgegebenen Algorithmen
- An empirischen Untersuchungen orientiert
- Verwendung von statistische Methoden (z. B. Regressionsanalyse)
- Basiert auf empirischen Studien, die wissenschaftlich fundierte Indikatoren für eine hohe Rückfälligkeit gefunden haben

9.6 Aktuelle Praxis der Prognosebegutachtung

Die Praxis und die Methodik der rechtspsychologischen Prognoseeinschätzung ist ein äußerst komplexes und vielschichtiges Thema, in das im Folgenden grundlegend eingeführt wird. Sinnvoll für eine Erweiterung ist beispielsweise das bereits etwas ältere Lehrbuch von Kury und Obergfell-Fuchs (2012). Anschließend kann z. B. über den Beitrag von Dahle und Lehmann (2023) eine deutliche inhaltliche Vertiefung erfolgen. Eine Einschätzung der Gefährlichkeit und des Risikos bzw. der Prognose sollte systematisch anhand der im Buch aufgeführten Methoden und Vorgehensweisen erfolgen. Dabei geht es sowohl um eine Erfassung der Risiko- als auch der Schutzfaktoren (Ressourcen) und die Erstellung eines individuellen Delinquenzmodells sowie eine daraus abgeleitete individuelle Risikoeinschätzung (u. a. Gewichtung und Verknüpfung der einzelnen Faktoren). Eine systematische Risikoanalyse ist ein mehrstufiges psychodiagnostisches Vorgehen, bei dem möglichst umfangreich relevante Informationen gesammelt, abgewogen und diagnostisch eingeordnet sowie in Bezug auf psychosoziale Gesichtspunkte bewertet werden müssen. Darüber hinaus sollten mögliche Fehlerquellen benannt und berücksichtigt werden. Abschließend sind die wichtigsten Fragen des Auftraggebers zu beantworten, d. h., die rechtspsychologische Einschätzung muss entsprechend professionell kommuniziert werden. Ebenfalls sollten Maßnahmen oder Umstände benannt werden, mit denen sich die Prognose verbessern oder verschlechtern könnte. Selbstverständlich stellen die in Kapitel 11.4. dargestellten Qualitätsmerkmale von Gutachten eine Grundlage für die fundierte rechtspsychologische Prognoseeinschätzung dar.

Um einen Eindruck zu gewinnen, wie der Aufbau einer rechtspsychologischen Prognoseeinschätzung aussieht, wird zunächst die schon etwas ältere integrierte Liste von Risikovariablen von Nedopil (1996) dargestellt. Mittlerweile hat der Autor eine überarbeitete Variante vorgestellt (vgl. Nedopil & Müller, 2012; Müller & Nedopil, 2017). Im Anschluss daran wird die aktuelle rechtspsychologische Vorgehensweise von Dahle (2005 und 2006) sowie Dahle und Lehmann (2023) erläutert.

Forensisch-psychiatrische Entwicklungen am Beispiel der Arbeiten von Norbert Nedopil

Nedopil hat bereits 1997 in einem vielbeachteten Artikel für die Erstellung einer Kriminalprognose vier Bereiche oder Faktoren bzw. Variablen vorgeschlagen. Diese sollten im Rahmen einer Prognosebegutachtung berücksichtigt werden: das Ausgangsdelikt, die prä- und postdeliktische Entwicklung und der soziale Empfangsraum (nach der Entlassung). Diesen Faktoren sind jeweils verschiedene Aspekte zugeordnet, die im Folgenden aufgelistet sind:

1. **Ausgangsdelikt**
   - Statistische Rückfallwahrscheinlichkeit
   - Situative Faktoren des Deliktes
   - Ausdruck einer vorübergehenden Krankheit
   - Motivationale Zusammenhänge
2. **Prädeliktische Persönlichkeit**
   - Kindheitsentwicklung und Faktoren einer Fehlentwicklung
   - Soziale Integration
   - Lebensspezifische Umstände
   - Art und Dauer von krankhaften Verhaltensauffälligkeiten
3. **Postdeliktische Persönlichkeitsentwicklung**
   - Anpassung
   - Nachreifung
   - Entwicklung von Coping-/Bewältigungs-Mechanismen
   - Umgang mit bisheriger Delinquenz
   - Persistieren deliktspezifischer Persönlichkeitszüge
   - Aufbau von Hemmungsfaktoren
   - Folgeschäden durch Institutionalisierung
4. **Sozialer Empfangsraum**
   - Arbeit
   - Unterkunft

- Soziale Beziehungen
- Kontrollmöglichkeiten
- Konfliktbereiche, die rückfallgefährdende Situationen wahrscheinlich machen
- Verfügbarkeit von Opfern

Sicherlich ist diese Herangehensweise an eine systematische Prognoseeinschätzung zu begrüßen. Allerdings gibt es auch einige kritische Aspekte dabei. Zunächst wurde sehr einseitig auf die Risikofaktoren fokussiert, was prinzipiell zu Fehlprognosen führen kann, obgleich der Autor auch immer wieder die Bedeutsamkeit von protektiven Faktoren betont. Weiter findet eine stark pathologisierende Sichtweise statt, was natürlich für eine Psychiaterin bzw. Medizinerin nachvollziehbar ist, aber letztendlich auch zu einer sehr eingeschränkten Betrachtung von kriminellem Verhalten beiträgt und implizit eine (kausale) Verknüpfung von Straffälligkeit und psychischen Störungen unterstellt (vgl. Köhler, 2004). Zudem bleibt die konkrete Auswahl der Untervariablen offen. Prinzipiell muss aus persönlichkeitspsychologischer Perspektive die etwas »laxe« Verwendung der Begriffe Persönlichkeit und des biologisch stark verankerten Terminus »Nachreifung« beachtet werden. Bislang gibt es keine empirischen Befunde für eine »kriminelle Persönlichkeit« (▶ Kap. 2.3.5), obgleich bestimmte Persönlichkeitseigenschaften in einer spezifischen Ausprägung mit kriminellen Verhaltensweisen signifikant im Zusammenhang stehen (vgl. Köhler, 2004). Die Entwicklung von Menschen per se mit dem Begriff Persönlichkeit zu belegen, könnte dazu führen, dass das straffällige Verhalten etwas stark vereinfachend an die Person der Straftäterin gekoppelt wird und damit zu einem inneliegenden Teil ihrer Person gemacht wird. In der Persönlichkeitspsychologie geht man mit diesem Begriff etwas vorsichtiger um und hat eine engere Definition davon (vgl. u. a. Maltby et al., 2011). Nodopil (1997) ordnete zudem der Persönlichkeit Variablen zu, die keine Eigenschaften sind, sondern eher die Folge von bestimmten Persönlichkeitsmerkmalen sein können. In diesem Bereich sollte man mit der Beurteilung sehr sorgfältig umgehen und sich der Problematik bewusst sein. Trotz dieser kritischen Anmerkungen ist die Liste von Nedopil (1997) ein ganz wichtiger Baustein für die forensische Diagnostik gewesen.

In der Zwischenzeit wurde beispielsweise in Basel die sogenannte »Dittmann-Liste« erarbeitet (Ermer & Dittmann, 2001), auf die an dieser Stelle jedoch nicht weiter eingegangen wird (vgl. zur Vertiefung Schmitt & Nitsche, 2013). Ein paar Jahre später hat Nedopil (2005, S. 216–217) eine weitere Systematik erarbeitet, mit der er einigen der eben benannten Probleme begegnete: die integrierte Liste der Risikovariablen. Dabei hat er sich stark an einer bestimmten Prognosecheckliste orientiert (▶ Kap. 10.9; Historical-Clinical-Risk-20; HCR-20). Die Überschneidungen zur zuvor genannten Liste sind offensichtlich:

1. **Ausgangsdelikt**
   - Statistisches Rückfallrisiko
   - Bedeutung situativer Faktoren für das Delikt
   - Einfluss einer vorübergehenden Krankheit
   - Zusammenhang mit einer Persönlichkeitsstörung
   - Erkennbarkeit kriminogener oder sexueller Motivation
2. **Anamnestische Daten**
   - Frühere Gewaltanwendung (aus HCR-20)
   - Alter bei 1. Gewalttat (aus HCR-20)
   - Stabilität von Partnerbeziehungen (aus HCR-20)
   - Stabilität von Arbeitsverhältnissen (aus HCR-20)
   - Alkohol/Drogenmissbrauch (aus HCR-20)
   - Psychische Störung (aus HCR-20)
   - Frühere Anpassungsstörungen (aus HCR-20)
   - Persönlichkeitsstörung (aus HCR-20)
   - Frühere Verstöße gegen Bewährungsauflagen (aus HCR-20)
3. **Postdeliktische Persönlichkeitsentwicklung (klinische Variablen)**
   - Krankheitseinsicht und Therapiemotivation
   - Selbstkritischer Umgang mit bisheriger Delinquenz
   - Besserung psychopathologischer Auffälligkeiten
   - Pro-/antisoziale Einstellung (aus HCR-20)
   - Emotionale Stabilität (aus HCR-20)
   - Entwicklung von Coping-Mechanismen/Bewältigungsstrategien
   - Widerstand gegen Folgeschäden durch Institutionalisierung

4. Sozialer Empfangsraum (Risikovariablen)

- Arbeit
- Unterkunft
- Soziale Beziehungen mit Kontrollfunktion
- Offizielle Kontrollmöglichkeiten
- Verfügbarkeit von Opfern
- Zugangsmöglichkeiten zu Risiken (aus HCR-20)
- Compliance/Mitarbeit oder kooperatives Verhalten während der Therapie bzw. Behandlung (aus HCR-20)
- Stressoren (aus HCR-20)

Für die integrierte Liste der Risikovariablen gelten die meisten der zuvor genannten kritischen Anmerkungen ebenso. Jedoch soll durch die Herausarbeitung problematischer Punkte nicht die Relevanz und Sinnhaftigkeit prinzipiell in Frage gestellt werden. Als Rechtspsychologin muss man sich jedoch immer der Vor- und Nachteile des diagnostischen Herangehens klar sein. Nur dadurch kann es zu einer fundierten Einschätzung kommen. Es darf keinesfalls zu einem »gedankenlosen Abarbeiten« von Vorgaben oder Checklisten kommen. Die Arbeiten von Nedopil sind wichtige Meilensteine der Forensischen Psychiatrie und haben diese die letzten 30 Jahre maßgeblich geprägt. Zwar könnte man die aktuellen Veröffentlichungen des Autors oder anderer Psychiaterinnen diskutieren (z. B. Nedopil & Müller, 2017; Konrad et al., 2019), aus psychologischer Sicht wird sich aber im Folgenden den Beiträgen aus der eigenen Profession zugewendet.

Aktuelle rechtspsychologische Entwicklungen

In Abgrenzung und Weiterentwicklung der klinisch orientierten Prognoseerstellung von Rasch (1999) oder Nedopil (2005) entwickelte Dahle (2006) zunächst ein Strukturmodell des Vorgehens bei der »klinisch-idiographischen« Urteilsbildung in der Kriminalprognose, auf das im nächsten Absatz vertiefend eingegangen wird. Später fertigte er daraus ein integratives Modell (Dahle, 2010). Bei der Vorstellung der beiden Ansätze wird sich an den Originalquellen orientiert. Für die Vertiefung und die praktische Anwendung wird auf die neuste Darstellung von Dahle und Lehmann (2023) verwiesen.

Dahles (2006) Strukturmodell bezieht sich auf die »klinische Urteilsbildung«, die zuvor bereits betrachtet wurde. Dabei ergänzt er den Ausdruck »idiographisch«. Dieser Begriff wird u. a. in der Persönlichkeitspsychologie verwendet. Er bedeutet so viel wie »einzigartig« (vgl. Maltby et al., 2011) und soll betonen, dass bei jeder Prognoseeinschätzung eine Orientierung am Einzelfall erfolgen sollte. Dohrenbusch (2023) gibt eine aktuelle Übersicht der einzelfallanalytischen Methodik in der Rechtspsychologie. Insbesondere geht der Autor auf den Begutachtungskontext ein. In der stark quantitativ orientierten Psychologie der letzten Jahrzehnte wurde die qualitative Einzelfalldiagnostik lange Zeit wenig beachtet, obwohl bereits Petermann 1996 dazu ein wegweisendes Werk publiziert hat. Es handelt sich daher bei der idiographischen Herangehensweise um eine Rückbesinnung auf eine historisch bekannte psychologische Methode.

Dahle (2006) betont eine theoriegeleitete Entwicklungsbeurteilung der Delinquenz und der Taten. Allerdings benutzt auch Dahle (2005) für sein Rahmenmodell einen sehr weiten Persönlichkeitsbegriff; auf die Nachteile wurde bereits zuvor hingewiesen. Darüber hinaus fokussiert Dahle (2006) noch hauptsächlich auf Risiken. Erst 2023 haben Dahle und Lehman (u. a. S. 454) protektive Faktoren explizit in das Modell aufgenommen. Weiter ist es sinnvoll, neben der Delinquenztheorie zur Kriminalitätsentstehung auch ein Modell der Rückfälligkeit zu entwerfen. Möglicherweise sind nämlich beispielsweise die Risiken zur Delinquenz- und Tatentstehung nicht mit denen zur Rückfälligkeit gleichzusetzen (vgl. Rotermann, Köhler & Hinrichs, 2009).

Vier Schritte zur idiographischen (einzelfallorientierten) Urteilsbildung von Dahle (2006, S. 57) sowie Dahle und Lehmann (2023, S. 454):

- Analyse und Erklärung der bisherigen Delinquenz bzw. Straffälligkeit (Ableitung einer individuellen Delinquenztheorie mit Bedingungsanalyse: personal vs. situational; stabil vs. variabel).

- Analyse und Erklärung des relevanten Verhaltens seit der letzten Tat (Ableitung einer individuellen Entwicklungstheorie ihrer Persönlichkeit bzgl. der personalen [insb. stabilen] Risiko- und Schutzpotenziale).
- Analyse des aktuellen Entwicklungsstandes (Feststellung des Entwicklungsstandes bzgl. der potenziellen Risikopotenziale; Wenn-Dann-Analyse der verbleibenden Risiken).
- Analyse der Perspektiven der zukünftigen Lebensgestaltung (Einschätzung der Wahrscheinlichkeit zukünftiger »riskanter« Konstellationen).

Dahle (2006, S. 58) definiert die zusammenfassende Prognosestellung auf Basis seines Rahmenmodells wie folgt:

Definition

Die Kriminalprognose stellt die Festschreibung der »individuellen Handlungstheorie« der Kriminalität einer Person (1. diagnostischer Teilschritt) nach den Prinzipien der spezifischen Entwicklungsdynamik ihrer Persönlichkeit (2. diagnostischer Teilschritt) bei Zugrundelegung ihres aktuell erreichten Entwicklungsstandes (3. diagnostischer Teilschritt) unter Annahme wahrscheinlicher zukünftiger situationaler Rahmenbedingungen (4. diagnostischer Teilschritt) dar (Dahle, 2000, S. 101).

Auch wenn Dahle (2005) sowie Dahle und Lehmann (2023) einen verstärkten Blick auf die klinisch-idiographische Diagnostik legen, wird explizit auf die Bedeutsamkeit von statistischen/empirischen Befunden und die Ergebnisse von Prognoseinstrumenten für die Kriminalprognose hingewiesen. Neben den bereits diskutierten Basisraten sind das vornehmlich die Erkenntnisse aus den Akten, den Checklisten oder der Tathergangsanalyse (▶ Kap. 10.10).

Beurteilungsschritte der statistisch-nomothetische Kriminalprognose nach Dahle (2005, S. 215; leichte Modifikation; vgl. Dahle & Lehmann, 2023)

1. Basisrückfallrate als Ausgangspunkt zur Einschätzung, ob es sich bei der Straftäterin um einen statistischen »Durchschnittsfall« handelt.
2. Einschätzung der Ausprägung risikosteigernder und -reduzierender Tat- und Tätermerkmale durch die Verwendung von Prognoseinstrumenten.
3. Gehört die Probandin zu einer Hochrisikogruppe (z. B. Psychopathy oder sexuelle Devianz)?
4. Gehört die Probandin zu einer Niedrigrisikogruppe (bestimmte Konstellationen, z. B. »Beziehungstäter«)?
5. Ist die Probandin überdurchschnittlich jung oder alt?
6. Sind Behandlungseffekte zu erwarten (Quellen: Akten und Behandlungseffektforschung)?

Dahles integratives Modell der Kriminalprognoseerstellung besteht entsprechend aus der Analyse des Ausgangsrisikos (statistisch-nomothetische Prognose) und der Analyse des individuellen Risikos (klinisch-idiographische Prognose; Dahle, 2005, 2005; Dahle & Lehmann, 2023). Beide diagnostischen Pfeiler müssen (integrativ) zueinander geführt werden, um eine abschließende prognostische Einschätzung vornehmen zu können.

Dahle (2005) hat die Vorhersagegüte für beide methodischen Herangehensweisen getrennt sowie gemeinsam analysiert und statistisch sehr aufwendig geprüft. Dabei zeigte sich, dass die psychologische Kriminalprognose signifikant Rückfälle vorhersagen kann und damit als empirisch fundiert zu bezeichnen ist. Insbesondere hat sich sein Modell der integrativen Kriminalprognose als besonders valide erwiesen.

In diesem Kapitel ist wahrscheinlich an mehreren Stellen deutlich geworden, dass scheinbar einfache rechtspsychologische Fragestellungen und Begutachtungen methodisch und theoretisch sehr anspruchsvoll sind. Rechtspsychologinnen müssen sich daher immer den jeweiligen Standards, den aktuellen fachlichen Erkenntnissen und einer kritischen Analyse ihres diagnostischen Handelns bewusst sein. Ebenso wie für die Schuldfähigkeit wurden auch für die Prognosebegutachtung sogenannte Standards von Boetticher et al. (2019) sowie von Kröber et al. (2019) formuliert. Einen guten Einblick bietet Aspacher (2023). Das Thema wird aber nicht an dieser Stelle vertieft, sondern erst in Kapitel 11.4 wieder aufgenommen.

Zusammenfassung

Das Kapitel 9 hat grundlegend in die Forensische Psychologie der Gefährlichkeitseinschätzung und der Prognosebeurteilung von Straftätern eingeführt. Dabei sind wissenschaftstheoretische und rechtliche Hintergründe betrachtet worden. Ebenfalls erfolgte eine Skizzierung des historischen Hintergrundes. Über die Grundlagen hinaus wurden das »klassische« Vorgehen zur Prognoseeinschätzung und die aktuelle Praxis betrachtet. Heutzutage werden an die Prognosebeurteilung hohe fachliche und methodische Standards angelegt. Bei der Begutachtung wird nicht nur eine Statusdiagnostik durchgeführt oder Rückfallprognose-Checklisten ausgefüllt. Vielmehr werden mit Hilfe verschiedener diagnostischer Methoden Daten erhoben und in Abwägung von einzelfalldiagnostischen Überlegungen anhand der Verwendung von psychologischen Theorien und empirisch-statistischen Befunden (z. B. zu Basisraten) zu einer fundierten Wahrscheinlichkeitsaussage über die zu erwartende Entwicklung zusammengeführt.

Literaturempfehlungen

Dahle, K.-P. & Lehmann, R. J. B. (2023). Rückfall- und Gefährlichkeitsprognose bei Rechtsbrechern. In T. Bliesener, F. Lösel & K.-P. Dahle (Hrsg.), *Lehrbuch Rechtspsychologie* (S. 435–462). Göttingen: Hogrefe.

Aspacher, N. (2023). Begutachtung der Legalprognose bei Straftätern. In R. Dohrenbusch (Hrsg.), *Psychologische Begutachtung*. Berlin, Heidelberg: Springer. https://doi-org.ezp.hs-duesseldorf.de/10.1007/978-3-662-64801-8_101-1

Konrad, N , Huchzermeier, C. & Rasch, W. (2019). *Forensische Psychiatrie und Psychotherapie*. Stuttgart: Kohlhammer.

Fragen und Aufgaben zur Selbstüberprüfung

- Was sind typische Beurteilungsfehler in der Gefährlichkeitseinschätzung von Straftäterinnen?
- Was soll das Vier-Felder-Schema verdeutlichen?
- Was ist die Basisrate?
- Nennen Sie die drei klassischen Strategien der Prognoseerstellung!
- Beschreiben Sie das Integrative Modell der Kriminalprognose nach Dahle (2005)!

10 Rechtspsychologische Diagnostik

Die psychologische Diagnostik nimmt in der Arbeit und den praktischen Aufgaben von Rechtspsychologen eine bedeutende Rolle ein. Nach einer kurzen Einführung in die Thematik (▶ Kap. 10.1) werden in den folgenden Unterkapiteln verschiedene diagnostische Zugänge und Informationsquellen betrachtet. Insbesondere werden einige in der Praxis gängige psychologische Testverfahren und Erhebungsinstrumente beschrieben sowie die jeweiligen Vor- und Nachteile kritisch betrachtet (▶ Kap. 10.2–10.10). Allerdings wird aus Platzgründen nur eine Auswahl vorgestellt. Zur fachlichen Vertiefung muss auf die einschlägigen Lehrbücher und die entsprechenden Bezugsquellen für psychologische Testverfahren zurückgegriffen werden.

10.1 Definition und psychologische Grundlagen

Bei der psychologischen Diagnostik handelt es sich nach der schon etwas älteren, aber inhaltlich noch gültigen Definition von Jäger und Petermann (1992, S. 11) um ein System von Regeln, Anleitungen und Algorithmen zur Bereitstellung von Instrumenten, mit deren Hilfe die folgenden Inhalte abgedeckt werden sollen (vgl. Schmidt-Atzert et al., 2022; vgl, Köhler, 2010, S. 130–131):

• Das Erheben von psychologisch relevanten inter- und intraindividuellen Charakteristika von Einzelpersonen, Gruppen oder Institutionen.

- Die erhobenen Daten sollen zu einem diagnostischen Urteil integriert werden.
- Das Ziel der psychologischen Diagnostik ist eine Vorbereitung von Entscheidungen (für z. b. Interventionen) sowie das Erstellen von Prognosen (zukünftiges Verhalten und Erleben) und deren Evaluation oder das Feststellen von Veränderungen (z. B. Prä-post-Vergleich).

Aus den eben genannten Aspekten, die etwas sperrig und abstrakt formuliert sind, wird hoffentlich deutlich, dass in der rechtspsychologischen Diagnostik psychologisch relevante Daten mit dem Ziel erhoben werden, ein diagnostisches Urteil zu bilden (z. B. gefährlich oder nicht gefährlich bzw. wie gefährlich). Daraus sollen im nächsten Schritt entsprechende Entscheidungen (z. B. schuldfähig, vermindert-schuldfähig oder nicht-schuldfähig) oder Interventionen (Welche Behandlungsmaßnahmen sind beispielsweise für einen jugendlichen Intensivtäter sinnvoll?) abgeleitet werden. Die psychologische Diagnostik in der Rechtspsychologie ist dementsprechend kein Selbstzweck, sondern impliziert immer eine Zielgerichtetheit bzw. Finalität (vgl. Amelang & Schmidt-Atzert, 2006, S. 3):

- Was ist?
- Warum?
- Wohin?

Die rechtspsychologische Diagnostik sollte entsprechend in der praktischen Arbeit immer an erster Stelle des professionellen Handelns stehen. In diesem Kapitel wird auf die einzelnen diagnostischen Methoden und Vorgehensweisen eingegangen (▶ Kap. 10.2 bis 10.10). Es muss hervorgehoben werden, dass eine rechtspsychologische Diagnostik stets multimodal angelegt sein sollte, d. h., zur Beantwortung von Fragestellungen werden im Zuge eines diagnostischen Prozesses mit unterschiedlichen wissenschaftlichen Methoden Informationen und Daten erhoben. Diese werden diagnostisch gewichtet sowie im Sinne einer psychologischen Bewertung nachvollziehbar zusammengeführt. Darauf aufbauend kommt es zu einer diagnostischen Beurteilung und einer abschließenden Beantwortung der Fragestellung. Durch diese Vorgehensweise können u. a. die Vor- und

Nachteile jeder einzelnen diagnostischen Erhebungsmethode berücksichtigt werden.

Bevor die Inhalte der einzelnen diagnostischen Methoden ausführlicher betrachtet werden, lassen Sie uns einige fundamentale Aspekte aus der Praxis der Begutachtung diskutieren. Die meisten der folgenden Punkte beziehen sich deshalb auf die Begutachtung, weil viele Rechtspsychologen in diesem Bereich tätig sind. Die Inhalte können aber sicherlich ohne große Schwierigkeiten auf andere Arbeitsbereiche (z.b. Kriminaltherapie, Prävention oder Strafvollzugspsychologie) übertragen werden.

Erklärung

Aufklärung und Schweigepflicht

Grundlegend für die rechtspsychologische Untersuchung bzw. Diagnostik im Rahmen einer Begutachtung ist die Aufklärung der Probanden über die Aufgaben des Gutachters, die Fragestellungen des Auftraggebers, über den Ablauf und die Offenbarungspflicht des Gutachters. Viele Menschen denken nämlich, dass Psychologen immer die Schweigepflicht haben. Sie verwechseln oftmals einen Psychologen mit einem Psychotherapeuten. In einem Begutachtungsfall gilt diese Schweigepflicht aber nicht (Offenbarungspflicht) und darauf müssen die Probanden explizit hingewiesen werden.

Sollten Sie im Straf- oder Maßregelvollzug arbeiten, gelten andere Arbeitsbedingungen hinsichtlich Schweigepflicht und Offenbarung. Das muss vorher genau in Erfahrung gebracht werden.

Im Begutachtungskontext ist man auch dazu angehalten, die Probanden zu fragen, ob sie die Erklärungen und Ausführen des Gutachters inhaltlich verstanden haben, ob sie noch Fragen an den Gutachter haben und ob sie sich mit der Begutachtung und den Modalitäten einverstanden erklären. Dieser Sachverhalt muss in den Unterlagen und dem Gutachten schriftlich dokumentiert werden.

In der Literatur und der Gutachtenpraxis ist es recht umstritten (vgl. z.B. Lempp et al., 2003; Kury & Obergfell-Fuchs, 2012; von Buch et al., 2022), was im diagnostischen Prozess während einer Begutachtung zuerst durchgeführt werden soll: Erstkontakt vor dem Aktenstudium oder umgekehrt. Es gibt sicherlich Argumente für beide Vorgehensweisen. Bei einem Erstkontakt unter fehlendem Aktenstudium und ohne Vorkenntnisse über dessen Vorgeschichte kann man vom Probanden einen »neutralen« und »vorurteilsfreien« klinischen Eindruck gewinnen. Es besteht bei einem solchen Kontakt jedoch die Gefahr, auf mögliche Tendenzen der positiven Selbstdarstellung des Probanden und der daraus resultierenden positiv gelenkten Gesprächsführung seinerseits von bedeutsamen Aspekten für die forensische Beurteilung ferngehalten zu werden. Insbesondere bei strafrechtlichen Begutachtungen gibt es Straftäter, die manipulative Züge zeigen und versuchen, den Gutachter in seiner Meinungsbildung ihm gegenüber positiv zu beeinflussen. Das ist natürlich prinzipiell nicht verwerflich. Die meisten Menschen wollen von anderen Menschen positiv bewertet werden. Insbesondere gilt das für einschneidende und entscheidende Situationen im Leben. Begutachtungen stellen derartige besondere Lebensereignisse dar. Es ist durchaus nachvollziehbar und sicherlich auch sein Recht, wenn ein Proband versucht, sich dem Gutachter gegenüber positiv darzustellen, und im »guten Licht« erscheinen möchte. Denken Sie vielleicht einfach an Ihr letztes Bewerbungsgespräch. Haben Sie sich dort als Person »verkauft«? Wollten Sie einen guten Eindruck machen? Eine Aufgabe in der Begutachtung ist es aber, diese normalpsychologischen Tendenzen, sich positiv darstellen zu wollen, professionell zu bemerken. Dieses Verhalten muss diagnostisch bewertet werden und der Gutachter muss sich selbst davor in der eigenen Urteilsbildung schützen. Aus diesen Gründen gehört ein ausführliches Aktenstudium spätestens vor dem zweiten Kontakt zum professionellen Untersuchungsvorgehen. Der eigene klinische Eindruck muss mit »objektiven« Angaben und Informationen von Dritten abgeglichen werden.

Neben dem Kontakt zum Probanden und dem Aktenstudium können noch andere Informationsquellen sinnvoll und notwendig sein, um zu einer validen (gültigen) forensischen Einschätzung zu gelangen. Benötigt man Zusatzinformationen durch Eltern und/oder die Partnerin/den Partner, dann ist immer eine schriftliche Einverständniserklärung des Probanden notwendig. Ebenfalls kann es gewinnbringend sein, Kontakt mit Vollzugsbediensteten, der Jugendgerichtshilfe oder der Bewährungshilfe aufzunehmen. Diese Personen haben nicht nur eine andere Sichtweise auf den Probanden, sondern sie verfügen darüber hinaus oftmals über eine langjährige Erfahrung mit ihm. Auch hier sollte eine transparente und dokumentierte Kontaktaufnahme gewährleistet sein. Gegebenenfalls kann es sinnvoll sein, Rücksprache mit dem Gericht, der Staatsanwaltschaft oder der Verteidigung des Probanden zu halten. Beispielsweise kann es sein, dass ein Angeklagter sich vor dem Gutachter nicht zu seinen Tatvorwürfen äußern will. Bei Rücksprache mit den Prozessbeteiligten kann in so einem Fall das weitere gutachterliche Vorgehen abgestimmt werden. Insbesondere sollten alle Schritte bei Unklarheiten, problematischen Vorkommnissen oder Verhaltensweisen des Probanden mit dem Auftraggeber (meist das Gericht) abgesprochen sein. Auf keinen Fall dürfen Personen befragt (exploriert) werden, ohne dass das Gericht, die Staatsanwaltschaft und/ oder die Verteidigung mit einbezogen wurden. Es könnte ein Befangenheitsantrag drohen. Zur Rolle des Gutachters werden noch einige Details in Kapitel 11.3 besprochen.

Nicht selbst erbrachte diagnostische Untersuchungsbefunde müssen im schriftlichen Gutachten gekennzeichnet werden (z. B. körperliche Untersuchung). Oftmals befinden sich in den Akten wichtige forensische Informationen, z. B. Ergebnisse der Eingangsdiagnostik im Strafvollzug oder ärztliche Befunde. Diese können nicht nur für die eigene Beurteilung bedeutsam sein, sondern sie können auch das Vorgehen der rechtspsychologischen Diagnostik beeinflussen. Beispielsweise könnte man u. U. auf eine ausführliche Intelligenzdiagnostik verzichten, wenn bereits in der Eingangsuntersuchung einer Justizvollzugsanstalt ein Intelligenztest durchgeführt wurde.

Grundsätzlich ist jede rechtspsychologische Diagnostik ein Eingriff in die Persönlichkeit und die Persönlichkeitsrechte der Probanden. Es geht dabei um sehr persönliche und oftmals auch belastende Inhalte für die Probanden und deren Angehörige oder die Opfer. Aus diesen Gründen muss man sich bei dieser Tätigkeit als Rechtspsychologe professionell, ethisch-korrekt und sozialkompetent verhalten. In Kapitel 1 ist bereits auf die Berufsgrundsätze für Psychologen hingewiesen worden.

10.2 Aktenanalyse und Fremdbefunde

Wie Sie im Kapitel 10 noch lesen werden, besteht einer der ersten Schritte einer rechtspsychologischen Begutachtung darin, sich mit den vorhandenen Akten auseinanderzusetzen. Für die konkrete Vorgehensweise in der Praxis hat Allstadt Torras (2023) eine sehr gute Grundlage geschaffen. Die Autorin gibt u. a. Hinweise und Empfehlungen zur Auswertung von Gerichtsakten und Vorgutachten.

Warum ist eine umfangreiche und systematische Aktenanalyse in der Rechtspsychologie insgesamt so wichtig? Je nach Fragestellung und Kontext der Tätigkeit bewegen sich Rechtspsychologen innerhalb des deutschen Rechtssystems, d. h., meist existieren schon Vorbefunde, Untersuchungsergebnisse, Einschätzungen anderer, rechtskräftige Urteile und/oder Vorstrafen. Alle diese Informationsquellen müssen mit den eigenen diagnostischen Befunden des Rechtspsychologen abgeglichen, zusammengeführt und zu einer abschließenden diagnostischen Bewertung aggregiert werden. Ganz nach dem Motto »Viele Augen sehen mehr« können sich in den Akten wichtige Informationen finden, auch wenn man den »Wahrheitsgehalt« u. a. aufgrund von Selektivität und Subjektivität von einigen Inhalten entsprechend relativieren muss. Obwohl sich bereits das Kapitel 10.1 damit beschäftigt hat, dass Probanden manchmal einen (extrem) sozial angepassten und positiven Eindruck machen wollen, wird das Thema kurz wieder aufgenommen.

Bitte versuchen Sie Folgendes zu bedenken: Wenn Sie vorzeitig aus dem Strafvollzug entlassen werden wollen würden, wäre es sicherlich verständlich, dass auch Sie versuchen würden, sich in einem positiven Licht darzustellen. Die bereits angesprochenen Psychopathen (▶ Kap. 2.3.5) probieren darüber hinaus sogar, charmant und eloquent die Gutachter zu manipulieren. Um einen entsprechenden diagnostischen und »objektiven« Eindruck zu gewinnen, ist der Abgleich mit den Akten und den »objektiven« sowie subjektiven Befunden (z. B. Zeugen- oder Opferaussagen) sehr wichtig. Dieser Sachverhalt gilt nicht nur für die Begutachtung, sondern auch beispielsweise für die Eingangsdiagnostik im Straf- oder Maßregelvollzug, die entsprechende Behandlungsplanung und sozial- oder psychotherapeutische Behandlung.

Zunächst muss immer geprüft werden, ob das Aktenmaterial vollständig ist. Gegebenenfalls müssen die fehlenden Dokumente angefordert werden (z. B. die Ermittlungsakten mit Lichtbildmappe der Polizei). Bei angeforderten Fremdbefunden (z. B. psychiatrische Befunde oder Schulzeugnisse) muss eine Schweigepflichtsentbindung eingeholt und die Information an das Gericht weitergegeben werden. Zusatzinformationen (z. B. Schulzeugnisse) müssen als solche in der schriftlichen Expertise gekennzeichnet werden. In der schriftlichen Darstellung der Aktenanalyse muss ferner grundsätzlich alles erwähnt werden, was für die Fragestellungen relevant erscheint und worauf später im Text Bezug genommen wird. Beispielsweise muss bei der Frage der Schuldfähigkeit (zum Tatzeitpunkt!) eine systematische Analyse des Aktenmaterials zum Täterverhalten vor, während und nach der Tat erfolgen. Allerdings sollte die schriftliche Dokumentation der Aktenanalyse kurz und prägnant sein. Es geht wirklich nur um die Darstellung der relevanten Aspekte. Die oftmals sehr umfangreichen Akten sind den meisten Prozessbeteiligten bekannt, eine Wiederholung von Altbekanntem ist zu vermeiden.

10.3 Exploration und Interviewverfahren

Im persönlichen Kontakt mit dem Probanden und den für die Fragestellungen bedeutsamen Bezugspersonen (z. B. Familienangehörige, Partner) besteht die Aufgabe des Rechtspsychologen zunächst darin, sich und seine Arbeitsaufgaben (z. B. Begutachtung oder Behandlung), das Setting, den Ablauf sowie die daraus resultierenden psychologischen und rechtlichen Rahmenbedingungen zu erklären. Selbstverständlich muss in diesem Kontext auch eine tragfähige Beziehungsgestaltung erreicht werden. Prinzipiell kann man drei Arten von Explorationen und/oder Interviews unterscheiden (vgl. Schmidt-Atzert et al., 2022): eine freie-nichtstrukturierte (offene Gesprächsführung), eine teil-strukturierte (bestimmte Themen und Fragen sind vorgegeben, man kann aber vertiefende Fragen stellen) und eine strukturierte (alle Themen und Fragen sind vorgegeben)

Vorgehensweise. Je strukturierter ein Verfahren ist, desto reliabler (also messgenauer) ist es und desto eher kommen beispielsweise mehrere Interviewer zum selben Ergebnis (Inter-Rater-Reliabilität). Die Reliabilität ist die Voraussetzung für das wichtige Kriterium der Validität (vgl. auch Maltby et al., 2011, oder Schmidt-Atzert et al., 2022), also der Gültigkeit (Messe ich auch das, was ich messen möchte?). Reliabilität und Validität sollten möglichst hoch sein, um zu aussagekräftigen Ergebnissen zu kommen.

Die Exploration (psychologisches Gespräch) bezieht sich weitgehend auf die Anamnese (griechisch für »Erinnerung«) wichtiger Lebensbereiche und die Erforschung subjektiver Wahrnehmungen (Gedanken, Gefühle, Einstellungen usw.). Man eruiert im Gespräch mit dem Probanden, dem Inhaftierten oder dem Patienten dessen Lebensgeschichte aus der subjektiven persönlichen Erfahrung bzw. Sicht. Je nach Gutachtenauftrag wird dabei unterschiedlich vorgegangen. Greul (2023) betrachtet beispielsweise die aussagepsychologische Exploration. Bei der Exploration sollten auf Basis der vorher formulierten Fragestellung(en) und der Untersuchungsplanung systematisch Informationen u. a. aus den folgenden Bereichen erhoben werden:

Merke

Bereiche, die im Rahmen einer rechtspsychologischen Untersuchung exploriert werden sollten:

- die kindliche Entwicklung (u. a. motorische, sprachliche Entwicklung, Sauberkeit),
- kognitive und sozial-emotionale Entwicklung,
- psychosoziale Entwicklung (u. a. Schule, Arbeit, Freunde),
- Familie,
- legaler und illegaler Drogenkonsum,
- Sexualleben (u. a. sexuelle Vorlieben, sexuelle Orientierung, Masturbationsverhalten, Frequenz und Fantasien),
- Freizeitverhalten und Hobbys,
- Tatgeschehen- und Motivation (im Strafrecht),

- aktuelles Verhalten und
- Zukunftsvorstellungen.

Es ist ersichtlich, dass eine Exploration z. B. bei einem jugendlichen Straftäter und dessen Eltern sehr umfangreich sein kann. Insbesondere sind ergänzende Befunde von Dritten (z. B. Eltern) für die diagnostische Einschätzung oftmals sehr wichtig. Häufig haben Eltern eine gänzlich andere Sichtweise auf die Entwicklung ihrer Kinder als diese auf sich selbst und können entsprechend psychologisch bedeutsame Aspekte beisteuern. In der Rechtspsychologie werden verschiedene Interviewverfahren oder Explorationsleitfäden verwendet. Manche sind direkt für den rechtspsychologischen Kontext erstellt worden, andere Verfahren kommen hingegen aus benachbarten psychologischen Fächern (z. B. Klinische Psychologie). Psychologische Testverfahren, die psychometrischen Standards (Objektivität, Reliabilität, Validität) genügen, werden in Fachverlagen veröffentlicht und können von qualifizierten Personen erworben werden. Zumeist ist die Grundvoraussetzung ein akademischer Abschluss in Psychologie. Beispielsweise findet man unter www.testzentrale.de oder www.pearsonassessment.de viele psychologische Tests und Interviews. Aufgrund der wissenschaftlichen Weiterentwicklung sollte man immer nach aktuellen Testveröffentlichungen Ausschau halten und ggf. diese für die rechtspsychologische Diagnostik verwenden.

Im folgenden Kasten werden exemplarisch einige Interviews und Explorationsleitfäden vorgestellt, die in der Rechtspsychologie Verwendung finden können:

Psychopathy Checklist-R (PCL-R; Hare, 2003; Mokros et al., 2017) zur Erfassung der psychopathischen Persönlichkeit (▶ Kap. 2.3.5). Existiert auch in einer Kurzversion (Screening Version; Hart et al., 1995) und einer Version für Jugendliche (Youth-Version; Forth et al., 2003; Sevecke & Krischer, 2014).

Comprehensive Assessment of Psychopathic Personality (CAPP) (umfassende Beurteilung der psychopathischen Persönlichkeit; deutsche Version von Köhler & Heinzen). Mithilfe eines halbstandardisierten Interviews werden 99 Merkmale der psychopathischen Persönlichkeit in

sechs Domänen erfasst. Insbesondere soll das CAPP für Veränderungs-
prozesse und Therapieeffekte sensitiv sein (vgl. Heinzen et al., 2013).
*Strukturiertes Klinisches Interview für DSM-5®-Störungen – Klinische
Version und für Persönlichkeitsstörungen* (Beesdo-Baum, Zaudig & Wittchen, 2019).

*Interview-Leitfäden zum Diagnostik-System für psychische Störungen nach
DSM-5 für Kinder und Jugendliche* (Anja Görtz-Dorten, Manfred Döpfner
& Ann-Kathrin Thöne, 2022).

10.4 Verhaltensbeobachtung und psychischer Eindruck

Eine wichtige diagnostische Quelle in der Rechtspsychologie ist die Verhaltensbeobachtung während der psychologischen Untersuchung, der
Exploration und des interaktiven Geschehens im sozialen Kontext. Wie
verhält sich ein Inhaftierter auf Station? Wie gestaltet sich die Interaktion
von Eltern und Kind nach einer Trennungssituation? Man sollte die ge-
sammelten Beobachtungen schriftlich dokumentieren und in zusam-
mengefasster Form, z. B. in Gutachten oder Stellungnahmen, darstellen.
Allerdings handelt es sich bei diesen Beobachtungen um fehlerbehaftete
(subjektive) Eindrücke, die dennoch für die klinisch-rechtspsychologische
Gesamteinschätzung sinnvoll und bedeutsam sein können; sie müssen aber
entsprechend vorsichtig interpretiert werden. Im nächsten Kasten ist eine
Systematisierung aufgeführt, die für die Praxis Anhaltspunkte zur Beobachtung bzw. Beurteilung von Verhalten und psychischer Erscheinung
des Probanden geben kann.

Anhaltspunkte zur Beobachtung bzw. Beurteilung von Verhalten und der psychischen Erscheinung des Probanden

Äußeres Erscheinungsbild
Attraktivität, Größe, Gewicht, Reife, erworbene körperliche Entstellungen, Kleidung, Sauberkeit.

Kontakt- und Beziehungsfähigkeit
Abhängigkeit von der Begleitperson, Beziehungsaufnahme zum Untersucher, Rapport (psychischer Kontakt zwischen Untersucher und Proband), Selbstsicherheit, Kooperation.

Emotionen
Stimmung, Affekte, Angst, psychomotorischer Ausdruck.

Denkinhalte
Ängste, Befürchtungen, Fantasien, Träume, Denkstörungen (formal/inhaltlich), Selbstkonzept, Identität.

Kognitive Funktionen
Aufmerksamkeitssteuerung, Orientierung, Auffassung, Wahrnehmung, Gedächtnis und Merkfähigkeit, allgemeine Intelligenz.

Sprache
Umfang, Intonation, Artikulation, Vokabular, Komplexität, Sprachverständnis, Gesten.

Motorik
Antrieb und Aktivität, qualitative Auffälligkeiten: z. B. Tics, Stereotypien, Automutilation.

Soziale Interaktion
Position/Beziehung innerhalb von Familie/Schulklasse/Peers/Freundeskreis.

Wie bereits zuvor angesprochen, handelt es sich bei Beobachtung immer um eine sehr fehlerbehaftete Form der Informationsgewinnung. Wenn wir im Alltag unwissenschaftliche und unstrukturierte Beobachtungen machen, dann begehen wir u. a. die folgenden Fehler:

- Wir beobachten nur unvollständig (eingeschränkte Informationsmenge).
- Wir beobachten selektiv und sind meist interessengeleitet in der Beachtung von Informationen.
- Wir vermischen leicht Beschreibung, Interpretation und Bewertung des Beobachteten.

Stellen Sie sich vor, Sie müssten im Rahmen einer familienpsychologischen Fragestellung einen Hausbesuch durchführen. In diesem Fall sollte man nicht einfach ohne vorherigen Untersuchungsplan in die Familie gehen und unstrukturiert bzw. »aus dem Bauch heraus« beobachten. Die o. g. Fehler werden Ihre unsystematische Beobachtung und die Bewertung kaum aussagekräftig gestalten. Aus diesem Grund lernen Psychologen bereits im Studium die Methodik der Beobachtung mit allen Vor- und Nachteilen ausführlich kennen. Nach Hussey et al. (2010, S. 60–61) ist die wissenschaftlich fundierte Beobachtung eine »systematische und regelgeleitete Registrierung des Auftretens bzw. der Ausprägung von ausgewählten, psychologisch relevanten Merkmalen oder Ereignissen. Sie folgt einem Beobachtungsplan, der festlegt,

- was beobachtet werden soll (Kategorien für das/die interessierende/n Ereignis/se oder Merkmal/e);
- welche Aspekte weniger oder nicht relevant sind;
- welchen Interpretationsspielraum der Beobachtende bei der Beobachtung hat;
- wann, wie lange und wo die Beobachtung erfolgt (Zeitpunkte, Zeiträume, Situationen);
- auf welche Weise das Beobachtete registriert und protokolliert wird.« (ebd.)

Prinzipiell kann man festhalten, dass eine Strukturierung und Systematisierung hinsichtlich der Planung, Durchführung und Auswertung die Objektivität, die Reliabilität (Zuverlässigkeit/Genauigkeit) und die Validität (Gültigkeit) erheblich steigern können. Daher sollten Rechtspsychologen eine unwissenschaftliche und unstrukturierte Beobachtung vermeiden. Sie müssen v. a. mögliche Fehlerquellen beachten, schließlich begrenzen diese die Aussagekraft (erheblich). Zudem kann man an Beobachtertrainings teilnehmen oder strukturierte Beobachtungsverfahren benutzen. Wenn möglich, sollten für die rechtspsychologische Diagnostik entsprechend empirisch fundierte und standardisierte Beobachtungssysteme verwendet werden. Die verwendeten Beobachtungspläne müssen schriftlich dokumentiert und das Untersuchungsvorgehen für den Auftraggeber nachvollziehbar dargestellt werden. Manchmal ist es auch möglich, Videoaufnahmen anzufertigen, die eine nachträgliche Aufarbeitung (von mehreren Beobachtern und Beurteilern) erlauben. Weitere einführende Informationen findet man u. a. bei Schreier et al. (2023).

10.5 Leistungs- bzw. Intelligenzdiagnostik

Nach Rentzsch und Schütz (2009) fasst man unter Leistungstest in der psychologischen Diagnostik Verfahren, die ein Personenmerkmal (z. B. Intelligenz, Konzentration, Aufmerksamkeit) durch die Bewältigung von Aufgaben messen wollen. Typischerweise werden Probanden dabei gebeten, bestimmte Aufgaben bestmöglich zu bearbeiten und/oder zu lösen (d. h., es gibt richtige und falsche Lösungen). Die Anzahl der richtigen Lösungen wäre ein Indikator für das Personenmerkmal Intelligenz. Beispielsweise würde ein hochbegabter Proband wesentlich mehr (und schneller) Aufgaben korrekt lösen als eine intelligenzgeminderte Person. Natürlich gibt es verschiedene Formen und Klassifikationen von Leistungstests (z. B. Speed- oder Powertests; Fähigkeitstests, Schultests, Entwicklungs- und Intelligenztests; vgl. Rentzsch & Schütz, 2009). Auch in der theoretischen Grundlage und der wissenschaftlichen Fundierung können sich die Tests unterscheiden. Für eine weitere Vertiefung der Thematik empfiehlt sich die Lektüre der einschlägigen Lehrbücher zur psychologischen Diagnostik (z. B. Schmitz-Atzert et al., 2022).

In der Rechtspsychologie kommen Leistungstests bzw. Entwicklungs-, Konzentrations- oder Intelligenztest in der Praxis vielfach zur Anwendung, beispielsweise zur Aufnahmeuntersuchung in den Regel- und Maßregelvollzug. Insbesondere für die Vollzugsplanung und für eine diagnostisch abgeleitete Behandlung (u. a. welche Therapien oder Trainingsprogramme kommen in Frage) sowie für die Resozialisierung (u. a. Zuweisung zu Schul-, Bildungs- und Ausbildungsformen) ist eine Ermittlung der kognitiven Ressourcen sehr wichtig. Nur dadurch kann eine sinnvolle Zuordnung von Maßnahmen stattfinden. Ebenfalls ist eine eingehende Leistungsdiagnostik für die Prävention (z. B. im Bereich Verhaltensstörungen) zweckmäßig und in der Jugendhilfe geboten. Bezüglich der Diagnostik von psychischen Störungen ist in vielen psychiatrischen Leitlinien eine Leistungsuntersuchung vorgesehen.

In den Kapiteln 7 und 8 wurde beschrieben, dass sowohl für die Beurteilung der strafrechtlichen Verantwortlichkeit (geistige Reife; § 3 JGG) und der Strafreife (Entwicklung als Heranwachsender oder Erwachsener; § 105 JGG) als auch für die Schuldfähigkeit (z. B. Eingangskriterium des »Schwachsinns«; §§ 20, 21 StGB) eine entsprechende (test-)psychologische Diagnostik erforderlich ist. Aufgrund der diagnostischen Ausbildung im Psychologiestudium kommen (in Abgrenzung zum Medizinstudium einschließlich Weiterbildung zum Facharzt) für diese Art der Diagnostik fachlich ausschließlich Psychologen in Frage: Nur sie weisen diese diagnostische Kompetenz auf. Weiter wurde in der Kapitel 2 und 9 herausgearbeitet, dass die Intelligenz ein Faktor ist, der für die Kriminalprognose als Risiko- und/oder Schutzfaktor von Bedeutung sein kann. Entsprechend besteht auch in diesem Feld ein Bedarf an einer derartigen Untersuchung.

Es ist dementsprechend offensichtlich, dass die Leistungsdiagnostik für die Rechtspsychologie ein wesentlicher Baustein ist. Exemplarisch werden im Folgenden gängige Intelligenztests sowie Aufmerksamkeits- und Konzentrationstest aus der Praxis aufgelistet. Die Verfahren können bei den üblichen Anbietern käuflich erworben werden. Mehr Informationen zu den Intelligenzmodellen findet man bei Maltby et a. (2011).

Intelligenztests für Kinder- und Jugendliche (Auswahl)

Kaufman Assessment Battery for Children (KABC II; 2015 von A. S. Kaufman, N. L. Kaufman, dt. Bearbeitung von P. Melchers und M. Melchers). Die K-ABC erfasst die Intelligenz und die erworbenen Fertigkeiten bei Kindern im Alter von drei bis 18 Jahren.

Intelligence and Development Scales – 2. Intelligenz- und Entwicklungsskalen für Kinder und Jugendliche von Alexander Grob und Priska Hagmann-von Arx (2018) im Altersbereich von fünf bis 20 Jahren.

Wechsler Intelligence Scale for Children – Fifth Edition (deutsche Bearbeitung hrsg. von Franz Petermann). Die WISC ist für den Altersbereich von sechs bis 16 Jahren konzipiert und erfasst Intelligenz nach dem Konzept von Wechsler.

Intelligenztests für Erwachsene (Auswahl)

Stanford-Binet Intelligence Scales – Fifth Edition (2019) von Alexander Grob, Jasmin T. Gygi und Priska Hagmann-von Arx. Neben der Erfassung von fünf Intelligenzfaktoren (Fluides Schlussfolgern, Wissen, Quantitatives Schlussfolgern, Visuell-Räumliche Verarbeitung und Arbeitsgedächtnis) kann auch ein 15- bis 20-minütiges IQ-Screening durchgeführt werden.

Grundintelligenztest Skala 2 – Revision (CFT 20-R) von Rudolf H. Weiß (2019) soll die kulturunabhängige (»nicht sprachliche«) fluide Intelligenz nach Cattell messen. Der Einsatzbereich liegt bei Kindern und Jugendlichen zwischen acht und 19 Jahren sowie bei Erwachsenen zwischen 20 und 64 Jahren.

Raven's Progressive Matrices 2, Clinical Edition (2019) ist ein Intelligenztest, der im Altersbereich von 4;0 bis 69;11 Jahren bei Personen mit geringen Sprachfertigkeiten eingesetzt werden kann.

Aufmerksamkeits- und Konzentrationstests (Auswahl)

Der *D2-Aufmerksamkeits-Belastungstest – Revision* von Brickenkamp (2020) ist für den Altersbereich von neun bis 60 Jahren geeignet und eines der ältesten Verfahren in Deutschland.
Das *Frankfurter Aufmerksamkeits-Inventar 2* (FAIR-2; Moosbrugger et al., 2011) ist für den Altersbereich von neun bis 85 Jahren geeignet.

10.6 Persönlichkeitsdiagnostik unter besonderer Berücksichtigung psychometrischer Testverfahren

Für Rechtspsychologen kommt eine umfassende Persönlichkeitsdiagnostik aus mehreren Gründen in der Praxis oft in Frage. Zunächst wurde bereits in Kapitel 2 aufgezeigt, dass Theorien zur Kriminalität und Delinquenz vielfältig Bezug auf die Persönlichkeit und die Persönlichkeitsentwicklung nehmen. Darüber hinaus zeigen Straftäter auch in Studien häufig Persönlichkeitsakzentuierungen und -störungen auf (► Kap. 2; u.a. Fazal & Danesh, 2002; Köhler et al., 2009). Ebenso ist die Persönlichkeit im Rechtssystem implizit und explizit in vielen Paragraphen beispielsweise im Strafgesetzbuch (z.B. §§ 20, 21, 63, 64 und 56, 57 StGB) und im Jugendgerichtsgesetz (z.B. § 105 JGG) verankert. Damit wird die Koppelung der Persönlichkeitsdiagnostik an die Aufgaben der Rechtspsychologie deutlich.

Eine psychologische Diagnostik der Persönlichkeit muss immer aus mehreren methodischen Zugängen (z.B. Testverfahren, Verhaltensbeobachtungen, Interview/Exploration) und Informationsquellen (z.B. eigene Untersuchung, Selbstangaben, Fremdbefunde oder Akten) bestehen. Es kann in diesem Bereich fachlich nicht darum gehen, dass der Psychologe als untergeordneter Gehilfe eines Mediziners lediglich »einen« Persönlichkeitstest durchführt sowie auswertet und dass das Ergebnis dann als Persönlichkeitsdiagnostik oder psychologisches Zusatzgutachten bezeichnet wird. In der Praxis kommen dieses Vorgehen sowie die eingeschränkte Sicht auf die Tätigkeit und Kompetenz von Rechtspsychologen leider noch immer recht häufig vor. Vor dem Hintergrund erscheint an dieser Stelle eine Präzisierung dringend notwendig. Eine eingehende und fundierte Persönlichkeitsdiagnostik in der Rechtspsychologie umfasst die in diesem Kapitel beschriebenen Methoden und Informationsquellen. Für die Beantwortung von diagnostischen Fragestellungen werden die Einzelbefunde für eine abschließende psychologisch-diagnostische Beurteilung systematisch und strukturiert zusammengeführt.

In diesem Unterkapitel werden einige psychologische Testverfahren aufgeführt, die die Persönlichkeit oder für die Rechtspsychologie bedeutsame Persönlichkeitsmerkmale messen. Wichtig ist dabei zu beachten, dass auch die Intelligenz zum Bereich der Persönlichkeit gezählt wird (▶ Kap. 10.5; Maltby et al., 2011). In Kapitel 10.3 wurden bereits einige Interviews zur Erfassung von Persönlichkeit bzw. Persönlichkeitsstörungen betrachtet. In Ergänzung wird in der folgenden Auflistung zwischen Testverfahren zur Persönlichkeit, zu rechtspsychologisch relevanten Persönlichkeitsmerkmalen und Konzepten sowie zu Persönlichkeitsakzentuierungen und -störungen unterschieden. Alle hier vorgestellten psychologischen Testinstrumente genügen den testtheoretischen Gütekriterien (u. a. Objektivität, Reliabilität, Validität) und weisen Normen für die Individualdiagnostik auf. Auch wenn die aufgeführten psychologischen Testverfahren auf gruppenstatistischen Messtheorien beruhen, so können die Ergebnisse nach Beauducel (2023) dennoch im Rahmen der Einzelfalldiagnostik angewendet werden (vgl. Dohrenbusch, 2023).

Testverfahren zur Persönlichkeit (Selbstbeurteilung)

Das *NEO-Persönlichkeitsinventar* erfasst in der Langversion (NEP-PI-R; Ostendorf & Angleitner, 2008) via Selbst- und Fremdbeurteilung die fünf Basisfaktoren der Persönlichkeit (Neurotizismus, Extraversion, Offenheit für Erfahrungen, Verträglichkeit, Gewissenhaftigkeit) mit ihren jeweils sechs Facetten. Die Kurzform NEO-FFI (Borkenau & Ostendorf, 2008) misst hingegen nur die fünf Basisfaktoren. Für beide Verfahren liegen umfangreiche Normierungen vor.

Das *Freiburger Persönlichkeitsinventar* (FPI-R; Fahrenberg et al., 2020) misst neben den zwei Primärfaktoren Emotionalität und Extraversion die folgenden Persönlichkeitsmerkmale: Lebenszufriedenheit, Soziale Orientierung, Leistungsorientierung, Gehemmtheit, Erregbarkeit, Aggressivität, Beanspruchung, Körperliche Beschwerden, Gesundheitssorgen und Offenheit.

Rechtspsychologisch relevante Persönlichkeitsmerkmale und Konzepte (Selbstbeurteilungsverfahren)

Seit 2012 gibt es einen auf die besondere Situation von Inhaftierten zugeschnittenen Persönlichkeitstest: *Persönlichkeitsfragebogen für Inhaftierte* (PFI; Seitz & Rautenberg, 2012). Er besteht aus den Skalen: Insuffizienzerleben, Emotionale Stabilität, optimistische Sorglosigkeit, Soziale Anpassung, Bedürfnis nach Beachtung und Unterstützung durch die Mitgefangenen, Bedürfnis nach Isolierung gegenüber Mitgefangenen, Selbstüberzeugte Autonomie und Dominanz gegenüber Mitgefangenen, Aggressivität, Argwohn gegenüber Anstaltsbediensteten und fehlende Offenheit.

Psychopathy nach dem Modell von Lilienfeld kann mit Hilfe des *Psychopathic Personality Inventory-Revision* (PPI-R; deutsche Version von Alpers & Eisenbart, 2008) erfasst werden. Mit dem *Kieler Psychopathie Inventar* (KPI: Köhler et al., 2024) können ebenfalls psychopathische Persönlichkeitsmerkmale im Altersbereich von 16 bis 70 Jahren gemessen werden.

Für den Bereich der Aggressivität steht der *Kurzfragebogen zur Erfassung von Aggressivitätsfaktoren* (K-FAF) von Heubrock und Petermann (2008) zur Verfügung.

Die *Sorge- und Umgangsrechtliche Testbatterie* (SURT; Hommer, 2022) kann bei familienrechtlichen Begutachtungen verwendet werden, um die emotionalen Beziehungen von 4- bis 8-jährigen Kindern zu ihren Eltern zu messen.

**Persönlichkeitsakzentuierungen/-störungen
(Selbstbeurteilungsverfahren)**

Kuhl und Kazén (2009) entwickelten das *Persönlichkeits-Stil- und Störungs-Inventar* (PSSI) zur Diagnostik von nicht-pathologischen Persönlichkeitsstilen in Anlehnung an die Klassifikationssysteme DSM-IV und ICD-10.

Zur dimensionalen Diagnostik von Persönlichkeitsstörungen nach DSM-IV und ICD-10 kann das *Inventar Klinischer Persönlichkeitsakzentuierungen* (IKP) von Andresen (2006) verwendet werden. Leider liegen derzeit noch keine normierten Verfahren zur Messung der *Persönlichkeitsdimensionen* nach der *ICD-11* oder dem *DSM-5* vor. Stricker et al. (2022) konnten allerdings bereits für ein ins Deutsche übersetzte ICD-11-Persönlichkeitsstörungsinventar hoffnungsvolle Ergebnisse liefern.

10.7 Interaktions- und Beziehungsdiagnostik

Neben einer Verhaltensbeobachtung und den anderen in diesem Kapitel aufgezeigten diagnostischen Zugängen, gibt es verschiedene Verfahren, die zur Diagnostik von Interaktion und Beziehungen angewendet werden können. Dafür kommen primär Testverfahren aus anderen Psychologiegebieten in Frage (z. B. Klinische Psychologie, Sozialpsychologie oder Persönlichkeitspsychologie). Für rechtspsychologische Fragestellungen können die Instrumente benutzt werden. Wahrscheinlich spielt in der Rechtspsychologie vor allem im familienrechtlichen Bereich die Interaktions- und Beziehungsdiagnostik eine besondere Rolle (z. B. Umgangs- oder Sorgerecht, Kindeswohlgefährdung). Je nach Auftrag und Fragestellung müssen Rechtspsychologen Verfahren zusammenstellen, die für die Beantwortung eben dieser Fragen zielführend sind. Rechtspsychologische

Diagnostik muss immer ein flexibel auf den Einzelfall zugeschnittener Prozess sein. Deshalb kann man nicht einfach bestimmten rechtlichen Aspekten von hoher Komplexität eindimensional spezifische Testverfahren zuordnen. In der Tabelle 10.1 sind ausgewählte Instrumente dargestellt, die über die gängigen Testanbieter zu erwerben sind. Ethisch sind Rechtspsychologen, wie bereits angesprochen, nach den Berufsrichtlinien dazu angehalten, sich immer auf dem neusten wissenschaftlichen Erkenntnisstand zu halten.

Tab. 10.1: Ausgewählte Verfahren zur Interaktions- und Beziehungsdiagnostik

Instrument	Bereich
Skatsche et al. (2012): Strukturiertes Interview zur Erfassung der Kind-Eltern-Interaktion (SKEI).	Für Kinder von vier bis sieben Jahren; zur Diagnostik der emotionalen Beziehungen zu den primären Bezugspersonen.
Klann et al. (2006): Einschätzung von Partnerschaft und Familie (EPF).	Die EPF wurde vor allem für den Einsatz in der Eheberatung und -therapie entwickelt. Adressaten sind Partner im Alter von 18 Jahren bis ins höhere Lebensalter, die in einer intimen Beziehung leben oder verheiratet sind.
Schürmann & Döpfner (2018): Family Relations Test für Kinder und Jugendliche. Deutschsprachige Adaptation für Kinder und Jugendliche des Family Relations Test: Children's Version (FRT-C) von Eva Bene und James Anthony.	Dient der Diagnostik familiärer Beziehungen aus der Perspektive von Kindern und Jugendlichen. Mit den Hauptskalen werden positive und negative Gefühle gemessen. Die Kinderversion bezieht sich auf das Alter 6 bis 12 Jahre und die Jugendversion umfasst den Altersbereich von 13 bis 19 Jahren.
Sturzbecher & Freytag (2000): Familien- und Kindergarten-Interaktions-Test (FIT-KIT).	Für Kinder von vier bis acht Jahren. Zur Untersuchung der vom Kind perzipierten Qualität der Interaktion zwischen sich selbst und Erziehungspersonen (z. B. Eltern, pädagogisches Personal).

Tab. 10.1: Ausgewählte Verfahren zur Interaktions- und Beziehungsdiagnostik –
Fortsetzung

Instrument	Bereich
Domsch & Lohaus (2010): Elternstress-fragebogen (ESF).	Für Eltern von Kindergarten- und Vorschulkindern sowie von Kindern und Jugendlichen der Klassen 1 bis 6.
Klemm (2008): Konfliktverhalten in der Familie (KV-Fam).	Mit Hilfe von Elterneinschätzungen werden Konfliktlösungsmuster in Familien erhoben, die nach Ressourcen und Defiziten getrennt erfasst werden.
Andresen (2012): Beziehungs- und Bindungs-Persönlichkeitsinventar (BB-PI).	Für Erwachse ab 18 Jahren. Das BB-PI kann bei Fragestellungen im Zusammenhang mit Beziehungen und Partnerschaften eingesetzt werden.
Titze & Lehmkuhl (2010): Elternbildfragebogen für Kinder und Jugendliche (EBF-KJ).	Kinder und Jugendliche im Alter von zehn bis 20 Jahren. Der EBF-KJ ist ein Fragebogen zur Erfassung der Qualität der Eltern-Kind-Beziehung aus der Sicht von Kindern und Jugendlichen.

10.8 Psychophysiologische und objektive Verfahren

Die Messung physiologischer Parameter, wie z. B. der psychogalvanische Hautleitwiderstand, die Atmung, der Puls, der Blutdruck oder der Herzschlag, stellen in der Grundlagenforschung eine sehr weit verbreitete Methode dar. Selbst C. G. Jung hat in seinen ersten rechtspsychologischen Forschungstätigkeiten im Rahmen seines Assoziationstestes die Reaktionszeit gemessen! Heutzutage gibt es eine Vielzahl von Möglichkeiten, die physiologische und zentralnervöse Aktivierung diagnostisch zu erfassen. Allerdings findet das aus methodischen, ethischen und rechtlichen Gründen in der Praxis kaum Verwendung. Diese Verfahren sind jedoch in der rechtspsychologischen Forschung weiterhin fest verankert.

10.8.1 Polygraphie oder »Lügendetektor«

Bestimmt kennt jeder den »Lügendetektor«. Insbesondere durch das Fernsehen und die dort etablierten Krimi-Serien denken wahrscheinlich viele Menschen, dass der Rechtspsychologe zum Lügenaufdecken ein solches Gerät verwendet. In der wissenschaftlichen Psychologie ist die Reliabilität und Validität des »Polygraphen«, wie er fachlich genannt wird, allerdings ziemlich umstritten; er wird als wissenschaftlich nicht fundiert eingeordnet (vgl. u. a. Steller, 2008; Heft 1 Praxis der Rechtspsychologie 1999). U. a. auf dieser Basis hat der Bundesgerichtshof in mehreren Entscheidungen die Polygraphie im Strafrechtsfahren als Beweismittel für nicht zulässig erklärt (u. a. Entscheidungen vom 17. 12. 1998, 1 StR 156/98, 1 StR 258/98; zur Übersicht vgl. Steller, 2008). Aus diesen Gründen findet das Gerät in Deutschland zurzeit in der Praxis kaum Verbreitung. Maßgeblich dafür verantwortlich sind wohl die etablierten rechtspsychologischen Standards und die Ansprüche durch die Rechtsprechung zur Begutachtung von Zeugenaussagen. Aufgrund der genannten wissenschaftlichen Zweifel zur Validität (vgl. Steller, 2008) und der geringen Praxisbedeutung wird im Folgenden nur sehr kurz auf die Methode eingegangen.

Erklärung

Während man in der Allgemeinbevölkerung von einem Lügendetektor spricht, benennt man diese »Maschine« in der Fachsprache »Polygraph«, weil er lediglich mehrere (»poly«) physiologische Reaktionen einer Person »graph«isch abbildet. Und zwar misst man verschiedene physiologische Parameter (meist Hautleitwiderstand, Herzschlag und Blutdruck), die nicht einer willentlichen Kontrolle unterliegen. Im Rahmen einer weitgehend standardisierten Untersuchungssituation muss der Proband bestimmte Instruktionen bzw. Fragen bearbeiten (vgl. Steller, 2008). Mit dem Polygraphen selbst kann man keine »Lügen« aufdecken, sondern nur eine Veränderung der physiologischen

---

197

Aktivität unter der Vorgabe bestimmter Reize (Instruktionen) abbilden. Erst die diagnostische Auswertung führt dann über eine Interpretation der polygraphischen Messungen zur Einschätzung, ob jemand z. B. etwas »Wahres« oder »nicht Wahres« berichtet. Die Grundhypothese ist ganz vereinfacht, dass eine Veränderung der physiologischen Aktivität während einer Aussage einen diagnostischen Hinweis auf den Wahrheitsgehalt dieser Aussage geben kann.

Prinzipiell gibt es in der Literatur zwei verschiedene Durchführungsformen für den Polygraphen (vgl. Steller, 2008):

• Beim Kontrollfragen-Test (direktes Verfahren) wird direkt nach der Tatbegehung gefragt. Dabei wird die Stärke der physiologischen Reaktion bei Verneinung einer tatbezogenen Frage mit einer Reaktion bei Verneinung einer weiteren belastenden Frage (Kontrollfrage) verglichen, die jedoch nicht direkt auf den vorgeworfenen Sachverhalt bezogen ist. Eine stärkere physiologische Reaktion bei tatbezogenen Fragen soll ein Indikator für eine »Lüge« bzw. »Tatbegehung« sein. Hingegen sollen stärkere physiologische Reaktionen bei den Kontrollfragen für den Wahrheitsgehalt bei der Verneinung der tatrelevanten Fragen sprechen (vgl. Steller, 2008, S. 368).

• Der Tatwissenstest ist ein indirektes Verfahren, bei dem geprüft wird, ob ein Proband bestimmtes »Insider-Wissen« besitzt, das eben nur ein Tatbeteiligter haben kann. Dem Probanden werden in der Regel sechs Fragen mit tatbezogenen und nicht tatbezogenen (für Unbeteiligte aber genauso wahrscheinlichen) Details vorgegeben (vgl. Steller, S. 367): z. B. »Welche Nummer hatte der Raum, in dem der Diebstahl begangen wurde? War es a) Raum 321, b) Raum 214, c) Raum 411, d) Raum 206, e) Raum 129, f) Raum 217?«. Anschließend wird geprüft, ob der Proband bei den tatbezogenen/relevanten Aspekten eine erhöhte physiologische Reaktion zeigt. Dieses würde für ein vorhandenes Tatwissen sprechen.

10.8.2 Messung zentralnervöser Aktivierung

Messmethoden zur Erfassung der zentralnervösen Aktivierung (der Gehirnaktivität) sind das Elektroenzephalogramm (EEG), die Magnetoenzephalographie (MEG) und moderne bildgebende Verfahren wie der rCBF (regional cerebral blood flow), die Positronen-Emissions-Tomographie (PET) und die Funktionelle Magnet-Resonanz-Tomographie/Imaging (fMRT/I). Eine ausführliche Übersicht der Methoden (mit ihren jeweiligen Vor- und Nachteilen) geben Lehrbücher zur Biologischen Psychologie (z. B. Pinel & Pauli, 2012, S. 112–143). Exemplarisch werden einige der Messverfahren hier kurz betrachtet.

- Das Elektroenzephalogramm (EEG) bildet graphisch unmittelbar die kortikale (Hirnrinden-)Aktivität ab. Es hat eine hohe zeitliche Auflösung (wenige Millisekunden). In diesem Zeitintervall laufen beispielsweise kognitive Prozesse ab.
- Die Magnetoenzephalographie (MEG) erfasst elektrische Spannungsveränderungen in den kortikalen Arealen unterhalb der Elektroden.

In der Tabelle 10.2 sind verschiedene Messmethoden hinsichtlich ihrer räumlichen und zeitlichen Auflösung aufgeführt. Die in den Verfahren gemessenen Parameter können in der Forschung mit bestimmten Persönlichkeitseigenschaften und/oder kriminellen Verhaltensweisen in Zusammenhang gebracht werden. Ebenfalls kann man im Rahmen von Experimenten differenzierte Analysen vornehmen. Biologische Faktoren können beispielsweise untersucht werden, indem man mit Hilfe der bildgebenden Verfahren Unterschiede in der Gehirnaktivierung zwischen Kriminellen (»Psychopathen« oder »Mördern«) und Nicht-Kriminellen überprüft. In diesem Bereich wurden in den letzten Jahren äußerst bedeutsame Befunde veröffentlicht (vgl. zur Übersicht: Andrews und Bonta, 2002). Diese Messmethoden geben die Möglichkeit, rechtspsychologische Fragen sehr grundlegend zu erforschen und zu beantworten.

In Abgrenzung zum unbestreitbar hohen Nutzen für die Forschung kommen diese Methoden hingegen für die forensische Einzelfalldiagnostik und die rechtspsychologische Praxis kaum in Frage. Das hat mehrere Gründe. Unter anderem fehlen bislang Normierungen oder Cut-Off-Werte für diese Messmethoden (z. B. Was ist normal und was ist auffällig?), d. h., man kann zwar wissenschaftlich damit arbeiten und Unterschiede oder Zusammenhänge statistisch herstellen, eine Übertragung auf den Einzelfall kann jedoch nicht stattfinden. Bei vielen rechtspsychologischen Fragestellungen besteht zudem ein direkter Bezug zum Tatzeitpunkt. Wenn man beispielsweise nach einer Straftat bei einem Angeklagten im Rahmen der Hauptverhandlung ein EEG durchführt, bleibt weitgehend offen, welche Aussage man damit für den Tatzeitpunkt machen kann (sogar bei einem »auffälligen« EEG). Selbst wenn man eine EEG-Abnahme bei einer Tatdurchführung tätigen könnte, wäre bei einem lebenden Menschen immer mit einer Hirnaktivität zu rechnen. Was wäre dann ein normaler EEG-Befund? Welches Muster wäre auffällig? Es gibt keine Normwerte für derartige Vergleiche. Darüber hinaus ist mit derartigen Messmethoden ein großer Eingriff in die Persönlichkeitsrechte des Probanden verbunden. Weiter sind diese Verfahren äußerst aufwendig und teilweise sehr teuer. Wägt man die benannten Punkte gegenüber dem zu erwartenden Erkenntnisgewinn ab, dürfte das Ergebnis für eine Anwendung in der Praxis zurzeit recht ungünstig ausfallen.

Tab. 10.2: Methoden zur Erfassung zentralnervöser Aktivierung nach Schulter und Neubauer (2005)

	Räumliche Auflösung	Zeitliche Auflösung
EEG	Mittelhoch, nur 2-D (Cortex)	Hoch bis sehr hoch (evoziertes Potenzial Millisekundenbereich)
MEG	Hoch, nur 2-D (Cortex)	Hoch bis sehr hoch (bis Millisekundenbereich)
rCBF	Mittelhoch, 3-D	Gering (Minutenbereich)
PET	Hoch, 3-D	Gering bis mittel (Minutenbereich)
fMRI	Sehr hoch, 3-D	Mittel bis hoch (Sekundenbereich)
Event related fMRI	Sehr hoch, 3-D	Hoch (mehrere Zehntelsekunden)

10.8.3 Objektive diagnostische Methoden

Zuletzt wird auf die sogenannten »objektiven« diagnostischen Methoden eingegangen. Es geht dabei nicht um die Erfassung einer »Objektivität« im Sinne einer übergeordneten Wahrheit oder Realität. In der psychologischen Diagnostik versteht man unter dem Begriff, dass der Proband nicht weiß oder nicht versteht, was gerade gemessen wird (verborgene Messintention).

Definition

Die klassische *Definition* nach Schmidt (1975, S. 19) lautet:»Objektive Tests (T-Daten) zur Messung der Persönlichkeit und Motivation sind Verfahren, die unmittelbar das Verhalten eines Individuums in einer standardisierten Situation erfassen, ohne daß dieses sich in der Regel selbst beurteilen muß. Die Verfahren sollen für die Probanden keine mit der Meßintention übereinstimmende Augenscheinvalidität haben. Das kann durch die Aufgabenauswahl oder bestimmte Auswertungsmethoden erreicht werden. Um als Test zu gelten, müssen auch objektive Verfahren den üblichen Gütekriterien psychologischer Tests genügen«.

Gerade für die rechtspsychologische Diagnostik wäre es wünschenswert, wenn man mit Hilfe von objektiven Tests bestimmte forensisch relevante Merkmale, wie z. B. psychopathische Eigenschaften, Impulsivität, Aggressionsbereitschaft, »Kränkbarkeit«, delinquente Einstellungen und Werte oder abweichende Sexualfantasien, messen könnte. Leider sind die vorhandenen objektiven Tests auf eng umschriebene Variablen bezogen und können oftmals nicht für die recht komplexen forensischen Sachverhalte herangezogen werden. Es gibt einige wenige objektive Tests, die z. B. bei Schmidt-Atzert et al. (2022) und Ortner et al. (2006) beschrieben werden. Primär beziehen sich die verfügbaren Tests vor allem auf allgemeine Persönlichkeits-, Motivations- und Verhaltensbereiche (wie z. B. Lebhaftigkeit vs. Passivität, Stärke vs. mangelnde Selbstbehauptung).

Darüber hinaus ist es ethisch und rechtlich bedenklich, im Rechtswesen eine Person psychologisch zu untersuchen, ohne dass diese die Messintension verstanden hat. Im Rahmen unserer demokratischen Grundordnung stehen Angeklagten bestimmte Rechte zu. Das ist vor dem Hintergrund der deutschen Geschichte ein besonders schützenwertes Gut. Insbesondere da der rechtspsychologischen Diagnostik in fast allen Fällen eine Erforschung der Persönlichkeit und/oder sehr persönlicher Inhalte zu Grunde liegt, müssen die Probanden natürlich in eine derartige Untersuchung einwilligen, und zwar auf freiwilliger Basis. Das beinhaltet u. a. eine Aufklärung über Sinn und Zweck sowie den Ablauf der Diagnostik. Es ist offensichtlich, dass sich – obgleich des möglichen Nutzens der objektiven Diagnostik – eine verborgene Messintension mit den rechtlichen Rahmenbedingungen weitgehend nicht vereinbaren lässt.

10.9 Rechtspsychologische Checklisten und Instrumente

In diesem Abschnitt werden v. a. rechtspsychologische Checklisten und Instrumente betrachtet, die für die Einschätzung von Risiko-/Gefährlichkeit bzw. prognoserelevant sind. Natürlich sind diese Verfahren auch die Grundlage für die Behandlung (▶ Kap. 13). Derartige Strukturhilfen sind für die Praxis der Rechtspsychologie äußerst wichtig, da sie ein rein idiographisch-orientiertes Vorgehen (erste Generation der Prognosebeurteilung; ▶ Kap. 9.4) vermeiden und zu einer reliablen und validen Diagnostik beitragen. Während sich die zweite Generation der Verfahren primär auf einen aktuarisch-statistischen Ansatz stützte und hauptsächlich statistische Risikofaktoren erfasste (z. B. Alter, Anzahl von Straftaten in der Vorgeschichte), versucht man in der dritten Generation auch dynamische Variablen (z. B. Arbeitslosigkeit oder Beziehungsstatus) und klinische bzw. Behandlungs- oder Schutzfaktoren zu berücksichtigen (»Risk and Needs-Principles« nach Andrews & Bonta, 2002). Damit soll die Brücke zu einem

Risikomanagement und einer Risikoverringerung durch gezielte Intervention und Behandlung sowie durch Entlassungsvorbereitung und Nachsorge geschaffen werden. Das Level-of Service Inventory (deutsche Version von Dahle et al., 2012) ist ein Beispiel für ein solches Verfahren. In den letzten 40 Jahren wurden zahlreiche Instrumente und Checklisten veröffentlicht, so dass an dieser Stelle nur einige von ihnen aufgeführt werden können. Sowohl Jost (2012), Dahle (2005 und 2010) und Dahle et al. (2007) als auch Rettenberger und von Franqué (2013) geben eine Übersicht. In der Tabelle 10.3 ist eine Auswahl von Verfahren und Checklisten aufgeführt, die in der Praxis häufig angewendet werden.

Tab. 10.3: Auswahl von Checklisten und rechtspsychologischen Instrumenten

Klassifizierung	Instrument	Zielgruppe
Prognose-Instrumente		
Hanson & Thornton (1999, 2003); Eher et. al. (2020)	STATIC-99 (Version 2020)	Erwachsene Sexualstraftäter
Douglas et al. (2013); Müller-Isberner et al. (1997); Douglas (2014)	Historical-Clinical-Risk Management (HCR-20/v3)	Erwachsene Gewaltstraftäter
Boer et al. (1997); Müller-Isberner et al. (2000)	Sex-Violence-Risk (SVR-20)	Erwachsene Sexualstraftäter
Rehder (2001)	Rückfallrisiko für Sexualstraftäter (RRS)	Erwachsene Sexualstraftäter
Schmelzle (2003)	Estimate of Risk of Adolescent Sexual Offense Recidivism (ERA-SOR)	Jugendliche Sexualstraftäter
Borum et al. (2002)	SAVRY	Jugendliche Straftäter
Kropp et al. (1995)	The Spousal Assault Risk Assessment Guide (SARA).	Jugendliche Straftäter
Rettenberger et al. (2017)	Die deutsche Version des Violence Risk Appraisal Guide-Revised (VRAG-R)	Erwachsene Straftäter

Tab. 10.3: Auswahl von Checklisten und rechtspsychologischen Instrumenten – Fortsetzung

Klassifizierung	Instrument	Zielgruppe
Andrews & Bonta (1995); Dahle et al. (2012)	Level of Service Inventory-Revised (LSI-R)	Erwachsene Straftäter
Kriteriumsorientierte/klinische Checklisten		
Ermer & Dittmann (2001)	»Dittmann-Liste«	Gewaltstraftäter
Klinisch-Persönlichkeits-psychologische Instrumente		
Hare (2003); Forth et al. (2003); Hart et al. (2000)	Psychopathy Checklist (PCL-R/SV/YV)	Gewalt- und Sexualstraftäter
Cooke, Hart & Michie (2012)	CAPP (Heinzen et al., 2013)	Gewalt- und Sexualstraftäter
Tathergangsanalyse		
Müller et al. (2005)	Checkliste zur Erfassung von Täterverhalten	Sexual- und Gewaltstraftäter
Schutzfaktoren		
De Vogel et al. (2007); Spehr & Briken (2010)	Structured Assessment of Protective Factors for violence risk (SAPROF)	Jugendliche Straftäter
Roterman et al. (2007)	RiSchu-Liste	Jugendliche Straftäter

10.10 Tathergangsanalyse

Die Tathergangsanalyse (THA) oder die Tatortanalyse (TOA) ist eine strukturierte diagnostische Einschätzung der Tat, ihrer Bedingungsfaktoren und des objektivierbaren Täterverhaltens. Während dem in der Literatur häufig verwendeten Begriff der »Tatortanalyse« eine gewisse statische

Position inne ist, soll der Terminus »Tathergangsanalyse« explizit den Fokus auf den Hergang, also die Tat als Prozess, richten. Müller et al. (2005) geben einen dezidierten Überblick der geschichtlichen und begrifflichen Entwicklung. Vereinfacht gesprochen analysiert der Rechtspsychologe das Täterverhalten vor, während und nach der Tat; natürlich unter Berücksichtigung situativer Einflussfaktoren und der möglichen Interaktion zwischen Täter und Opfer. Eine THA sollte nur auf der Basis objektiver Daten erfolgen, um eine Manipulation des Täters oder den Einfluss subjektiver Schilderungen (z. B. Zeugen) zu minimieren. Die Grundlage für eine THA sind beispielsweise Befunde der Rechtsmedizin, der Spurensicherung oder der kriminalpolizeiliche Abschlussbericht sowie eine Tatrekonstruktion der Operativen Fallanalyse der Polizei. Damit könnte man die THA als Spezialfall einer strukturierten Aktenauswertung bezeichnen. Selbstverständlich sollte man keine intuitiv-klinische THA durchführen. Um subjektive Einflüsse weitgehend auszuschalten und die Reliabilität sowie die Validität zu gewährleisten, ist eine Orientierung an den neusten wissenschaftlichen Erkenntnissen und Checklisten (vgl. Müller et al., 2005) geboten. Müller et al. (2008) haben die Methode der THA in den rechtspsychologischen Kontext eingeordnet (▶ Abb. 10.1). Es ist ersichtlich, dass die THA nur ein diagnostischer Zugang neben den anderen aufgezeigten Methoden ist.

In der THA soll u. a. zu den folgenden Variablen eine diagnostische Einschätzung anhand objektivierbarer Informationen zum Täterverhalten erfolgen (vgl. u. a. Osterheider, 2008):

- Planungsgrad des Deliktes,
- Täter- und Opferrisiko (Welches Risiko ist der Täter zur Tatbegehung eingegangen?),
- Täter-Opfer-Beziehung (Besteht ein Bekanntheitsgrad oder waren sich beide unbekannt?),
- Zeit- und Ortsfaktoren (Wie viel Zeit hat der Täter für welche Verhaltensweisen verwendet? Unter welchen situativen Bedingungen?),
- Kontakt- und Kontrollaufnahme des Täters: Ist es ein blitzartiger oder überraschungsartiger Angriff (z. B. mit heftiger Gewaltanwendung) auf das Opfer? Oder hat der Täter bei Kontaktaufnahme zum Opfer einen Sachverhalt vorgetäuscht (z. B. Autopanne), um das Opfer an einen

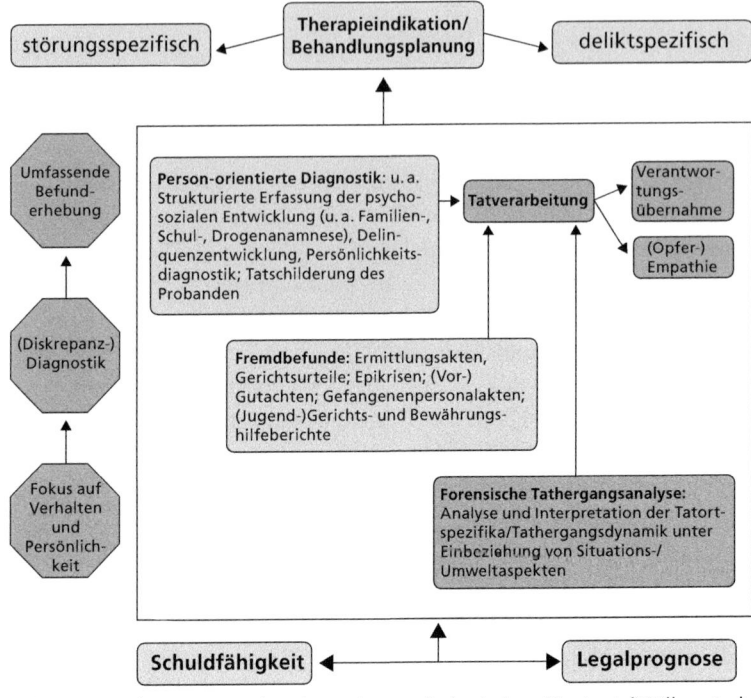

Abb. 10.1: Tathergangsanalyse im rechtspsychologischen Kontext (Müller et al., 2008)

anderen (»besseren«) Ort »zu manipulieren«, an dem dann die Kontrollaufnahme durch Gewalt beginnt?

• Personifizierungen (außergewöhnliche Tathandlungen, die über das zur Tatausführung unbedingt notwendige Verhalten hinausgehen). Damit sind Handlungen gemeint wie z. B. das Abtrennen von Gliedmaßen, das Mitnehmen von Gegenständen vom Tatort (als Souvenir), Spurenverwischen oder Hinweise darauf, dass ein sexuelles Motiv durch nicht sexuelle Verhaltensweisen befriedigt werden sollte.

Einige der Variablen, die in der THA systematisch diagnostisch aufgearbeitet werden, findet man auch in den Checklisten und Instrumenten zur Einschätzung der Kriminalprognose (▶ Kap. 9 und ▶ Kap. 10.9). Entsprechend handelt es sich dabei um in der Rechtspsychologie seit ca. 100 Jahren bekannte Variablen, die jedoch in der THA sehr systematisch aufgearbeitet werden. Während in den Checklisten die Variablen eher statisch-statistisch eingebettet sind, geht es bei der THA darüber hinaus um eine ganzheitliche diagnostische Methode, die zum Fall-, Tat und Täterverständnis beitragen kann. Es ist ersichtlich, dass die THA keine Geheimwaffe oder -methode der »Profiler« ist, sondern dass es sich aufgrund der Inhalte und Variablen um eine urtypische Aufgabe der Rechtspsychologie handelt (eben der Wissenschaft des Verhaltens, des Erlebens und des Bewusstseins von Menschen).

Entsprechend hat Dahle (2005) der Tathergangsanalyse in seinem Modell der Erstellung von Kriminalprognosen eine zentrale Position gegeben. Neuere Studien der Arbeitsgruppe um Dahle zeigen auch empirisch, dass bestimmte Tatbegehungsmerkmale (wie z. B. Kontaktaufnahme zum Opfer und Kontrollübernahme über das Opfer) mit einem erhöhten Rückfallrisiko einhergehen (Dahle et al., 2010; Janka et al., 2012; Lehmann et al., 2012). Somit kann man die Tathergangsanalyse und ihre Variablen als wissenschaftlich fundiert und in der Rechtspsychologie als historisch verankert betrachten.

Erkenntnisse aus der THA sind nicht nur für die Risiko- bzw. Prognoseeinschätzung bedeutsam, sondern auch für die wirksame Behandlung von Straftätern notwendig. Insbesondere für die Auseinandersetzung des Straftäters mit seinen Taten müssen eben diese zuvor von Rechtspsychologen diagnostisch außerordentlich genau analysiert werden. Müller (2012) hat die Thematik der Tatverarbeitung in Therapie und Prognose sehr genau aufgearbeitet. Im Kapitel 8 wird die Intervention und Straftäterbehandlung genauer behandelt und einige Aspekte weiterbearbeitet.

Zusammenfassung

Rechtspsychologen verfügen über ein großes Repertoire an diagnostischen Instrumenten bzw. Verfahren und Methoden. Je nach Fragestellungen und

Einzelfall müssen in der Praxis die entsprechenden Verfahren ausgewählt und angewendet werden. Aufgrund der Komplexität der zu beantwortenden Fragen werden Rechtspsychologen sich immer verschiedener Instrumente bedienen müssen. Zudem orientieren sich die juristischen Aufträge selten an psychologischen Theorien, so dass eine Übersetzung des Auftrages in psychologische Aufgaben erfolgen muss. Vor den skizzierten Hintergründen gibt es auch nicht in der Praxis einen »Test« für jeden Paragraphen. Die Kenntnis der gängigen diagnostischen Vorgehensweisen und die Auswahl der Instrumente setzt an Rechtspsychologen eine hohe Kompetenz in psychologischer Diagnostik voraus.

Literaturempfehlungen

Schmidt-Atzert, L., Krumm, S. & Amelang, M (2022). *Psychologische Diagnostik.* Berlin: Springer.

Bliesener, T., Lösel, F. & Dahle, K.-P. (2023). *Lehrbuch Rechtspsychologie.* Göttingen: Hogrefe.

Schmidt, S. & Hawliczek. S. S. (2022). *Diagnostik im Strafvollzug.* Berlin: Springer.

Aufgaben und Fragen zur Selbstüberprüfung

- Was ist psychologische Diagnostik im Kontext der Rechtspsychologie?
- Welche verschiedenen Methoden zur Datenerhebung gibt es in der Rechtspsychologie?
- Welche rechtspsychologischen Checklisten gibt es?
- Was sind die Vor- und Nachteile der Verhaltensbeobachtung?
- Beschreiben Sie das Modell der Tathergangsanalyse im rechtspsychologischen Kontext nach Müller et al. (2008)!

11 Rechtspsychologische Begutachtung

Im folgenden Kapitel wird sich mit den Grundlagen der rechtspsychologischen Begutachtung als Spezialfall der rechtspsychologischen Diagnostik beschäftigt (▶ Kap. 11.1). Ziel ist es, einen einführenden Überblick zu erarbeiten, der es ermöglicht, den komplexen praktischen Prozess (▶ Kap. 11.2) von der Beauftragung über die Erstellung (Aufbau und Struktur, ▶ Kap. 11.3), die Präsentation und die Qualitätsstandards zu verstehen (▶ Kap. 11.4). Dazu wird eine Definition von psychologischen Gutachten erarbeitet und die Rolle des Sachverständigen reflektiert. Darüber hinaus wird auf die wichtigsten Aspekte der schriftlichen und mündlichen Gutachtenerstattung eingegangen.

11.1 Grundlegende Aspekte der Begutachtung

Als Rechtspsychologin können Sie für die Beantwortung sehr unterschiedlicher Fragestellungen beauftragt werden. Nach Kury und Obergfell-Fuchs (2012) sollte in der Regel das Gericht als unabhängiges Organ Auftraggeberin für ein forensisches Gutachten sein. Allerdings können auch Privatpersonen oder Verteidigerinnen Auftraggeberinnen sein (z. B. in Fällen von methodenkritischen Stellungnahmen oder bei Wiederaufnahmeverfahren). In diesen Fällen sollte man immer genau prüfen, ob man als Gutachterin wirklich die Objektivität wahren kann (vgl. Lempp et al., 2003). Ansonsten kommt man in der Praxis schnell in den Verdacht, Gefälligkeitsgutachten anzufertigen. So etwas ist weder gut für den eigenen Leumund noch für die Akzeptanz der Expertise. Anders als in den USA ist es nicht üblich, dass in laufenden Gerichtsverfahren jede Seite (Anklage und Verteidigung) Gutachterinnen beauftragt. Im deutschen Rechtssystem ist es – wie schon erwähnt – vielmehr der Fall, dass das Gericht selbst bzw. die Staatsanwaltschaft (z. B. im Rahmen eines Vorverfahrens) die Gutachterin beauftragt (vgl. Kury & Obergfell-Fuchs, 2012). Ebenso können Rechtspsychologinnen von Institutionen oder von der Jugendhilfe betraut werden. In Abweichung zu der in Fernsehserien dargestellten Tätigkeit von Rechtspsychologinnen oder Forensikerinnen wird man nicht von der Polizei als externe Sachverständige/Beraterin oder »Profilerin« beauftragt. Typische Themen für eine Begutachtung aus dem Bereich Strafrecht sind für Rechtspsychologinnen u. a.:

- die strafrechtliche Verantwortlichkeit (§ 3 JGG),
- die Reifebeurteilung (§ 105 JGG),
- die schädliche Neigung (§ 17 JGG),
- die Haft- und Verhandlungsfähigkeit,
- die Schuldfähigkeit und die psychiatrische Unterbringung/Maßregel (§§ 20, 21, 63, 64 StGB),
- die Prognose oder Gefährlichkeitseinschätzung und
- die Glaubhaftigkeit von Aussagen.

Im Zivil- oder Familienrecht geht es oft um eine gutachterliche Einschätzung u. a. für

- die Feststellung der elterlichen Sorge,
- der Umgangsregelung,
- der Vormundschaft oder
- der Unterbringung von minderjährigen Kindern.

Rechtspsychologinnen können auch im Entschädigungsrecht tätig werden, wenn es beispielsweise um Schadensersatz bei erlittenem sexuellem Missbrauch geht. Im Sozialrecht kann es um Fragestellungen zur Eingliederungshilfe oder im Verwaltungsrecht um Aspekte einer Namensänderung gehen. Sie sehen also, wie vielfältig die Arbeitsbereiche sind! Rechtspsychologinnen haben in der Praxis meist einige Arbeitsschwerpunkte, da nur die wenigsten in ihrer Kompetenz alle möglichen Begutachtungsbereiche abdecken können. Lassen Sie uns im Folgenden zum Ablauf eines typischen Begutachtungsprozesses kommen.

11.2 Ablauf des Begutachtungsprozesses

Wie bereits mehrfach aufgezeigt worden ist, gibt es in der rechtspsychologischen Begutachtung sehr verschiedene Felder und Fragestellungen. Aus diesem Grund müssen die nun folgenden Aspekte sehr allgemein formuliert und immer auf den spezifischen Begutachtungsanlass in der Praxis zugeschnitten werden.

Schritt 1:

Zunächst beginnt der Begutachtungsprozess mit der Beauftragung. Gleich zu Beginn gibt es einiges Wichtige zu berücksichtigen. Die erste Frage, die man sich stellen muss, ist, ob der eingegangene Gutachtenauftrag überhaupt hinreichend für eine Übernahme und Beantwortung formuliert worden ist. Wenn das nicht der Fall ist, sollte man sich in der Praxis nicht davor scheuen, Rücksprache mit der Auftraggeberin zu halten und ggf. um eine Präzisierung der Fragestellungen bitten. Dieser Fall kommt in der Realität nicht selten vor. Sie müssen nämlich bedenken, dass beispielsweise Juristinnen ein gänzlich anderes Verständnis der menschlichen Psyche haben als Psychologinnen und auch einen ganz anderen sprachlichen Ausdruck verwenden.

Schritt 2:

Als Nächstes muss man sich selbst fragen – und auch ehrlich für sich beantworten –, ob man wirklich die Fachkompetenz für den Gutachtenauftrag hat. Nur wenn man diese Frage mit einem ganz sicheren »Ja«

beantworten kann, sollte der Gutachtenauftrag übernommen werden. Warum ist das so wichtig? Einerseits geht es in der psychologischen Begutachtung um Menschen, die durch eine fachlich nicht fundierte Expertise nicht geschädigt werden dürfen und sollen. Ebenfalls sind Psychologinnen, soweit sie berufsständig organisiert werden, auch verpflichtet, bestimmte Standards einzuhalten (▶ Kap. 1). Darüber hinaus kann es kein ethisch vertretbarer und sinnvoller Weg sein, an lebendigen Probandinnen seine eigene mangelnde Fachkompetenz erweitern zu wollen. Neben diesen ethischen Aspekten sind auch juristische (straf- und sozialrechtliche) Folgen für rechtspsychologische Gutachterinnen möglich, die aufgrund mangelnder Kompetenz »falsche« Einschätzungen produzieren. Andererseits sollte man sich daneben aus pragmatischen Gründen davor hüten, Gutachtenaufträge bei mangelnder Kompetenz zu übernehmen: Es fliegt nämlich meist doch auf. Und wenn der eigene Ruf erst ruiniert ist, hat man es als Gutachterin zukünftig wirklich schwer. Aufgrund der Vielfältigkeit und der Komplexität der rechtspsychologischen Tätigkeit ist es keinesfalls eine Schande, wenn man sich dafür entscheidet, einen Gutachtenauftrag abzulehnen. Die Zwischenzeit zur nächsten Anfrage kann man durch entsprechende Weiterbildungen zur Kompetenzerweiterung nutzen und anschließend potenziellen Auftraggeberinnen rückmelden.

Schritt 3:

Hat man sich entschieden, einen Gutachtenauftrag anzunehmen, dann muss man das der Auftraggeberin schriftlich mitteilen. Manchmal geht das auch telefonisch mit Aktendokumentation. Wichtig ist es, mit der Auftraggeberin den Zeitrahmen festzulegen und dies schriftlich zu dokumentieren. Dieser Rahmen hängt vom Umfang der Fragestellungen und dem Zeitbudget der Gutachterin ab. Dennoch sollte man den Zeitrahmen realistisch planen und durchführbar festlegen.

Schritt 4:

Als weiterer Schritt muss man abklären, ob die durch die Auftraggeberin überlassenen Akten vollständig sind; ggf. sind weitere Akten anzufordern.

Es ist auch sinnvoll zu prüfen, ob eventuell Zusatzgutachten (z.B. eine psychiatrische Einschätzung) notwendig sind. Eine Abklärung sollte in diesem Fall mit der Auftraggeberin (z. B. Gericht) erfolgen. Zusatzbefunde müssen im schriftlichen Gutachten als solche gekennzeichnet werden.

Schritt 5:

Nach Auftragsübernahme und erfolgter Übersendung der Akten durch die Auftraggeberin kann die Aktenanalyse beginnen. Die Aktenlage ist oftmals je nach Auftrag sehr unterschiedlich. Häufig liegt aber durchaus umfangreiches Material vor, das in Bezug auf die Fragestellung systematisch ausgewertet werden muss.

Schritt 6:

Im nächsten Schritt, wenn nicht schon geschehen, müssen die (meist juristischen) Fragen in psychologische Fragen und Hypothesen übersetzt werden. Die von der Auftraggeberin formulierten Fragen sind oftmals psychologisch wenig konkret oder beinhalten Fachbegriffe, die in die psychologische Terminologie transformiert werden müssen. Als empirische Wissenschaftlerinnen argumentieren Rechtspsychologinnen beispielsweise hauptsächlich mit Wahrscheinlichkeitsaussagen. Das divergiert u. a. mit den Rechtswissenschaften. So muss eine juristische Frage, wie z. B. »Besteht bei dem Verurteilten keine Gefährlichkeit mehr?« in eine psychologisch beantwortbare Frage umgewandelt werden. Diese könnte lauten: »Wie hoch ist die Wahrscheinlichkeit für eine einschlägige und nicht einschlägige Rückfälligkeit der Verurteilten unter Einbeziehung von extramuralen psychosozialen Einflussfaktoren?«.

Schritt 7:

Auf Basis der Konkretisierung der (psychologischen) Fragestellungen erfolgt die Operationalisierung (mit welchen Methoden möchte man Ergebnisse für die Fragebeantwortung erzielen) und die Untersuchungsplanung (wer soll wann mit welchen Methoden zu welcher Fragestellung von wem untersucht werden). Die verschiedenen Untersuchungsmethoden wurden bereits in Kapitel 4 vorgestellt.

Schritt 8:

Darauffolgend beginnen die Auswertung der Ergebnisse und das Verfassen der schriftlichen Expertise. Diese wird innerhalb des mit der Auftraggeberin abgestimmten Zeitrahmens an diese per Post (in mindestens zweifacher Ausführung) geschickt. Sollte sich die Begutachtung länger als vereinbart hinziehen, sollte das rechtzeitig mit der Auftraggeberin abgesprochen werden. Nach dem Eingang des schriftlichen Gutachtens erfolgt je nach Fragestellung und Auftraggeberin ggf. noch eine mündliche Präsentation des Gutachtens (z. B. in der Hauptverhandlung).

11.3 Aufbau und Struktur von rechtspsychologischen Gutachten

11.3.1 Definition von psychologischen Gutachten und die Rolle als Sachverständige

Einer der Hauptarbeitsschwerpunkte von Rechtspsychologinnen sind neben der Intervention und Prävention schriftliche (diagnostische) Gutachten und Stellungnahmen. Lassen Sie uns daher zunächst betrachten, was man in der Psychologie überhaupt unter einem psychologischen Gutachten versteht. Dafür gibt es keine einheitliche Definition. Die gängigen Lehrbücher der psychologischen Diagnostik haben allerdings in ihren Definitionsversuchen (bis auf einige kleine Unterschiede) eine recht gemeinsame Meinung (vgl. Kubinger, 2003; Schmidt-Atzert et al., 2020; Westhoff & Kluck, 2014), der sich auch der Berufsverband Deutscher Psychologinnen und Psychologen (1988, S. 3) weitgehend anschließt. In der psychologischen Diagnostik wird unter einem psychologischen Gutachten eine »wissenschaftliche Leistung« verstanden. Diese zeichnet sich dadurch aus, dass auf der Basis von feststehenden Regeln psychologisch relevante Daten mit Hilfe von wissenschaftlich anerkannten Methoden, Kriterien und Vorgehensweisen gewonnen und interpretiert werden. Mit dem psychologischen Gutachten sollen abschließend zu konkreten Fragestellungen wissenschaftlich fundierte Aussagen getroffen werden. Wie Sie sehen, schließt sich mit dieser Definition der Kreis zu Kapitel 11.2, in dem der Begutachtungsprozess aufgeführt wurde.

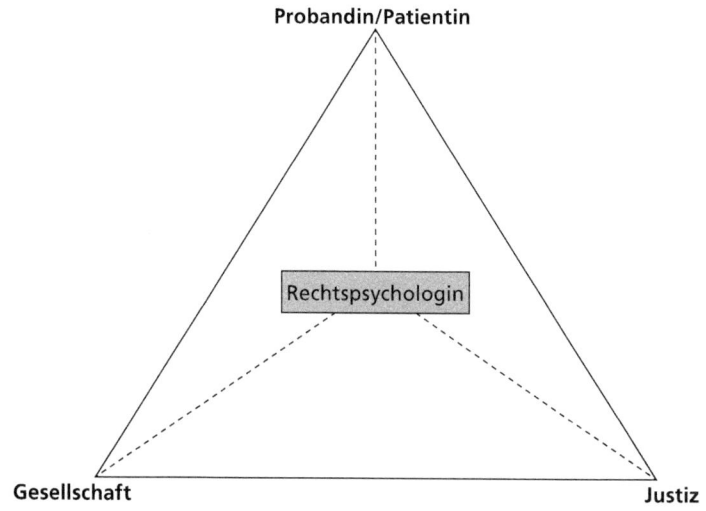

Abb. 11.1: Spannungsfeld von Rechtspsychologinnen (in Anlehnung an Huchzermeier, 2012)

Bei einer Begutachtung ist die Rechtspsychologin in einer besonderen Rolle, über die sie professionell reflektieren muss. Diese Erkenntnis gilt auch für andere rechtspsychologische Tätigkeitsfelder, wie die Forensische Psychotherapie, die Kriminaltherapie oder die Prävention. Als Rechtspsychologin steht man häufig im Spannungsfeld zwischen der Probandin/Patientin, der Gesellschaft (z. B. bezüglich der Sicherheitsaspekte) und der Justiz (z. B. als Auftraggeberin für die Gutachterin). Auf diesen Sachverhalt hat Huchzermeier (2012) in Anlehnung an ältere Arbeiten für die therapeutische Arbeit mit Straftäterinnen hingewiesen. Die Abbildung 11.1 zeigt diese spannungsreiche Stellung von Rechtspsychologinnen.

Die erste Frage, die es in diesem Zusammenhang zu klären gilt, ist nämlich, ob die Rechtspsychologin »Hilfe des Gerichts« oder eine »Richterin in Weiß« ist (in Analogie zu den Medizinerinnen, die traditionell in der Praxis häufig in Weiß gekleidet sind). Letzterer Punkt bedeutet, dass der Rechtspsychologin als Gutachterin eine besonders wichtige Rolle als Sachverständige zukommt und man oft in der Öffentlichkeit den Eindruck hat, dass das Gericht gar nicht anders kann, als der Stellungnahme der Rechtspsychologin in seinem Urteil zu folgen. Wie man aber am spektakulären Prozess in Norwegen beim Fall Breivik gut sehen konnte, besteht diese Deutungshoheit für Gutachterinnen nicht. In dem genannten Fall holte das Gericht eine zweite Expertise zur Frage der Schuldfähigkeit ein. Diese kam zu einer anderen Einschätzung und Beurteilung des Verbrechens als das erste Gutachterteam. Während des Verfahrens folgte das Gericht der zweiten Sachverständigengruppe und schloss sich der Beurteilung an, dass Anders Breivik als schuldfähig einzuschätzen sei.

Das Gericht muss und wird sich also selbständig ein Urteil bilden und eine entsprechende Gewichtung der gutachterlichen Einschätzungen vornehmen. Daher muss sich die Rechtspsychologin in der Praxis als »Hilfe des Gerichtes« verstehen und ihre Rolle als Sachverständige entsprechend ausfüllen. Sie muss im Rahmen einer fächerübergreifenden Kommunikation ihre fachliche Einschätzung neutral präsentieren und jegliche Aspekte von Befangenheit oder gar einer abschließenden juristischen Bewertung vermeiden. Letztere nimmt nur das Gericht anhand der im Gerichtsverfahren festgestellten Sachverhalte vor. Die Rechtspsychologin ist in diesem Zusammenhang der wissenschaftlichen Qualität und der Wahrheit verpflichtet (▶ Kap. 1 zur Berufsethik einer Psychologin). In der Strafprozessordnung (u. a. §§ 72, 73, 74, 75, 402, 403, 405, 406, 407, 407a StPO) sind die gesetzlichen Rahmen für die Beauftragung, Ablehnung von Sachverständigen und Erstellung von Gutachten geregelt. Unter anderem ist die Sachverständige bei Beauftragung (oder Bestellung) und entsprechender wissenschaftlicher Kompetenz verpflichtet, das Gutachten schriftlich und/oder mündlich zu erstatten (vgl. Kury und Obergfell-Fuchs, 2012). Privat-Gutachten (z. B. durch die Verteidigung) sollten – wie schon diskutiert – prinzipiell vermieden werden. Wenn man diese dennoch übernimmt, so muss eine äußerst fundierte und gewissenhafte Bearbeitung erfolgen, um jeden Eindruck einer Befangenheit oder Käuflichkeit zu vermeiden. Dasselbe gilt selbstredend auch für sogenannte »Ober-Gutachten« oder methodenkritische Stellungnahmen, in denen Gutachten anderer Sachverständiger überprüft werden sollen. In diesen Fällen sollte man sich vor allem auf die Einhaltung von Qualitätsstandards und methodische Aspekte beschränken. Zudem sollte in diesen Fällen besonders die Sachkunde eben dieser »Ober-Gutachterinnen« vom Gericht geprüft werden. Sie müssen nicht nur sachkundig sein, sondern darüber hinaus z. b. auch über eine einschlägige Promotion und Fachpublikationen ausgewiesen sein sowie über Berufserfahrung verfügen. Diese besondere Fachqualifikation ist die Voraussetzung dafür, über die Expertisen von anderen Berufskolleginnen urteilen zu können und zu dürfen. Ebenfalls sollten die »Ober-Gutachterinnen« eine respektvolle und neutrale Form der Kommunikation pflegen. Sie müssen ihre besondere Rolle reflektieren und entsprechend professionell handeln.

Im Rahmen von Gerichtsverhandlungen können Rechtspsychologinnen als Sachverständige das Befragungsrecht von Zeugen, Beklagten und Klägern haben. Selbstverständlich muss diese sachkundig und sozialkompetent sowie professionell durchgeführt werden (u. a. ist eine suggestive Befragung zu unterlassen). Letztendlich haben Gutachterinnen dem Gericht gegenüber eine Offenbarungsverpflichtung. Alle für die Beantwortung der Fragestellung und der forensischen Einschätzung sowie für die strafrechtliche Verfolgung relevanten Informationen müssen dem Gericht mitgeteilt werden. Das gilt natürlich auch für den Fall, dass eine Probandin die Rechtspsychologin um Verschwiegenheit bittet (»Bitte behalten Sie es für sich!«). Die Rechtspsychologin hat die Rolle einer Gutachterin zu erfüllen und nicht die einer Psychotherapeutin, auch wenn man in der Praxis vielleicht manchmal den Eindruck gewinnen könnte, dass viele Probandinnen auch von einer Psychotherapie profitieren könnten.

11.3.2 Aufbau von schriftlichen Gutachten

Der konkrete Aufbau von schriftlichen Gutachten wird in der Literatur je nach Autor leicht unterschiedlich dargestellt (vgl. Westhoff & Kluck, 2014;

Schmidt-Atzert et al., 2020; Kubinger, 2003; Kury & Obergfell-Fuchs, 2012). Dabei variieren die Vorgaben für die Struktur zusätzlich noch zwischen den Professionen. So präferieren Psychiater wie z. B. Nedopil und Müller (2012) eine etwas stärkere medizinisch-psychopathologische Struktur. Zudem muss sich der Aufbau von rechtspsychologischen Gutachten sinnvollerweise an der spezifischen Thematik orientieren. Aus diesem Grund weisen auch Gutachten zur Glaubhaftigkeit eine etwas andere innere Struktur auf als beispielsweise Schuldfähigkeitsgutachten (▶ Kap. 8). Bei aller aufgezeigten Differenz sollten Gutachten ein paar universelle Strukturmerkmale aufweisen (Einleitung, Befund, Bewertung, Beantwortung der gerichtlichen Fragestellung) und immer unter den wissenschaftlichen Kriterien der Nachprüfbarkeit und Nachvollziehbarkeit formuliert sein. Die folgende Gliederung orientiert sich am grundsätzlichen Aufbau und versucht dabei fachlich übergreifend, die Inhalte zu spezifizieren:

1. Allgemeine Informationen und Übersicht (Briefkopf mit Adresse der Gutachterin, Thema und Anlass der Begutachtung, Aktenzeichen, genaue Fragestellung und Übersetzung in psychologische Fragen, Auflistung der Untersuchungstermine mit Angaben zu Ort, Zeit, Probandinnen, Untersucherin; Inhaltsübersicht).
2. Darstellung der Aktenlage (kurze Zusammenfassung der für die Begutachtung und Beantwortung relevanten Inhalte; Quellen kenntlich machen).
3. Untersuchungsbericht (nur Informationsdarstellung und keine Interpretation) und Darstellung der Befunde:
   – Darstellung der Untersuchungsmethoden (Verhaltensbeobachtung, Interview, Testverfahren mit kurzer Beschreibung),
   – Exploration von Drittpersonen (z. B. Bezugspersonen zur Frage der Anamnese),
   – Untersuchung und Exploration der Probandin,
   – testpsychologische Untersuchung,
   – Checklisten und rechtspsychologische Interviews,
   – ggf. psychopathologischer Befund/klinischer Eindruck,
   – körperliche/neurologische Untersuchung bei Zusatzgutachten z. B. durch eine Psychiaterin.

4. Rechtspsychologisch-diagnostische Beurteilung:
   - Zusammenführende und übersichtliche Darstellung der Befunde nach Themen, Probandinnen und/oder Fragestellung, damit eine nachvollziehbare Beurteilung abgeleitet werden kann.
   - Rechtspsychologisch-diagnostische Einschätzung (Beurteilung), z. B. zur kriminellen oder psychosozialen Entwicklung, Beurteilung der Persönlichkeit oder anderer relevanter Konstrukte (z. b. Gefährlichkeit), diagnostische Einschätzung und Diagnosen (im klinischen Kontext Orientierung an aktuellen Klassifikationssystemen).

5. Stellungnahme und (vorläufige) Beantwortung der Fragestellungen:
   - Beantwortung der eingangs formulierten Fragestellungen (einschließlich der Übersetzung in psychologische Fragen),
   - Kenntlichmachung von für die Gutachterin nicht beantwortbaren Fragen,
   - bei einer anstehenden Hauptverhandlung Betonung der Vorläufigkeit der Stellungnahme und die Möglichkeit einer Revidierung bei entsprechenden Anknüpfungstatsachen im Rahmen neuer Erkenntnisse.

6. Literaturverzeichnis:
   - Die verwendete Literatur für die theoretische und empirische Einordnung des Falles muss angegeben werden (z. B. Definition des Begriffes Moral und auf welche Theorie sich die Gutachterin bezieht).
   - Die verwendeten wissenschaftlichen Testverfahren, Interviews, Checklisten usw. müssen genannt und im Literaturverzeichnis aufgeführt werden.
   - Die wissenschaftliche Theorie und die empirischen Befunde, auf die sich die Gutachterin bei der Beantwortung der Fragestellungen und der gutachterlichen Einschätzung bezieht, müssen kenntlich gemacht und entsprechend zitiert sowie im Literaturverzeichnis genannt werden.

Qualitativ hochwertige Gutachten halten diese übergeordnete Struktur in der schriftlichen Darstellung ein. Der nächste Abschnitt skizziert ein paar wichtige Aspekte, die bei der Verfassung und mündlichen Darstellung wichtig sind.

11.3.3 Wichtige Aspekte der schriftlichen und/oder mündlichen Gutachtenerstattung

Schriftliche Gutachtenerstattung

An dieser Stelle werden ein paar ausgewählte, aber wichtige Punkte für die Präsentation von rechtspsychologischen Gutachten diskutiert. Für das schriftliche Gutachten gelten die übergeordneten Prinzipien der Nachvollziehbarkeit und der Nachprüfbarkeit.

Nachvollziehbar bedeutet an erster Stelle, eine verständliche Sprache zu wählen. Adressaten von rechtspsychologischen Gutachten sind in der Regel psychologische Laiinnen (Juristinnen, Schöffinnen oder Medizinerinnen), d. h., diese Personen müssen inhaltlich verstehen und nachvollziehen können, was die Sachverständige formuliert. Es geht nicht darum, einen wissenschaftlichen Artikel zu schreiben oder damit wissenschaftliche Kolleginnen zu beeindrucken. Entsprechend sollten auch die verwendeten (aktuellen) psychologischen Testverfahren kurz und prägnant beschrieben werden (z. B. was wird wie erhoben, was sind die Vor- und Nachteile sowie Hinweise für die Interpretation). Das muss aber für die Auftraggeberin verständlich sein (!), d. h., auf unverständliche Fachsprache sollte weitgehend verzichtet werden und psychologische Termini müssen in eine verständliche Formulierung transferiert werden. Kaum eine Schöffin oder Juristin kann ohne Erklärung verstehen, was ein Konfidenzintervall, der Cronbachs Alpha-Koeffizient oder eine Inter-Rater-Reliabilität ist. Insbesondere sollten diesen Aspekt auch die Verfasserinnen von »Ober-Gutachten« oder methodenkritischen Stellungnahmen bei ihrer Bewertung berücksichtigen.

Prinzipiell muss daran gedacht werden, strikt die Befunde von der Bewertung oder der Interpretation getrennt darzustellen. Außerdem muss im schriftlichen Gutachten darauf hingewiesen werden, dass bei einer anstehenden Hauptverhandlung die diagnostischen Einschätzungen und Beurteilungen vorbehaltlich weiterer Anknüpfungstatsachen lediglich von vorläufigem Charakter sind. Darüber hinaus sollten die folgenden Aspekte berücksichtigt werden:

- Bekannte logische und formale Fehler vermeiden, wie etwa Zirkelschlüsse,
- angemessene Gewichtung der einzelnen Gutachtenteile,
- Orientierung an der Fragestellung (z. B. Tatzeit bezogen),
- Diagnosen an gängigen Klassifikationssystemen orientieren.

Sehr übersichtlich werden im Buch von Westhoff und Kluck (2014) viele weitere Hinweise gegeben. Die Autorinnen führen dezidiert mit Hilfe von Checklisten viele weitere Kriterien für die Gutachtenerstellung auf.

Mündliche Präsentation des Gutachtens

Neben der schriftlichen Gutachtenerstellung muss man als Rechtspsychologin auch bei einigen Aufträgen, z. B. in der Hauptverhandlung, seine Expertise mündlich vorstellen. Vor dem ersten Mal sollte man am besten bei erfahrenen Kolleginnen hospitieren oder im Rahmen von Rollenspielen das Prozedere einüben.

Es mag zudem abgedroschen klingen: »Kleider machen Leute«. Wenn Sie nicht gerade die 63-jährige Professorin sind, die bereits hunderte von Gutachten erstellt hat und auf der ganzen Welt für ihre Expertise gefragt ist, dann sollten Sie sich vor der Präsentation über Ihr »seriöses« Auftreten (z. B. Kleidung) Gedanken machen. Extreme Kleidungsvarianten oder ausgefallene modische Vorlieben sollte man vermeiden. Was passt zu Ihnen? Worin fühlen Sie sich wohl? Womit sehen Sie achtbar aus? Dieser Aspekt soll nicht zur Oberflächlichkeit einer Debatte über den Kleidungsstil oder -geschmack verleiten, aber jeder, der bereits vor Gericht tätig war, weiß um die Besonderheit der dort herrschenden Atmosphäre. Darüber hinaus geht es auch um den Respekt vor dem Gericht und den dort vertretenden Parteien sowie den Opfern.

Bereiten Sie sich im Vorfeld gezielt auf strittige und problematische Fragen vor. Holen Sie Hintergrundinformationen ein, z. B. über ambulante Behandlungseinrichtungen für die Angeklagte nach einer rechtskräftigen Verurteilung. Eine Gerichtsverhandlung ist für die Sachverständigen eine körperlich und psychisch beanspruchende Tätigkeit und sicherlich keine »Wellnessveranstaltung mit Entspannungscharakter«, bei der man schnell nebenbei Geld verdienen kann. Üblicherweise macht man sich aufmerksam Notizen und bereitet sich auf eigene Fragen vor. Ebenso müssen neue Erkenntnisse (z. B. durch die Zeugenbefragung) in die eigene mündliche Präsentation des Gutachtens eingebaut werden. Ein absolutes »Don't« ist es, während der Verhandlung Zeitung zu lesen, mit dem Handy zu spielen oder an wissenschaftlichen Artikeln zu arbeiten.

Ebenfalls ist gerade bei der mündlichen Gutachtenpräsentation eine verständliche Sprache notwendig. Das gilt auch für den Fall, dass man in der Hauptverhandlung selbst Fragen stellen darf. Bei »Nachfragen« und Explorationen müssen Mutmaßungen und suggestive Formulierungen vermieden werden. Hat man seine Stellungnahme und Einschätzung mündlich eingebracht, kommt es häufig zu Rückfragen von Seiten des Gerichtes, der Staatsanwaltschaft und der Verteidigung an die Rechtspsychologin. Insbesondere bei konstruierten Fragestellungen durch die Verteidigung (die will das maximal Positive für ihre Mandantin herausholen) muss man darauf vorbereitet sein, als Sachverständige sprachlich und fachlich geschickt durch diese Untiefen zu manövrieren.

Auch sollte man sich als Gutachterin vor der Beantwortung von motivatorischen Fragestellungen aus juristischer Sicht hüten (z. B. die Staatsanwaltschaft fragt: »War das Heimtücke?«). In diesen Fällen muss man fachlich ruhig auf die für Psychologinnen beantwortbaren Aspekte eingehen und sich nicht in das juristische Spiel vor Gericht einladen lassen. In dieser Illustration würde das Gericht juristisch feststellen, ob es sich um Heimtücke handelt. Die Sachverständige soll dem Gericht bei dieser Einschätzung helfen, sie aber nicht selbst übernehmen. Entsprechend geht die Sachverständige nur auf die Gutachtenfragen sowie die aus ihrer Profession beantwortbaren Fragen ein und gibt auf diese fundiert Antwort.

Lassen Sie uns abschließend ein weiteres Beispiel in diesem Zusammenhang betrachten, das schon fast anekdotischen Charakter hat. Wird eine Rechtspsychologin von einer Juristin gefragt, ob sie als Sachverständige ausschließen könne, dass die Angeklagte zum Zeitpunkt der Tat aufgrund ihrer wahnhaften Störung schuldunfähig sei, müsste diese antworten, dass man als Wissenschaftlerin nur wenig ausschließen könne. Beispielsweise könne man auch nicht die Existenz von Außerirdischen auf der Erde ausschließen, die wissenschaftlichen Befunde hierzu legen aber nahe, dass diese Möglichkeit sehr, sehr gering und unwahrscheinlich ist. In

Bezug auf unseren Fall müsste man aus psychologischer Sicht argumentieren, dass diese oder jene Dinge für und gegen eine verminderte Einsichts- sowie Steuerungsfähigkeit sprechen. Entsprechend würde man im Rahmen einer gutachterlichen Bewertung eine Schuldunfähigkeit für entsprechend wahrscheinlich oder unwahrscheinlich einschätzen. Die diffizile fachliche Formulierung im Kontext des Rechtssystems macht hoffentlich deutlich, welche fachlichen und praktischen Kompetenzen Rechtspsychologinnen in Realität aufweisen sollten.

11.4 Qualitätsstandards

Die Qualität von rechtspsychologischen Gutachten und Stellungnahmen kann anhand von formalen und inhaltlichen Gesichtspunkten bewertet werden. Dabei setzt eine inhaltliche Bewertung neben der Orientierung an den Merkmalen der Nachvollziehbarkeit und Nachprüfbarkeit vor allem spezifische Fachkenntnisse voraus. Aus diesem Grund ist eine derartige Qualitätseinschätzung äußerst differenziert und anspruchsvoll. Meist kommt es in diesen Fällen zu einer inhaltlichen Auseinandersetzung zwischen Expertinnen. Da die Leserin wahrscheinlich noch keine Fachperson ist und sich mit der Lektüre einen ersten Überblick verschaffen möchte, wird zur besseren Verständlichkeit und Nachvollziehbarkeit nur ganz kurz auf die Qualitätseinschätzung von Gutachten anhand von formalen Merkmalen eingegangen.

Wie bereits eingehend betrachtet wurde, gibt es diverse Arbeitsfelder mit entsprechend sehr unterschiedlichen Fragestellungen für rechtspsychologische Gutachterinnen. Lassen Sie uns zunächst ein paar allgemeine Aspekte diskutieren, die für die Einschätzung von Gutachten und Stellungnahmen wichtig sind. In den vorangegangenen Kapiteln sind eigentlich bereits die wesentlichsten Merkmale ausführlich erarbeitet worden, welche qualitativ hochwertige Expertisen aufweisen sollten. Der Aufbau von Gutachten sollte den in Kapitel 10.3 aufgeführten Kennzeichen entsprechen. Darüber hinaus muss das Gutachten nachvollziehbar (verständlich, logisch-nachvollziehbar) und nachprüfbar sein (in der Regel durch ein vorhandenes Literaturverzeichnis belegt) und sich am aktuellen wissenschaftlichen Stand orientieren.

Sowohl der Berufsverband Deutscher Psychologinnen und Psychologen (BDP, bereits 1988) als auch die Deutsche Gesellschaft für Psychologie (DGPs) haben entsprechende allgemeine Standards für Gutachten und Stellungnahmen erarbeitet. Im Weiteren eignet sich das Lehrbuch von Westhoff und Kluck (2014) mit dem Titel »Psychologische Gutachten schreiben und beurteilen« hervorragend, um sich in die Thematik einzuarbeiten, aber auch um anhand von vielen, sehr ausführlichen und anwendungsorientierten Checklisten (für Expertinnen und Laiinnen) die Qualität von Gutachten einschätzen zu können.

Im Bereich des Strafrechts wurden von verschiedenen Arbeitsgruppen sogar Qualitätsstandards für Begutachtungen u.a. zur Frage der Glaubhaftigkeit, der Schuldfähigkeit und der Prognose (Gefährlichkeit bzw. Rückfälligkeit) erstellt.

Die Ergebnisse der (meist) interdisziplinär besetzten Fachgremien dazu werden in den gängigen Werken von u.a. Bliesener et al. (2023) und Dohrenbusch (2023) ausführlich dargelegt. Ebenso berichtet die Zeitschrift Rechtspsychologie (www.rpsych.de) über aktuelle Entwicklungen. Falls sich jemand in diesen Bereich einarbeiten möchte, findet man darüber hinaus in den folgenden Quellen weitergehende Informationen:

- Qualitätsstandards für psychologische Gutachten der Föderation Deutscher Psychologenvereinigungen (Ziegler, 2023).
- Begutachtung der Glaubhaftigkeit und Aussagepsychologie: Volbert (2010).
- Schuldfähigkeitsbegutachtung: Boetticher et al. (2007).
- Prognose und Gefährlichkeitsbegutachtung: Boetticher et al. (2006, 2019) sowie Kröber et al. (2019).
- Familienrechtliche Begutachtung (FamFG): u.a. Praxis der Rechtspsychologie, Heft 2, 2011, und in der 2. Auflage von der Arbeitsgruppe Familienrechtliche Gutachten: Mindestanforderungen an die Qualität von Sachverständigengutachten im Kindschaftsrecht (2019).
- Waffenrechtliche Begutachtung: u.a. Heubrock et al. (2004).

Zusammenfassung

Im Kapitel 11 wurde sich einem sehr bedeutenden Berufsfeld von Rechtspsychologinnen gewidmet. Es wurden dabei zunächst grundlegende Aspekte der Begutachtung betrachtet. In diesem Zusammenhang fand eine Darstellung des Gutachtenprozesses statt. Daneben wurden der Aufbau, die Struktur und die Erstattung von Gutachten erläutert. Die rechtspsychologische Begutachtung ist eine fachlich und psychosozial sehr anspruchsvolle Tätigkeit, die neben einer hohen Verantwortlichkeit auch vielfältige soziale Kompetenzen erfordert. Man muss nicht nur viele Probandinnen und deren Angehörige oder Bezugspersonen psychologisch untersuchen, d. h. im persönlichen Kontakt mit Menschen in schwierigen Situationen stehen, sondern darüber hinaus muss man eine schriftliche Einschätzung erstellen und oftmals eben diese zusätzlich im Rahmen eines Gerichtsverfahrens mündlich präsentieren. Insbesondere Letzteres ist eine »aufregende« und anspruchsvolle Aufgabe, die neben Fachwissen auch viel Übung, Erfahrung und Präsentationskompetenzen erfordert. Rechtspsychologie ist spannend, aber bestimmt nicht einfach.

Literaturempfehlungen

Westhoff, K. & Kluck, M. L. (2014). *Psychologische Gutachten schreiben und beurteilen* (5. Aufl.). Berlin: Springer.

Dohrenbusch, R. (Hrsg.) (2023). *Psychologische Begutachtung. Leitlinien und Empfehlungen für die Praxis.* Heidelberg: Springer Berlin. DOI: https://doi-org.ezp.hs-dues seldorf.de/10.1007/978-3-662-64801-8.

Kury, H. & Obergfell-Fuchs, J. (2012). *Rechtspsychologie – Forensische Grundlagen und Begutachtung. Ein Lehrbuch für Studium und Praxis.* Stuttgart: Kohlhammer.

Aufgaben und Fragen zur Selbstüberprüfung

- Nennen Sie die rechtlichen und psychologischen Grundlagen der rechtspsychologischen Begutachtung!
- Beschreiben Sie den Ablauf und das Prozedere einer rechtspsychologischen Begutachtung!
- Wie ist ein rechtspsychologisches Gutachten im Allgemeinen strukturiert und aufgebaut?
- Wie erstattet man ein rechtspsychologisches Gutachten?
- Wie lauten die gängigen Qualitätsstandards für verschiedene Begutachtungsaufträge?

12 Kriminalprävention

Im Kapitel 2 zur Kriminalpsychologie wurde bereits auf die Häufigkeit und die verschiedenen Theorien zur Entstehung von delinquentem Verhalten eingegangen (▶ Kap. 2.3). Darauf aufbauend wird sich im Folgenden der Kriminalprävention eingehend zugewendet, welche nicht nur auf kriminelles Verhalten abzielt. Vielmehr möchte sie auf Delinquenz und dissoziales Verhalten im Allgemeinen positiv einwirken. Eine genaue Differenzierung und Abgrenzung der einzelnen Begriffe wurde in Anlehnung an die Definition von Beelmann und Raabe (2007) vorgenommen (▶ Kap. 2.1).

Definition

Delinquenz schließt neben kriminellem Verhalten auch alle normabweichenden Handlungen ein, die keine strafrechtlichen Sanktionen zur Folge haben, wie z. B. Schulschwänzen.
(vgl. Bliesener, 2008, S. 278)

Zunächst werden die Grundlagen von Prävention und Intervention (▶ Kap. 12.1) und unterschiedliche Modelle der Prävention erläutert (▶ Kap. 12.2). Anschließend werden ausgewählte Präventionsprogramme aus der Praxis vorgestellt (▶ Kap. 12.3) und deren Wirksamkeit besprochen (▶ Kap. 12.4).

12.1 Grundlagen von Prävention und Intervention

Das Wort »Prävention« begegnet uns in diversen Bereichen des Alltags und wird von verschiedenen beruflichen Sparten bedient. Lassen Sie uns daher zu Beginn der Bedeutung des Begriffs nachgehen. Dieses Wort stammt ursprünglich aus dem Lateinischen (praevenire = »zuvorkommen«). Es umfasst alle Arten von Bemühungen, nicht erwünschte, negative Ereignisse oder Entwicklungen (z. B. Krankheiten, Unfälle, Gewalt, Straftaten usw.) zu verhüten oder abzuwenden. Auch der regelmäßige Besuch beim Zahnarzt oder die von den Krankenkassen geförderten »Gesundheitskurse«, in denen man lernt, sich ausgewogen zu ernähren und Stress abzubauen, dienen der Vorsorge und stellen eine Art Prävention dar. Im Schulalltag kommen ebenfalls solche vorbeugenden Maßnahmen vor (z. B. Projektunterricht zum Thema Alkohol- und Drogenmissbrauch). In dem Kontext wird auch der Begriff Intervention verwendet. Intervenire kommt ebenfalls aus dem Lateinischen und bedeutet »dazwischenkommen« oder »unterbrechen«. Interventionsmaßnahmen werden im Vergleich zu denen der Prävention, eher eingesetzt, wenn die negativen Entwicklungen bereits so weit fortgeschritten sind, dass es für allgemeine vorbeugende Maßnahmen womöglich zu spät ist. Hager und Hasselhorn definieren den Begriff der Intervention als »jede Art von außengesteuerter, zielorientierter und systematischer Beeinflussung« (2000, S. 41). In der Psychologie findet die Intervention in mehreren Bereichen Anwendung, u. a. in der Klinischen und Pädagogischen Psychologie – die Psychotherapie z. B. ist ebenfalls eine Form von Intervention. Auf den Bereich der Kriminalpsychologie bezogen finden sich genauso Maßnahmen, die im präventiven Sinne häufig im schulischen Kontext zu finden sind (z. B. Programme gegen Bullying) oder als interventives Mittel im Bereich des Strafvollzugs insbesondere bei Sexual- und Gewaltstraftätern eingesetzt werden (▶ Kap. 13).

Eine klare Grenze zwischen Maßnahmen der Prävention und Intervention lässt sich nur schwer ziehen. Eine Interventionsmaßnahme kann ebenso dazu beitragen, zukünftige unerwünschte Verhaltensweisen zu verhindern, wie eine Präventionsmaßnahme auch Interventionscharakter besitzen kann.

Der Einfachheit halber wird in diesem Kapitel hauptsächlich auf die Eigenschaften »präventiver« Maßnahmen eingegangen. Vieles lässt sich allerdings auf Maßnahmen mit interventivem Charakter übertragen.

12.2 Modelle der Prävention

Präventionsmaßnahmen können sich in vielerlei Hinsicht unterscheiden. So variieren die Adressaten (d. h. die Zielgruppe der Maßnahmen) genauso wie das anvisierte Ziel, der Kontext, in dem die Maßnahme stattfindet (z. B. Schule, Familie etc.), und natürlich die behandelten Inhalte, Strukturen, die Intensität und Dauer der Programme. Folglich unterscheiden sich auch die dahinterliegenden theoretischen Konzepte.

Entwicklungsorientierte Kriminalitätstheorien eignen sich besonders gut als Grundstein für kriminalpräventive Programme. Sie basieren auf der Annahme, dass Verhaltensprobleme eine Entwicklungsgeschichte haben. Entsprechend können entwicklungsorientierte kriminalpräventive Maßnahmen eine gesunde Sozialentwicklung fördern und in den Prozess einer Negativentwicklung eingreifen (Beelmann, 2013). Bei der Konzeption wird sich meist an veränderbaren Risikofaktoren orientiert, Merkmale, die Verhaltensprobleme begünstigen (z. B. Impulsivität). Ziel der Maßnahme ist es, dann an diesen Defiziten frühzeitig anzusetzen und eine Veränderung herbeizuführen. Ein Gesamtmodell derartiger Risikofaktoren, auf welches gerne zurückgegriffen wird, ist das bio-psycho-soziale Entwicklungsmodell dissozialen Verhaltens (u. a. Lösel und Bender 2003; Beelmann und Raabe, 2007).

Es steht noch aus, zu klären, wie gut sich entwicklungsorientierte Theorien eignen, um präventive Programme für einstellungsbezogene Kriminalität, wie Hasskriminalität oder extremistische Gewalttaten, zu entwickeln. Neben der sozialen Gruppenzugehörigkeit und deren Vorurteile oder politische Ideologien spielen in diesem Kriminalitätsbereich auch kommunikationspsychologische Effekte eine Rolle, die die kriminalitätsfördernden Einstellungen formen (Kudlacek, Jukschat, Beelmann et al., 2017).

In Anlehnung an ein Modell, das ursprünglich aus dem medizinischen Bereich stammt, unterscheidet man drei Arten von Prävention: primäre, sekundäre und tertiäre Prävention (Caplan, 1964, vgl. ebenfalls Bundesministerium des Inneren & Bundesministerium der Justiz, 2006; Heinz, 1998; Kaiser, 1993). Die primäre Prävention setzt bereits vor dem Auftreten etwaiger Probleme an. Auf die Kriminalprävention bezogen bedeutet dies, das allgemeine Rechtsbewusstsein sowie schützende Einflüsse zu stärken und schon im Vorfeld mögliche Risikofaktoren zu reduzieren.

Die sekundäre Prävention beinhaltet Maßnahmen, die potenziell vorhandenen problematischen Verhaltensweisen oder Risikosituationen entgegenwirken sollen. In der Kriminalprävention fällt darunter die Früherkennung und Beeinflussung potenzieller Täter sowie gefährdeter Personen (z. B. Senioren), Sicherung risikobehafteter Umgebungen (z. B. Bahnhöfe) und Situationen (z. B. Fußballspiele in Stadien).

Die tertiäre Prävention knüpft hingegen an tatsächlich vorausgegangenem Problemverhalten an (z. B. bei Intensivtätern mit ausgeprägter krimineller Vorgeschichte). Aus kriminalpräventiver Sicht bedeutet dies die Verhinderung von Rückfälligkeit, indem auf therapeutische und strafrechtliche Maßnahmen zurückgegriffen wird. Tabelle 12.1 enthält zusätzlich Beispiele für alle drei Stufen der Prävention.

Tab. 12.1: Beispiele für Maßnahmen der primären, sekundären und tertiären Prävention

Klassen	Maßnahmen
Primäre Prävention	• Aufklärung über Suchtrisiken • Selbstverteidigungskurse • Aufklärung über Bedeutsamkeit von Schulerfolg
Sekundäre Prävention	• Erziehungsberatung • Jugendhilfe mit Hilfe sog. »Streetworker« • Objektsicherung durch Sicherheitspersonal
Tertiäre Prävention	• Sozialtherapie im Strafvollzug • Berufsausbildung im Strafvollzug • Therapeutische Behandlung von Opfern

Mrazek und Haggerty (1994) schlagen ein alternatives Modell vor. Sie unterscheiden zwischen universeller und gezielter Prävention, wobei sich die gezielte Prävention nochmals in selektive und indizierte Prävention gliedert (▶ Abb. 12.1).

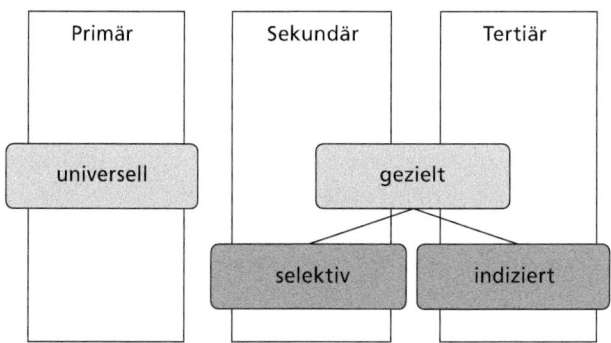

Abb. 12.1: Im Vordergrund: Modell der Prävention von Mrazek und Haggerty (1994)

Universelle Prävention hat die Allgemeinbevölkerung als Zielgruppe, unabhängig von vorangegangen Verhaltensauffälligkeiten oder vorhandenen Risikobelastungen. Gezielte Prävention richtet sich hingegen an bestimmte Gruppen von Menschen. Sie ist entweder selektiv oder indiziert. Handelt es sich bei der Zielgruppe um Personen mit erhöhtem Risiko spricht man von selektiver Prävention. Indizierte Prävention kommt bei Personen zum Einsatz, die bereits Probleme aufweisen.

Vergleicht man die Klassifizierung von Mrazek und Haggerty mit der vorherigen Unterteilung in primäre, sekundäre und tertiäre Prävention, stellt man fest, dass sie sich in ihren Grundzügen ähneln. Es ist nicht immer möglich, die präventiven und interventiven Maßnahmen den theoretisch vorgegebenen Klassen eindeutig zuzuordnen. Gewaltpräventive Programme für Kinder können universell (z. B. bei Schulklassen) oder etwas spezieller eingesetzt werden (z. B. bei Gruppen von Kindern mit Verhaltensauffälligkeiten). Ganz abhängig davon, wo oder wie man sie einsetzt, können die Maßnahmen jeweils der einen oder der anderen Klasse zugeordnet werden. Tabelle 12.2 zeigt eine weitere Alternative der Unterteilung verschiedener Präventions- und Interventionsmaßnahmen (Beelmann &

Raabe, 2007; vgl. auch Lösel, 2004). Hierbei wird sich nicht an der Breite
der Zielgruppe orientiert (universell vs. gezielt), sondern an den verschiedenen Ansatzpunkten der präventiven Arbeit. Die politisch orientierten
Maßnahmen können Einfluss auf sehr grundlegende Voraussetzungen
eines straffreien Lebens nehmen, wie z. B. einen gesicherten Lebensun-
terhalt. Zur zweiten Ebene gehören Maßnahmen, die von Seiten der Polizei sowie Rechtsprechung eingeleitet werden und unmittelbar dazu
führen können, Straftaten zu verhindern (z. B. durch einen erhöhten
Einsatz von Polizeibeamten). Die Maßnahmen der dritten Ebene besitzen
wiederum eine psychologisch-pädagogische Grundlage. Der Bereich der
psychologisch-pädagogischen Maßnahmen ist für uns von besonderem
Interesse. Der Schwerpunkt dieses Ansatzes liegt dabei auf der systemati-
schen sozialen Förderung der Kinder und Jugendlichen und der Personen
in ihrem Umfeld. Anhand der Maßnahmen sollen Risikofaktoren (z. B.
mangelnde Erziehungskompetenzen der Eltern) verringert und Schutzfaktoren (z. B. schulischer Erfolg) gestärkt werden.

Tab. 12.2: Übersicht zu Maßnahmen der Prävention und Intervention bei dissozialen Verhaltensproblemen (modifiziert nach Lösel, 2004)

Interventionsebene	Beispiele für präventive und interventive Maßnahmen
Sozial-, bildungs-, famili-en- und gesundheitspoli-tische Maßnahmen	Maßnahmen zur Reduktion von Armut und Ar-beitslosigkeit, verbesserte Bildungsmöglichkeiten und Gesundheitsversorgung, gesetzlicher Anspruch auf Betreuungsangebote
Polizeiliche und juristi-sche Maßnahmen	Konsequenter Jugendschutz, hohe Aufklärungsra-ten bei Straftaten, reduzierte Verfügbarkeit von Waffen, Einsatz szenekundiger Beamter, Möglich-keiten der technischen Kriminalprävention (z. B. Vi-deoüberwachung), verstärkte Kontrolle von Gewalt in Medien
Psychologisch-pädagogi-sche Maßnahmen	Systematische soziale Förderung von Kindern und Jugendlichen, Lehrerbildung, Elterntrainingspro-gramme; strukturierte Freizeitpädagogik und at-traktive Jugendangebote; Aufklärungs- und Medi-enkampagnen gegen Gewalt

12.3 Präventionsprogramme

Die Zuständigkeit für die Entwicklung und Durchführung kriminalpräventiver Programme liegt längst nicht nur bei polizeilichen Behörden. Ganz im Gegenteil. Insbesondere bei den spezifischen und indizierten Programmen ist für die Entwicklung und Ausführung der Programme Expertenwissen gefragt, welches Psychologen und Pädagogen auf den Plan ruft. Schließlich geht es nicht immer nur um strafrechtlich relevantes Problemverhalten, sondern z. B. um Schuleschwänzen, Dissozialität, Alkoholmissbrauch. Außerdem sollte die präventive Maßnahme am besten stattfinden, bevor kriminelles Verhalten zutage tritt.

Die Möglichkeit, an einem Präventionsprogramm teilzunehmen, kann sich auf verschiedene Arten ergeben. Mittlerweile werden *universelle* Programme zur Gewalt- wie auch Drogenprävention für Kinder und Jugendliche oft in Schulen oder Kindergärten institutionell durchgeführt. Im Vorfeld wurden die benötigten Mittel über die Gemeinde (öffentlicher Träger) oder über einen gemeinnützigen Verein (freier Träger) beantragt, Lehrer und Erzieher im Rahmen von Seminaren geschult, mit den nötigen Materialien ausgestattet und das Einverständnis der Eltern eingeholt.

Weitere universelle Programme werden auch von polizeilicher Seite entwickelt, angeboten und durchgeführt. Die Zielgruppen und Methoden sind vielfältig, schließlich treten Kriminalitätsphänomene in allen Alters- und Lebensbereichen auf. Die Polizei klärt dabei sowohl darüber auf, wie man sich selbst vor Kriminalität schützt (z. B. »K-Einbruch« zum Schutz gegen Wohnungseinbruch), verfolgt aber auch das Ziel, auf Täterseite kriminellem Verhalten vorzubeugen. Polizeiliche Kriminalprävention zielt aber nicht nur auf Personengruppen ab, sondern auch auf den öffentlichen sowie den digitalen Raum. Letzteres hat sich in den letzten Jahren als weiterer Kriminalitätskontext entwickelt. Die Polizei hat die Aufgabe, über die Gefahren im Internet aufzuklären, darunter vor allem Gruppen, die nur wenig Erfahrung mit den neuen digitalen Medien besitzen (z. B. Kinder und Senioren). Das Programm »ChatScouts – Gemeinsam gegen Cybermobbing« sensibilisiert beispielsweise Grundschüler für Mobbingverhalten in den sozialen Medien und Chatgruppen (https://www.chatscouts.de/).

Gebündelt werden polizeiliche kriminalpräventive Konzepte über das Programm »Polizeiliche Kriminalprävention« (ProPK), welches die Bevölkerung, die Medien und andere mit Prävention befasste Stellen bundesweit über Erscheinungsformen und Möglichkeiten der Verhinderung aufklärt (https://www.polizei-beratung.de/startseite-und-aktionen/).

Als weitere hilfreiche Quelle ist das Deutsche Forum Kriminalprävention (DFK) zu nennen, ein Präventionsgremium, in dem Vertreter staatlicher und nicht staatlicher Stellen zusammenkommen, um Strategien gegen Kriminalität zu entwickeln. Als europaweite Informationsplattform und Expertenzusammenschluss gilt das »European Crime Prevention Network« (EUCPN), in dem alle EU-Staaten vertreten sind (https://eucpn.org/).

Selektive oder indizierte Präventionsprogramme werden in der Regel über das Jugend- oder Gesundheitsamt, freie Träger (z. B. Caritas, AWO) und mitunter auch (Kinder- und Jugend-)Psychiatrien vermittelt. Hier wird auf passende Angebote hingewiesen und eine Empfehlung ausgesprochen.

Die Teilnahme an einem Präventionsprogramm ist in der Regel freiwillig. Im Falle einer richterlichen Weisung oder Auflage (§ 153a StPO, § 10 JGG), z. B. an einem sozialen Training teilzunehmen, sieht es mit der Freiwilligkeit etwas anders aus. Wird der richterlichen Weisung oder Auflage nämlich nicht nachgekommen, kann dies im schlimmsten Fall einen Freiheitsentzug zur Folge haben (§ 56f StGB, § 11 Abs. 3 JGG).

Kriminalprävention zu einem frühen Entwicklungszeitpunkt hat sich als besonders effektiv erwiesen, da sich delinquente Verhaltensmuster noch nicht verfestigen konnten (Beelmann, 2012). Daher wird sich als Nächstes mit einer Auswahl pädagogisch-psychologischer Programme für Kinder und Jugendliche befasst, um einen Eindruck von den gängigen Zielen und Methoden zu erhalten. Ebenso wird auf den Aspekt der Wirksamkeit der Programme eingegangen. Eine umfassendere Übersicht bestehender Kriminalpräventionsprogramme und Informationen über deren Wirksamkeit liefert die »Grüne Liste« des Landespräventionsrats Niedersachsen (www.gruene-liste-praevention.de).

12.4 Wirksamkeit psychologisch-pädagogischer Präventionsprogramme

Die Wirksamkeit kriminalpräventiver Maßnahmen wird, wie man es z. B. von pädagogischen, medizinischen oder therapeutischen Maßnahmen kennt, ebenfalls anhand von Evaluationsstudien überprüft. Hierfür werden bei den Teilnehmern bestimmte Indikatoren oder auch Erfolgsmaße zu zwei Zeitpunkten, nämlich vor und nach dem Programm, erhoben. Laut Hager, Patry und Brezing (2000) ist ein Programm erst als wirksam zu bezeichnen, wenn nachgewiesen werden konnte, dass es seine spezifischen Ziele erreicht hat und nicht nur »überhaupt irgendetwas verändert wird« (S. 154). Bei der Evaluation kriminalpräventiver Programme werden entsprechend der Ziele Veränderungen z. B. an der Anzahl begangener Delikte oder dem Auftreten dissozialer Verhaltensweisen festgemacht.

Zusätzlich werden die Teilnehmer mit einer anderen Gruppe von Personen verglichen, die nicht an dem Programm teilnehmen. Eine solche Vergleichs- oder Kontrollgruppe ist notwendig, um bestimmte Einflüsse, die unabhängig von dem Programm auftreten, ausschließen zu können. Beispielsweise könnten allgemeine Reifungsprozesse bei Kindern dazu führen, dass sie im Laufe ihrer Entwicklung mit Konfliktsituationen besser umzugehen wissen – egal, ob an dem Programm teilgenommen wurde oder nicht. Ohne Vergleichsgruppe können Störeinflüsse von den Programmwirkungen selbst nicht unterschieden werden. Selbstverständlich gibt es unterschiedlich anspruchsvolle Vorgehensweisen im Forschungsvorgehen, um die Wirksamkeit von Prävention zu überprüfen. Zur Vertiefung können die Lehrbücher von Thierau und Wottawa (2003) sowie Bortz und Döring (2006) empfohlen werden.

Merke

Die Wirksamkeit eines Programms lässt sich nur überprüfen, indem die Erfolgsmaße an einer Versuchsgruppe und einer Vergleichs- oder Kontrollgruppe jeweils vor und nach der Durchführung erhoben werden.

Eltern und Familien eignen sich besonders als Zielgruppe kriminalpräventiver Programme für Kinder und jüngere Jugendliche, da sich gezeigt hat, dass in diesem Entwicklungsalter familiäre Risiko- und Schutzfaktoren den größten Einfluss auf das Verhalten ausüben (Loeber, Slot & Stouthamer-Loeber, 2008).

Das Programm *EFFEKT (Entwicklungsförderung in Familien: Eltern und Kindertraining)* wurde 2006 von Beelmann und Kollegen konzipiert[4]. Es besteht aus einem Elternkurs zur Förderung von Erziehungskompetenzen und einem Training im Problemlösen (TIP) für Kinder im Alter von 4 bis 7 Jahren. Im Rahmen von Gruppendiskussionen, Rollenspielen und durch gegenseitigen Austausch von Erfahrungen sollen die Eltern u. a. lernen, wie sie das Selbstvertrauen ihres Kindes stärken und klare Regeln gegenüber ihren Kindern aufstellen können. Den Kindern wiederum wird auf spielerische Weise (z. B. mit Handpuppen, Singspielen usw.) vermittelt, besser mit Konflikten umzugehen, Gefühle bei sich und anderen wahrzunehmen und Folgen des eigenen Verhaltens einzuschätzen. Weiterentwicklungen des Programms gibt es für emotional belastete Eltern (EFFEKT E) und Familien mit Migrationshintergrund (EFFEKT interkulturell).

Eine von den Autoren selbst durchgeführte Langzeitstudie über 10 Jahre zeigte, dass es nach 2 bis 3 Jahren weniger Risikokinder gab (Lösel, Stemmler, Jaursch & Beelmann, 2009). Auch nach 4 bis 5 sowie nach 9 Jahren zeigte sich ein Rückgang des antisozialen Verhaltens bei den Kindern (Lösel, Stemmler, Runkel & Jaursch, 2011).

Selbstevaluationen fallen im Allgemeinen besser aus als solche, die von externen Evaluatoren durchgeführt werden (Lösel & Beelmann, 2003). Das könnte zum einen an der erhöhten Motivation der Programmautoren liegen, die Durchführung sorgfältig zu überwachen. Zum anderen ist es möglich, dass bei der Auswertung der Ergebnisse eine einseitige bzw. vorteilhafte Datenanalyse stattfindet (vgl. Beelmann, 2006).

Ein international stark verbreitetes Programm, welches die Eltern von Kindern bis 16 Jahren anspricht, ist das aus Australien stammende »*Positive*

---

4 Mehr Informationen über Inhalte, Evaluation und Weiterbildungsangebote findet man im Internet unter http://www.effekt-training.de/

Parenting Program« (*Triple P*; Discherl et al., 2007)[5]. Es umfasst eine Reihe von Interventionen, welche flexibel in Hinblick auf die Intensität und Anwendungsform eingesetzt werden können. Die fünf verschiedenen Intensitätsebenen reichen von kurzen Informations- und Beratungsangeboten bis hin zu vertiefenden Familieninterventionen. Ziel ist es, positive und gewaltfreie Erziehungskompetenzen zu fördern, Stress zu reduzieren und die Zufriedenheit innerhalb der Familie zu steigern. Ergebnisse aus einer Langzeitstudie über einen Zeitraum von 10 Jahren zeigten nach 4 Jahren eine Verbesserung im Erziehungsverhalten sowie eine Reduktion körperlicher Bestrafung (Heinrichs, Kliem & Hahlweg, 2014; Kliem, Foran & Hahlweg, 2015). Ebenso zeigte sich im weiteren Verlauf, dass Kinder, deren Eltern an der Intervention teilgenommen hatten, seltener zu Mobbing-Tätern wurden (Kliem, Hahlweg & Schulz, 2021). Es gab jedoch auch Studien, in denen man keinerlei Effekte fand (Eisner, Ribeaud, Jünger & Meidert, 2008). Mehrere Meta-Analysen, welche eine Vielzahl von Wirksamkeitsstudien zu Triple P einbezogen, bestätigten größtenteils die positiven Effekte (DeGrafs et al., 2008; Thomas & Zimmer-Gembeck, 2007; Nowak & Heinrichs, 2008; Nogueira et al., 2022).

Im besten Fall werden Programme mehr als einmal evaluiert. In Meta-Analysen werden die Ergebnisse der einzelnen Studien zusammenfassend bewertet, um eine allgemeine Aussage über das Programm treffen zu können. Im Rahmen dessen wird ein statistisches Maß berechnet, welches das Ausmaß der Wirkung des Programms quantifiziert, die *Effektstärke*.

Treten über verschiedene Studien hinweg widersprüchliche Ergebnisse auf, kann dies unterschiedliche Gründe haben. Beispielsweise konnte gezeigt werden, dass Präventionsprogramme, die mit kleineren Gruppen von Teilnehmern durchgeführt wurden, stärkere Effekte aufweisen als mit größeren Gruppen (Farrington & Welsh, 2007). Womöglich könnte dies an der Schwierigkeit liegen, die Qualität der Programmdurchführung bei einer sehr großen Anzahl von Teilnehmern zu sichern (vgl. Lösel, 2012).

Im späteren Enwicklungsverlauf bis zum späten Jugendalter spielen die Schule und die dort geknüpften Beziehungen eine immer größere Rolle. Die Schule als einflussnehmendes System bietet sich daher als Anwen-

---

5 Unter http://www.triplep.de findet man viele Hinweise zum Programm, aber auch zu Ausbildungsangeboten.

dungskontext für viele vornehmlich universelle Präventionsprogramme an. Das von Olweus (2004) entwickelte »*Olweus Bullying Prevention Program*«, ein Programm für Schüler, gliedert sich in mehrere Schritte, beginnend mit einem Fragebogen, um das Gewaltproblem in der Klasse einzuschätzen. Die Befragung der Schülerinnen und Schüler bildet die Grundlage der darauffolgenden Maßnahmen. Als Nächstes wird ein »pädagogischer Tag« veranstaltet, bei dem die Ergebnisse der Umfrage besprochen und ein Handlungsplan aufgestellt wird. Die einzelnen Maßnahmen werden auf Schul- und Klassenebene sowie auf der persönlichen Ebene durchgeführt. Das können z. B. eine verstärkte Pausenaufsicht (Schulebene), das Aufstellen von Klassenregeln (Klassenebene) und Gespräche mit Eltern, »Tätern« und Opfern (persönliche Ebene) sein. Ziel des Programms ist die Reduzierung von direkter und indirekter Gewalt (Bullying) zwischen Schülern sowie eine Steigerung ihrer sozialen Kompetenz, um das Schul- und Klassenklima zu verbessern. In mehreren Studien zeigte sich eine Verringerung des Bullyings zwischen den Schülern (Olweus & Limber, 2010). Auch in Deutschland durchgeführte Studien zeigten eine Reduktion der Opfer und Täter von Bullying (Knaack & Hanwinkel, 1999; Ossa et al., 2020). Bislang liegt keine offizielle deutsche Übersetzung des im Original norwegischen Programms vor.

Ein bereits seit 1991 in Deutschland eingesetztes Programm zur Gesundheitsförderung, Gewalt- und Suchtvorbeugung heißt »*Klasse2000*«[6]. Es spricht Grund- und Förderschulkinder an und soll das Gesundheitsbewusstein sowie die Entwicklung persönlicher und sozialer Kompetenzen fördern. Die Kinder lernen im Rahmen von speziellen Unterrichtseinheiten, aber auch in Form von Rollenspielen, wie sie mit ihren Gefühlen, Stress und Konfliktsituationen umgehen. Ebenso Ziel ist es, die Empfänglichkeit für Tabak und Alkohol zu reduzieren, indem über die Gefahren dieser Suchtmittel aufgeklärt wird. Durchgeführt wird Klasse2000 von geschultem Personal in enger Zusammenarbeit mit den Lehrkräften sowie auch den Eltern. Seit 1991 nahmen fast 2 Millionen Kinder an dem Programm teil. Entsprechend existieren umfassende Evaluationen u. a. zu den speziellen Effekten auf den Substanzkonsum (Bölcskei et al, 1997;

---

6 http://www.klasse2000.de/

Maruska, Isensee & Hanewinkel, 2011) sowie Langzeiteffekten des Programms (Isensee, Maruska & Hanewinkel, 2015; Krieg & Kliem, 2021). Es konnte wiederholt eine reduzierte Empfänglichkeit für den Konsum von Tabak und Alkohol festgestellt werden, welcher auch nach der Grundschulzeit nachweisbar war. Es zeigte sich zudem, dass die Teilnehmer weniger häufig Opfer von Gewalt wurden (Kolip & Greif, 2016).

> **Merke**
>
> Präventionsprogramme sollten bestenfalls mehrmals und durch mehrere unabhängige Evaluatoren auf ihre Wirksamkeit hin untersucht werden.

Obwohl die Beurteilung der Wirksamkeit eines Programms maßgebend für dessen Fortsetzung oder Stilllegung sein sollte und es auch allgemeine Standards gibt, an denen man sich orientieren kann (DeGEval – Gesellschaft für Evaluation e. V., 2008), werden Präventionsprogramme nicht immer evaluiert. Neben dem hohen Zeit- und Kostenaufwand (schließlich benötigt man für eine lang angelegte Studie geeignetes Fachpersonal) könnte ein weiterer Grund die Angst vor einem negativen Evaluationsergebnis sein, welches eventuell zu Stellenkürzungen führen könnte. Werden Programme nicht evaluiert, bedeutet das zum einen, dass brauchbare, also wirksame und effiziente Konzepte nicht entdeckt und somit auch nicht gefördert sowie verbreitet werden können. Zum anderen werden nutzlose Programme über Jahre unterstützt, weil man glaubt, dass sie wirksam seien. Im schlimmsten Fall jedoch bewirken sie bei den Programmteilnehmern negative Folgen, welche ohne eine fundierte Evaluation nicht zum Vorschein kommen können. Die Folgen einer sozialpolitisch bedingten »Schnellschuss-Prävention« mit möglichen langfristigen negativen Effekten wurden bislang kaum beachtet.

Für die Zukunft der Kriminalprävention in Deutschland ist es wünschenswert, aus einer Vielfalt von Programmen schöpfen zu können, die sich hinsichtlich ihrer Wirksamkeit auch tatsächlich bewährt haben. Beelmann (2012) macht darauf aufmerksam, dass mehr elaborierte Studien notwendig sind, die sich auf die Langzeiteffekte von Präventionsmaßnahmen konzentrieren. In den meisten Evaluationsstudien sind die Nacherhebungszeiträume deutlich zu kurz, um tatsächlich eine Aussage über die erfolgreiche Abwendung krimineller Karrieren treffen zu können (Lösel, 2012).

Zusammenfassung

In der rechtspsychologischen Praxis existiert ein vielfältiges Angebot von unterschiedlichen Präventionsangeboten und -projekten. Das Kapitel 12 befasst sich daher zunächst mit unterschiedlichen Modellen der Prävention, um eine fachliche Einordnung zu ermöglichen. Viele der aktuell angebotenen Präventionsprogramme sind allerdings nur eingeschränkt oder gar nicht hinsichtlich der Wirksamkeit überprüft. Eine wissenschaftliche Evaluation sollte jedoch die Voraussetzung für eine Verbreitung und Implementierung in der Praxis darstellen. Bei den aufgeführten Präventionsprogrammen handelt es sich um Angebote, die grundlegend hinsichtlich der Wirksamkeit und der Evaluation untersucht worden sind. Der Leser hat entsprechend einen Überblick über fundierte Präventionsansätze bekommen.

Literaturempfehlungen

Walsh, M., Pniewski, B., Kober, M. & Armborst, A. (Hrsg.) (2018). *Evidenzbasierte Kriminalprävention in Deutschland. Ein Leitfaden für Politik und Praxis.* Wiesbaden: Springer VS.

Beelmann, A. & Raabe, T. (2007). *Dissoziales Verhalten von Kindern und Jugendlichen.* Göttingen: Hogrefe.

Aufgaben und Fragen zur Selbstüberprüfung

• Was versteht man unter den Begriffen »Prävention« und »Intervention«?
• Welche theoretischen Modelle der Prävention gibt es?
• Warum ist die Evaluation von Präventionsprogrammen wichtig?
• Auf welche Schwierigkeiten stößt man bei der Evaluation von Präventionsmaßnahmen?
• Nennen Sie drei wissenschaftlich fundierte Präventionsprogramme!

13 Interventionen und Straftäterinnenbehandlung

In der Praxis sind viele der rechtspsychologisch tätigen Psychologinnen im Bereich der Intervention und der Behandlung beschäftigt (z. B. im Regel- und Maßregelvollzug). Diese Tätigkeit kann man nach der Einordnung in Kapitel 12 als tertiäre Prävention bezeichnen. In diesem Kapitel erfolgt zunächst eine kurze Einführung in die wissenschaftlich fundierten Behandlungsansätze, die Behandlungsmotivation und wichtige Faktoren der Wirksamkeit. Im Anschluss werden die unterschiedlichen Formen und Programme der Behandlung sowie die Wirksamkeit der Straftäterinnenbehandlung näher ausgeführt. Dabei werden die drei Psychotherapieschulen Verhaltenstherapie, psychodynamische/psychoanalytische Therapie und Systemische/Familientherapie inhaltlich erarbeitet und das Good-Lives-Modell vorgestellt. Anschließend werden die Wirkfaktoren nach Andrews und Bonta betrachtet. Einen vertiefenden Einblick in die Straftäterinnenbehandlung geben Endres und Suhling (2023).

Während in den 1970ern eine große Skepsis bzgl. der wirkungsvollen Straftäterinnenbehandlung bestand und innerhalb der psychoanalytischen geprägten Psychiatrie Kriminelle sogar häufig als nicht behandelbar angesehen wurden (narzisstische Störungen und fehlende Übertragung), kann die »Nothing works«-Hypothese von Martinson (1974) als längst überwunden angesehen werden (Köhler & Müller, 2023). In Deutschland wurden noch im Jahr 1995 von Beier und Hinrichs Standorte und Thesen in Bezug auf die Thematik ausgetauscht. Damit wollten die Autoren einen Prozess der Professionalisierung anregen. Mittlerweile hat sich die Straftäterinnenbehandlung deutlich entwickelt und professionalisiert. Sie gehört zum festen Bestandteil des Maß- und Regelvollzuges. Beispielsweise hat in den letzten Jahren ein signifikanter Ausbau der Sozialtherapien stattgefunden (Egg & Niemz, 2012; Rehn, 2012). Qualitätssicherung,

Standards und Evaluation sind immanenter Bestandteil der Straftäterinnenbehandlung und die Wirksamkeit ist wissenschaftlich weitgehend belegt (Lipsey & Cullen, 2006; Endrass et al., 2012; Lösel, 2023), wenngleich natürlich in Bezug auf die verschiedenen Behandlungsprogramme nicht nur einheitliche und positive Effektivität festgestellt werden kann. Die Wirksamkeit der Straftäterinnenbehandlung hängt von zahlreichen Faktoren ab, wie z. B. dem Therapieansatz, der Qualität der Durchführung, dem Institutionsklima). Am Ende des Kapitels 13 werden diese Aspekte wiederaufgenommen.

Für die Skizzierung der Grundlagen von psychologischen Interventionen bei Straftäterinnen muss der Zweck und der Kontext im Blick behalten werden. Das übergeordnete Ziel der behandlerischen Maßnahmen ist nämlich die Resozialisierung und die Verringerung von zukünftigen dissozialen Verhaltensweisen (Köhler & Müller, 2023). Dabei wird auf verschiedene Methoden und Trainings zurückgegriffen, die oftmals ihre Wurzeln in der Psychotherapie haben. Aus ökonomischen Gründen kann auf spezifische und integrative Angebote wie die Sozialtherapie nicht eingegangen werden. Die interessierte Leserin sei an dieser Stelle auf die Bücher von Wischka et al. (2012) oder Endres und Suhling (2023) verwiesen. Ebenso kann nicht auf die Abwägung des Ziels der Resozialisierung gegenüber dem Ziel der Sicherheit der Gesellschaft eingegangen werden.

Die Begriffe der psychologischen Intervention und Behandlung umfassen im Kontext der Resozialisierung (vgl. Cornel, 2009) mehr als lediglich die rein psychotherapeutische Behandlung von krankheitswertigen Störungen. Letztere werden natürlich beachtet, wenn sie kausal im Zusammenhang mit dem kriminellen Verhalten stehen. Allerdings bedeutet Resozialisierung nicht, sich am stark vereinfachenden medizinischen oder psychotherapeutischen Modell des Krank- (straffällig) oder Gesund-Seins (nicht-straffällig) zu orientieren. Es geht darüber hinaus um die gesellschaftlich-sozialen Aspekte einer »Wiedereinführung des Gefangenen in das soziale Leben oder seine Wiedereingliederung in die menschliche Gemeinschaft« (Cornel, 2009, S. 29).

13.1 Grundlagen und wissenschaftlich fundierte Behandlungsansätze

Die in den wirksamen Behandlungsprogrammen für Straftäterinnen verwendeten psychologischen Interventionen kommen – wie bereits ausgeführt – primär aus den wissenschaftlich anerkannten Psychotherapieverfahren (vgl. Lösel, 2023; Hosser & Boxberg, 2023; Schmucker, 2023). Zu nennen sind u. a. die Gesprächspsychotherapie nach Rogers (Maltby et al., 2011), psychodynamische Ansätze (ebd.), kognitive Verhaltenstherapie und systemisch-familientherapeutische Behandlungsformen (Kriz, 2007). In der Praxis werden sie auf den Anwendungsbereich und die Aufgaben der Straftäterinnenbehandlung entsprechend zugeschnitten. Darüber hinaus sind die Übergänge zwischen den einzelnen Behandlungsansätzen fließend und keinesfalls so eindeutig, wie es in der Theorie angestrebt wird. In der Praxis findet man entsprechend oft unterschiedliche Elemente aus den Ansätzen, die in einem Programm zusammenfließen. In den letzten Jahren haben die kognitive Verhaltenstherapie und die zugrundeliegende Lerntheorie einen dominierenden Einfluss auf die Straftäterinnenbehandlung genommen. Zahlreiche Trainingsprogramme für Straftäterinnen bauen darauf auf (▶ Kap. 13.2). Entsprechend liegen für diese Form die meisten empirischen Befunde zur Wirksamkeit vor. Die anderen Behandlungskonzepte stehen dem aber mittlerweile nicht nach (▶ Kap. 13.3). Im Folgenden wird eine vereinfachte Darstellung zur Übersichtlichkeit geboten.

13.1.1 Lerntheorie und Verhaltenstherapie

Bei der kognitiven Verhaltenstherapie werden auf Basis der Lerntheorie (kriminelles Verhalten ist das Resultat eines Lernprozesses ▶ Kap. 2) primär dysfunktionale Einstellungen und Gedanken (Kognitionen) sowie Problemlösestrategien bearbeitet und eine entsprechende Verhaltensmodifikation angestrebt (Kriz, 2007). Prinzipiell geht es darum, dass die Straftäterin lernt, dass das kriminelle Verhalten langfristig zu negativen Konsequenzen führt und dass sie mit prosozialem Verhalten mehr »Belohnungen« erhält. Die Straftäterin soll entsprechende prosoziale Verhal-

tensweisen erlernen und dauerhaft umsetzen. Die Wirksamkeit bei Straftäterinnen für diese Interventionsform gilt als belegt, und mittlerweile
liegen besondere Formen der kognitiven Verhaltenstherapie für Inhaftierte
vor (z. B. Schema-Therapie oder dialektisch-behavorialer Ansatz; Hosser &
Boxberg, 2023; Lösel, 2023; Schmucker, 2023).

13.1.2 Psychodynamische/psychoanalytische Ansätze

Wie in Kapitel 2 dargestellt, sehen Psychoanalytiker die Ursache für Kriminalität in ungelösten intrapsychischen Konflikten, die sozusagen unbewusst das Verhalten bestimmen (vgl. Köhler & Müller, 2023, S. 409).
Entsprechend fokussiert die psychoanalytisch-psychodynamische Behandlung auf eine Aufdeckung »unbewusster Inhalte« und den daraus resultierenden interpersonellen Beziehungen (ebd.). Direkte Problemlösestrategien und der Erwerb prosozialer Kompetenzen, wie bei der kognitiven
Verhaltenstherapie, stehen im Hintergrund. Vielmehr soll sich eine Verhaltensänderung »selbständig« durch das »Aufarbeiten« des Unbewussten
ergeben. Laut Lösel (2023) und Schmucker (2023) zeigen sich für diese
Form der Behandlung ebenfalls positive Belege; wenn auch nicht in dem
Maße wie für die kognitiv-behavorialen Behandlungsinterventionen.

13.1.3 Systemische-/Familientherapie

Die Systemische Therapie und familientherapeutische Interventionen set-
zen hauptsächlich auf die Stärken der Straftäterinnen und versuchen deren
Ressourcen zu aktivieren. Letzteres ist mittlerweile integraler Bestandteil
jeder Psychotherapie. Zusätzlich wird das soziale Umfeld positiv nutzbar
gemacht. Es geht in der Systemischen Therapie primär um eine Stärkung
der prosozialen Kompetenzen, des »Empowerments« (Stärkung zur
Selbsthilfe) und der Erhöhung von Schutzfaktoren sowie um einen Abbau
der Risikofaktoren. Im Gegensatz zu den beiden zuvor erläuterten Ansätzen steht das »Aufarbeiten« der Vergangenheit oder das Erlernen bzw.
Umlernen weniger im Vordergrund. Vielmehr wird der Blick auf eine
positive Veränderung der aktuellen Situation und der Zukunft (»Lö-
sungsorientierung«) angestrebt. Nach Köhler und Müller (2023) wird

kriminelles Verhalten als »multikausal bedingt und reziprok in das soziale System eingebettet betrachtet«. Schmucker (2023) und Lösel (2023) zeigen für die systemische Therapie ebenfalls positive Behandlungseffekte auf. Allerdings ergibt sich noch ein uneinheitliches Gesamtbild bei der Wirksamkeit, was möglicherweise auf die geringe Verbreitung dieser Interventionsform zurückzuführen ist. Die Systemische Therapie wurde nämlich erst im Juli 2020 als viertes Richtlinienverfahren in das Krankenkassensystem aufgenommen. Es bleibt also abzuwarten, inwieweit sich zukünftig die Forschung für diesen Ansatz entwickelt.

13.1.4 Good-Lives-Modell

Das Good-Lives-Modell (GLM) ist als ein Rahmenmodell der Rehabilitation von Straftäterinnen anzusehen (Ward et al., 2007). Es ist für verschiedene Personen(-gruppen), unterschiedliche Straftaten und Settings offen. Wie Schmucker (2023) allerdings ausführt, sind viele Inhalte, Ideen und Methoden des GLM nicht vollkommen neu. Das GLM kann als eine Art Gegenentwurf zum in der Forschung und Praxis sehr dominanten Risk-Need-Responsivity-(RNR-)Ansatz angesehen werden (vgl. Ward et al, 2012; ► Kap. 13.1.6). Während bei letzterem vor allem auf Risiken und Probleme eingegangen wird, fokussiert das GLM hingegen auf eine positive psychologische und humanistische Sichtweise. Es geht nicht primär um die Verminderung von Risiken durch die Behandlung, sondern der Schwerpunkt wird auf den stringenten Aufbau von Ressourcen, Fähigkeiten und Zukunftsmöglichkeiten gelegt. In dieser Hinsicht ähnelt das GLM sehr stark dem Systemischen Ansatz. Vor allem weil es eine deutlich (positive) Zukunftsorientierung und sinnstiftende Aspekte aufweist. Weiter gehen Ward et al. davon aus, dass Menschen grundlegende Bedürfnisse haben. Straftäterinnen erfüllen diese Bedürfnisse – vereinfacht betrachtet – in einer dysfunktionalen oder sozial unangemessenen Art und Weise (durch dissoziales Verhalten). Straffällige Menschen sollen entsprechend befähigt werden, ihre Lebensziele und Bedürfnisse auf positive Weise zu erreichen. Es wird im GLM von den folgenden primären Bedürfnissen ausgegangen: (Körperliches) Wohlbefinden, Beziehung, Gemeinschaft, Gutsein in der Arbeit, Wissenserwerb, Kreativität, Selbstbestimmtheit,

Gutsein in der Freizeit, Vergnügen, Innere Ruhe und Sinn/Spiritualität. Insgesamt erinnern die Inhalte und das Menschenbild stark an die älteren Arbeiten von Maslow und Murray (zitiert nach Maltby et al., 2011). Auf der Deutschen Website des GLM findet man zahlreiche und spannende Hinweise sowie Weiterbildungsmöglichkeiten (https://goodlivesmodel.de/). Das GLM erfreut sich in der forensischen Praxis aktuell großer Beliebtheit. Jedoch kommt Schmucker (2023) in seiner Analyse der Wirksamkeit zu einer eher ernüchternden Festellung: Das GLM muss noch als nicht empirisch fundiert gelten, u. a. liegen keine Evaluationen mit Bezug zur Rückfälligkeit vor (ebd., S. 554). Es bleibt entsprechend abzuwarten, inwieweit sich das GLM in Forschung und Praxis weiterentwickelt. Abschließend betrachtet, scheint es aber ein vielversprechender, motivierender und innovativer Ansatz in der Straffälligenhilfe zu sein.

13.1.5 Behandlungsmotivation

Lange Zeit ging man davon aus, dass Straftäterinnen grundsätzlich nicht oder nur sehr gering motiviert sind, sich zu verändern (Hinrichs & Köhler, 2007). Mittlerweile hat sich diese Einschätzung eher als Vorurteil erwiesen. Leider gibt es nur sehr wenige Studien zu der Thematik. Die vorliegenden Befunde zeigen jedoch, dass Straftäterinnen durchaus motiviert sind, sich positiv zu verändern (vgl. Köhler et al., 2008). Oftmals passen die gängigen Motivationsmodelle für sie weniger gut und ihnen fehlen die psychosozialen Ressourcen sowie eine fundierte Nachbetreuung und die gesellschaftliche Integration/Akzeptanz, um ihre Veränderungsvorhaben langfristig umsetzen zu können. Dahle hat bereits 1995 ein spezifisches Motivationsmodell für Straftäterinnen entwickelt, mit dem sich in der Praxis gut arbeiten lässt. Ebenso ist es nicht mehr »verpönt«, mit Straftäterinnen zu arbeiten, die »nur sekundär« motiviert sind (die z. B. zunächst »nur« in der Hoffnung auf Hafterleichterungen mitarbeiten). Insbesondere die Psychotherapie hatte lange Zeit die Voraussetzung, nur mit Menschen arbeiten zu wollen, bei denen ein intrinsischer Leidensdruck mit entsprechender primärer Änderungsmotivation bestand. In der Straftäterinnenbehandlung gelten entsprechend andere Voraussetzungen und Formen als in der klassischen Psychotherapie. Aus diesen Gründen ist beides auch nicht gleichzusetzen. Da die Kriminalität bei der Straftäterinnenbehandlung im Vordergrund steht, sind die Vorgehensweisen in der Kriminaltherapie – trotz Verwendung psychotherapeutischer Interventionen – differenzierter und erheblich konfrontativer als die klassische Psychotherapie angelegt. Zudem haben sich im Strafvollzug spezielle Herangehensweisen etabliert, um mit besonders »schwieriger« Klientel kriminaltherapeutisch arbeiten zu können (vgl. Suhling et al., 2012). Beispielsweise werden Module zur Schaffung von Motivation der eigentlichen Behandlung vorgeschaltet. Breuer und Suhling (2023) geben einen vertiefenden Einblick in die Thematik und arbeiten motivationsförderne Faktoren heraus.

13.1.6 Faktoren der Wirksamkeit nach Andrews und Bonta (2003)

Passend zu den eben genannten Aspekten haben Andrews und Bonta (2003, S. 259–265) eine Klassifikation für die Wirksamkeit der Straftäterinnenbehandlung entworfen. Sie besteht aus drei primären Aspekten:

- Risiko (Risk),
- Bedarf/Bedürfnis (Need) und
- Empfindlichkeit bzw. Ansprechbarkeit (Responsivity).

Demnach muss zunächst bei Straftäterinnen eine Risikoeinschätzung (hinsichtlich Gefährlichkeit) erfolgen (Risiko-Prinzip; ▶ Kap. 9), die den Umfang und das Ausmaß der Behandlung bestimmt. Daneben muss eine Analyse der individuellen kriminogenen Faktoren im Sinne einer Bedarfsanalyse (Need-Assessment) durchgeführt werden, die den spezifischen Behandlungsfokus vorgibt. Als dritter Aspekt kommen die »Responsivity«-Prinzipien zum Tragen. Die Behandlungsprogramme müssen in der Art und Form in Übereinstimmung mit den Fähigkeiten und Lernstilen der Straftäterin stehen. Für eine effektive Behandlung muss darüber hinaus eine Stringenz in der Behandlung und der organisationalen Einbettung bestehen. Insbesondere für den Strafvollzug stellt das mit seinem »speziellen Klima« der Freiheitseinschränkung und den gruppenspezifischen

Besonderheiten sowie den Rahmenbedingungen eine große Herausforderung dar. Andrews und Bonta (2003) haben mit ihrem Ansatz in den letzten Jahren die Straftäterinnenbehandlung und die Wirksamkeitsforschung maßgeblich beeinflusst. Aus der eingangs erwähnten pessimistischen Ansicht »nothing works« hat sich über die Jahre die Frage nach dem »Was wirkt« (»what works«; vgl. u. a. Lösel, 2023) zu einem differenzierten »Was wirkt bei wem wie unter welchen psychosozialen Bedingungen?«-Ansatz weiterentwickelt.

13.1.7 Krank und/oder kriminell oder beides?

Straftäterinnen weisen häufig psychische Störungen auf (vgl. u. a. Fazal & Danesh, 2002; Köhler et al., 2009; Livanou et al., 2019). Dieser Zusammenhang ist aber nicht fälschlicherweise als kausal zu interpretieren (das eine verursacht das andere). Es muss darauf hingewiesen werden, dass Kriminalität keine psychische Störung ist. Sie ist ein Verhalten, das gegen geltende Normen und Werte verstößt und u. a. psychosoziale Schäden auslöst. Kriminalität kann Ausdruck oder Folge einer psychischen Störung sein, sie muss es aber nicht (vgl. Köhler, 2004). Es muss davor gewarnt werden, vorschnell Straftäterinnen per se als psychisch krank zu bezeichnen. Das ist etikettierend, viel zu vereinfachend und wissenschaftlich nicht haltbar. An dieser Stelle kann keine vertiefende Diskussion erfolgen (vgl. u. a. Köhler et al., 2012; Köhler & Bauchowitz, 2012), lassen Sie uns daher die psychischen Störungen ansehen, die häufig bei Straftäterinnen aus dem Regelvollzug gefunden werden (ebd.):

- Erhöhter Missbrauch und Abhängigkeit von Zigaretten, Alkohol und/oder Drogen (teilweise bis zu 90 %),
- Persönlichkeitsstörungen (insbesondere Dissoziale/Antisoziale Persönlichkeitsstörungen; stark variierende Zahlen aber bis zu 60–80 %; andere Persönlichkeitsstörungen, z. B. Borderline oder Narzisstische Persönlichkeitsstörungen 0–20 %),
- Angststörungen und Depressionen (bis zu 20 %),
- Psychosen (wahnhafte Störungen): deutlich geringer < 5 %,

- bei Jugendlichen Störungen des Sozialverhaltens (bis zu 80%) und Hyperkinetisches Syndrom oder Aufmerksamkeitsdefizit-Hyperaktivitätssyndrom (bis zu 25%).

Unter anderem weisen Köhler et al. (2012) darauf hin, dass neben den Störungen im Bereich des Substanzkonsums vor allem diejenigen psychischen Störungen bei Straftäterinnen diagnostiziert werden, die in ihren Kriterienkatalogen oder Symptomlisten explizit abweichendes oder kriminelles Verhalten aufweisen. Es sollte uns daher nicht verwundern, wenn bei jugendlichen Inhaftierten mit einer langen devianten Vorgeschichte häufig ein gestörtes Sozialverhalten diagnostiziert wird (beinhaltet u. a. Regelverstöße, Diebstahl und andere Straftaten). Ähnliches gilt für die erwachsenen Straftäterinnen und die Diagnose einer antisozialen Persönlichkeitsstörung. Die Überlappung nennt man auch »künstliche Komorbidität«, da sie durch die sich überschneidenden Kriterien zwangsläufig ist. Das gemeinsame Auftreten dieser Störungen mit Straffälligkeit ist damit weitgehend inhaltlich »sinnleer«. Trotz dieser kritischen Anmerkungen muss man sich in der Straftäterinnenbehandlung dem Fakt der hohen Prävalenz von psychischen Störungen stellen. Daher haben Köhler (2004) und Köhler et al. (2012) ein Modell zur Eingangsdiagnostik vorgelegt, das über eine spezifische psychologische Vorgehensweise eine Zuordnung der Straftäterin zu delikt- und störungsspezifischen Interventionen in unterschiedlichen Formen (Einzel- oder Gruppentherapie) ermöglicht (▶ Abb. 13.1).

Neben einer Behandlung der Persönlichkeit und möglicher psychischer Auffälligkeiten sollte in der Straftäterinnentherapie auch immer ein deliktorientiertes Vorgehen erfolgen. Unter Letzterem versteht man eine intensive Konfrontation mit den begangenen Straftaten und eine Tataufarbeitung (kognitiv, emotional, behavioral) sowie eine daraus abgeleitete Rückfallprophylaxe. Müller (2012) hat diese Thematik unter Berücksichtigung der Gefährlichkeitseinschätzung intensiv aufgearbeitet. Schließlich ist das übergeordnete Ziel der Straftäterinnenbehandlung die Legalbewährung, also eine Nicht-Rückfälligkeit der Inhaftierten. Wie bereits ausgeführt wurde, ist gerade die Deliktorientierung das hauptsächliche Unterscheidungsmerkmal von der »klassischen Psychotherapie«, die man in der Ausbildung zur Psychotherapeutin lernt. Deliktorientierte psycholo-

250

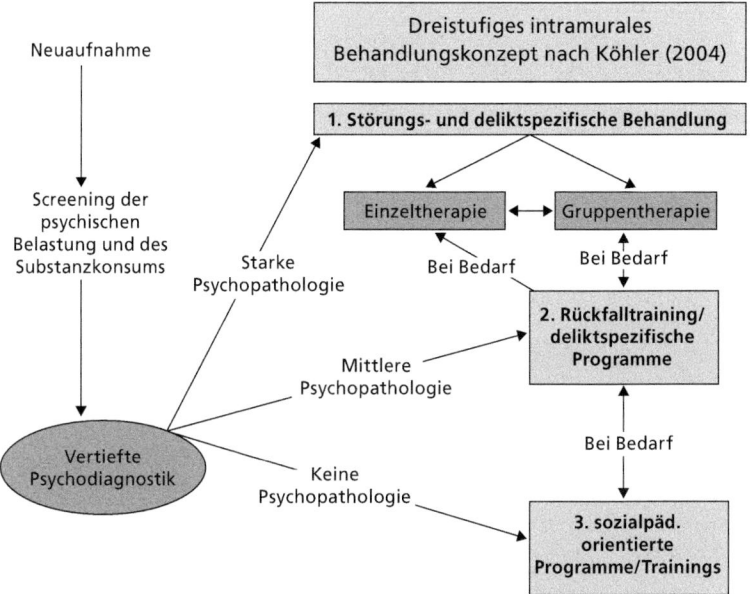

Abb. 13.1: Dreistufiges diagnostisches Modell der Behandlungsplanung

gische Interventionen sind das Kompetenzfeld der Rechtspsychologinnen. Eine weitergehende Diskussion bieten Köhler und Müller (2023).

13.2 Formen: Einzel- und Gruppenbehandlung

Ausgehend von dem in Abbildung 13.1 dargestellen Modell sollten nach einer eingehenden rechtspsychologischen Diagnostik (▶ Kap. 10) sowohl ein einzeltherapeutisches Setting als auch Gruppenprogramme für eine wirksame Straftäterinnenbehandlung bereitgehalten werden. Dadurch können die jeweiligen Vor- und Nachteile beider Herangehensweisen optimal kombiniert und hinsichtlich ihrer Wirksamkeit gewinnbringend zusammengeführt werden.

13.2.1 Einzelbehandlung

In einem Einzelsetting (d. h. eine Rechtspsychologin und eine Straftäterin) kann am besten auf die Besonderheiten (z. B. Schüchternheit, Scham, persönliche Inhalte) und die spezifische Problematik der Straftäterin eingegangen werden. Auch im Sinne der Entwicklung von interpersonellen Kompetenzen und einer Arbeit auf der persönlichen Beziehungsebene ist dieses Setting sinnvoll. Zusätzlich sind damit die Aspekte einer Delikt- und Störungsorientierung sehr individuell abdeckbar. Zur Gestaltung des einzeltherapeutischen Settings haben u. a. Bosinski et al. (2002), Huchzermeier et al. (2006) sowie Müller et al. (2007) und Köhler (2010) Konzepte vorgelegt und Erfahrungen berichtet. Problematisch bleibt bei dieser Form der Behandlung die Evaluation, denn gerade durch die einzelfallorientierte Vorgehensweise mit weniger Struktur und hoher Flexibilität kann in der Praxis meist nur eine Prozessevaluation oder maximal eine Wirksamkeitsüberprüfung in einem quasiexperimentellen Design erfolgen. Trotz dieser Einschränkung ist jedoch anzunehmen, dass von einer Wirksamkeit auszugehen ist, wenn die einzeltherapeutische Behandlung auf Basis der fundierten Behandlungsmethoden durchgeführt wird und an dem eben skizzierten Modell von Andrews und Bonta (2003) orientiert ist.

13.2.2 Gruppenprogramme und Trainings

Gruppenprogramme haben sich in den letzten Jahren großer Beliebtheit erfreut (vgl. Rehn et al., 2001), die sogar zu einem Ungleichgewicht in den intramuralen Angeboten geführt hat. Sicherlich liegt das u. a. an der Strukturiertheit, der Ökonomie (mehr Teilnehmerinnen, weniger Psychologinnen) und der besseren empirischen Überprüfbarkeit von Gruppenangeboten. Die Wirksamkeit hängt jedoch stark davon ab, ob es in der Praxis gelingt, die Umsetzung genauso zu gestalten wie in den Pilotprojekten oder den »Laborstudien«. Bei der Vielfalt der unterschiedlichen Angebote von Gruppenprogrammen in den Justizvollzugsanstalten in Deutschland erscheint das jedoch eher fraglich. Entsprechend sollte man nicht ohne Prozessevaluation und ohne kritisch zu »hinterfragen« prinzipiell von einer höheren Wirksamkeit von Gruppenprogrammen ausgehen.

Das, was gemacht wird, muss immer professionell und gut gemacht werden. Allein das Setting entscheidet sicherlich nicht über die Wirksamkeit. Außerdem besteht bei Gruppenangeboten die Gefahr, dass die z. B. jugendlichen Straftäterinnen sich in ihrem Problemverhalten gegenseitig bestärken.

Im Folgenden werden ausgewählte Gruppenprogramme zur Straftäterinnenbehandlung genannt, die in der rechtspsychologischen Praxis häufig durchgeführt werden und für die eine Wirksamkeitsüberprüfung vorliegt. Ihnen liegt meist das kognitiv-verhaltenstherapeutische Paradigma zugrunde. Hinsichtlich einer vertieften Darstellung muss die empfohlene Literatur am Ende des Kapitels herangezogen werden.

Sexualstraftäterinnen

Das *Sex Offender Treatment Programm* (SOTP; Berner & Becker, 2001) besteht aus 20 Blöcken mit insgesamt 86 Sitzungen und einer Abschlussphase von 46 Stunden Nachbereitung. Das SOTP ist für erwachsene Sexualstraftäterinnen des Justizvollzuges konzipiert worden. Es kommt ursprünglich aus Wales/England und ist mittlerweile gut evaluiert. Zudem wird es ständig weiterentwickelt (vgl. Köhler & Müller, 2023).

In Deutschland wurde für den Niedersächsischen Strafvollzug das *Behandlungsprogramm für Sexualstraftäter* entwickelt, implementiert und positiv evaluiert (Rehder et al., 2012). Es besteht aus einem deliktunspezifischen Behandlungsteil, in dem u. a. psychosoziale Kompetenzen und Problemlösestrategien gefördert werden, und einem deliktspezifischen Teil. In diesem Teil werden alle tatrelevanten Aspekte bearbeitet (z. B. verzerrte Kognitionen, die Tat, die Tatmotivation, sexuelle Fantasien, Opferempathie, individuelle Rückfallprävention). Der Gesamtumfang des BPS beträgt ca. 80 Sitzungen mit je 1,5 Std. (vgl. Köhler & Müller, 2023).

Gewaltstraftäterinnen

Das *Anti-Aggressivitätstraining* (AAT; Weidner, 1990; Weidner & Kilb, 2011) ist für jugendliche und heranwachsende Personen mit einer Historie von Gewaltdelikten gedacht. Es umfasst neben einer Informationsphase und biographischer Analyse vor allem die Konfrontation (den sogenannten »Heißen Stuhl«) und ein soziales Kompetenztraining mit abschließender Realisationsphase (Umsetzung des Gelernten). Mittlerweile gibt es zahlreiche Varianten und Modifikationen des ursprünglichen AATs, so dass die Dauer und der Umfang sowie die Inhalte teilweise erheblich variieren. Auch hinsichtlich der Evaluation gibt es trotz des hohen Verbreitungsgrades in der Praxis nur wenige positive Wirksamkeitsbelege (vgl. Köhler & Müller, 2023; Heilemann & Fischwasser-von Proeck, 2001).

Das *Reasoning and Rehabilitation Program* (R & R; Ross, 2004; Gretenkord, 2002) kommt aus dem kanadischen Justizvollzug und richtet sich wie das AAT an mit Gewaltstraftaten aufgefallene Personen. Im Vordergrund steht in 35 Sitzungen das Einüben von kognitiven Fertigkeiten und Problemlösestrategien. Dadurch soll eine Verbesserung der allgemeinen Problembewältigung erreicht und somit die Rückfälligkeit verringert werden (Köhler & Müller, 2023).

Das *Behandlungsprogramm für inhaftierte Gewalttäter* (BiG; Demmerling, 2012) besteht aus 20 Modulen und hat einen Umfang von 60 Doppelstunden. Es wurde im nordrhein-westfälischen Justizvollzug entwickelt. Bislang liegen zwar Erfahrungen aus der Praxis vor, jedoch noch keine Wirksamkeitsstudien.

13.3 Wirksamkeit der Straftäterinnenbehandlung

Eine Straftäterinnenbehandlung ist umso wirkungsvoller, je höher ihr Strukturierungsgrad ist und je stärker sie sich an wissenschaftlich fundierten Interventionsformen orientiert. Die Feststellung von Gmür et al. (2012) bringt den aktuellen Forschungsstand diesbezüglich sehr genau auf den Punkt:

> **Erklärung**
>
> »Im Vergleich zu erwachsenen Straftätern ist die Wirksamkeit therapeutischer Interventionen bei jugendlichen Straftätern nicht nur eindeutiger belegt, sondern es kann darüber hinaus sogar ein höherer Behandlungseffekt erwartet werden.« (ebd., S. 70)

Bereits in Kapitel 12 wurde ausführlich das Thema der Prävention bearbeitet und gezeigt, dass es vielfältige Möglichkeiten gibt, wirkungsvoll präventiv als Rechtspsychologin tätig zu werden. Das eben genannte Zitat stützt entsprechend insbesondere die Arbeit mit jungen Straftäterinnen. Straftäterinnenbehandlung wirkt und senkt die Rückfallquote deutlich. Der Forschungsstand steht damit im krassen Gegensatz zur medialen Aufarbeitung durch private Fernsehsender oder andere Medien, die immer wieder tragische Rückfälle von manchen Straftäterinnen in den Vordergrund rücken. Die Problematik der prognostischen Einschätzung ist bereits im Kapitel 9 analysiert worden.

Endrass et al. (2012) arbeiteten in ihrem Beitrag zur Wirksamkeit von Behandlungsprogrammen die wissenschaftlichen Anforderungen und die Methodik der Wirksamkeitsforschung heraus. Aus ökonomischen Gründen erfolgt eine Eingrenzung auf die Ergebnisse von Meta-Analysen (also der zusammenfassenden Überblicksstudien). Insbesondere wird der Blick auf die Befunde zu Jugendlichen und Erwachsenen geworfen. Ebenso werden die Ergebnisse zur Wirksamkeit von Interventionen bei Sexual-

und Gewaltstraftäterinnen betrachtet und auf die unterschiedlichen Effekte für strafende (punitive) Maßnahmen und für therapeutische Interventionen eingegangen. Lassen Sie uns direkt mit dem Erstgenannten beginnen. In der Politik, den Medien und der Allgemeinbevölkerung werden oft strafende Maßnahmen, wie z. B. Führerscheinentzug, Besuche in Strafvollzugsanstalten oder Schreckschussarrest, favorisiert und gefordert. Aus Sicht von Opfern und einem kollektiven Strafbedürfnis heraus ist das intuitiv nachvollziehbar. Jedoch zeigen alle wissenschaftlichen Studien, dass sich bei Jugendlichen und Erwachsenen durch punitive Interventionen das Rückfallrisiko kaum reduzieren lässt. Vielmehr haben diese strafenden Maßnahmen sogar den gegenteiligen Effekt: Sie erhöhen das Rückfallrisiko (vgl. Endrass et al., 2012). »Boot camps« oder abschreckende Maßnahmen bewirken im besten Fall keinen Effekt, kosten aber die Gesellschaft erheblich Geld. Studien zeigen ebenfalls (vgl. Petrosino et al., 2003), dass Gefängnisbesuche oder der sogenannte »Warnschussarrest« zur »Abschreckung« kaum wirken, vielmehr erhöht sich durch solche Maßnahmen das langfristige Rückfallrisiko sogar um 12 bis 26 % (vgl. Aos et al., 2001). Manchmal wäre es wünschenswert, wenn Politiker erst Fachleute fragen und sich durch Experten beraten lassen (!), bevor sie Gesetze beschließen, die de facto die Sicherheit der Gesellschaft verschlechtern und eben nicht verbessern. Gut gemeint ist eben noch lange nicht gut gemacht.

Auch wenn sich in der spezifischen Analyse der Einzelstudien ein durchaus heterogenes Bild über die Behandlungseffekte ergibt, kommen Endrass et al. (2012) zum folgenden Schluss: »Der mittlere aufgezeigte Effekt in therapeutischen Interventionen bei Jugendlichen und erwachsenen Straftätern ist eine Verminderung der Rückfallraten um 28 %« (S. 56). Straftäterinnenbehandlung ist entsprechend kein 100-prozentiges Mittel zur Verhinderung von Straftaten oder Rückfälligkeit. Eine solche Erfolgsquote wäre völlig unrealistisch. Ein vergleichbar hoher Wert wird beispielsweise auch nicht bei der Wirksamkeit von Medikamenten oder Operationen (z. B. Knie- oder Rückenoperationen) erwartet (vgl. dazu Köhler & Müller, 2023). Knapp ein Drittel der Behandelten zeigt eine verringerte Rückfallrate auf und schädigt damit keine anderen Menschen mehr. Im Vergleich zu rein strafenden Maßnahmen ist das durchaus vielversprechend und sogar ein kleiner »Erfolg«.

In Deutschland haben sich darüber hinaus Lösel und Schmucker (2005) dem Bereich der Wirksamkeit von Sexualstraftäterinnenbehandlung ausführlich gewidmet. Sie fanden ebenfalls positive Effekte für diese Tätergruppe, die allerdings niedriger als bei den Gewaltstraftäterinnen lagen. Einen aktuellen Überblick findet man bei Endrass et al. (2012) sowie Lösel (2023) und Schmucker (2023).

Welche Interventionsformen sind die wirksamsten Methoden? In den letzten ca. 30 Jahren wurden am häufigsten Interventionen auf Basis der kognitiven Verhaltenstherapie untersucht. Sie gelten als die am besten überprüften Programme. In Kapitel 13.3. wurden bereits einige der Behandlungsprogramme vorgestellt. Seit ca. zehn Jahren gibt es verstärkt Bemühungen, systemisch-familientherapeutische Interventionen in Bezug auf Straftäterinnenbehandlung oder dissoziale Jugendliche und Erwachsene zu entwickeln und zu evaluieren. Mittlerweile liegen zahlreiche Studien mit äußerst positiven Wirksamkeitsbelegen vor (vgl. von Sydow et al., 2006; zur Übersicht vgl. Endrass et al., 2012). Darüber hinaus wurde die Wirksamkeit von Behandlungsprogrammen überprüft, die nach dem in Kapitel 13.1. dargestellten Modell von Andrews und Bonta (2003) arbeiteten (Risk-Need-Prinzipien). Es fand sich bei allen Programmen eine signifikante Reduktion der Rückfälligkeit (ebd.). Bei einem Vergleich der unterschiedlichen Interventionen ergibt sich nach Endrass et al. (2012) das folgende Bild:

- Kognitive Verhaltenstherapie bei jugendlichen und erwachsenen Straftäterinnen: 22 bis 32 % weniger Rückfälle,
- Multisystemische/Familientherapie bei jugendlichen Straftäterinnen: 30 bis 52 % weniger Rückfälle,
- Behandlung von Jugendlichen und Erwachsenen nach dem Risk-Need-Responsivity-Prinzip (Andrews & Bonta, 2003): 60 % weniger Rückfälle.

Abschließend kann noch einmal unterstrichen werden, dass das eingangs erwähnte Prinzip des »Nothing works«/»Nichts funktioniert« eindeutig nicht mehr gilt (vgl. Lösel, 2023). Es gibt eine Vielzahl von wirksamen Behandlungsansätzen und Programmen (siehe Schmucker, 2023; Endras & Suhling, 2022; Boxberg & Hosser, 2023). Ebenso sind Rechtspsychologinnen stetig bemüht, ihr Handeln, ihr Vorgehen und ihre Interventionen zu überprüfen sowie zu verbessern. Das Prinzip eines wissenschaftlich fundierten Arbeitens ist seit der Gründung der Psychologie als Wissenschaft allgegenwärtig und ein stetiger Begleiter der rechtspsychologischen Praxis. Leider konnten viele spannende Aspekte nicht tiefergehend beleuchtet werden. Die interessierte Leserin ist auf die angegebene Literatur verwiesen.

Zusammenfassung

In Kapitel 13 wurden die Grundlagen einer wissenschaftlich fundierten Straftäterinnenbehandlung dargestellt. Exemplarisch sind spezifische Behandlungsansätze, die Behandlungsmotivation und bedeutsame Faktoren der Wirksamkeit betrachtet worden. Weiter wurden unterschiedliche Formen und Programme der Behandlung aufgeführt. Abschließend fand eine Darstellung der Wirksamkeit von Straftäterinnenbehandlung statt. Im Vergleich mit anderen Interventionen und insbesondere mit punitiven (strafenden) Maßnahmen ist die psychologische Behandlung von Straftäterinnen insgesamt als wirksam und als wissenschaftlich fundiert zu bewerten. Die Behandlung von Straftäterinnen führt prinzipiell zu einer intrapsychischen Veränderung. Hinsichtlich des straffälligen Verhaltens ist zu konstatieren, dass »behandelte« Straftäterinnen eine signifikante Verringerung der Rückfallquote aufweisen. Selbstverständlich gibt es Straftäterinnen, die auf (intramurale) Behandlung gut ansprechen, und solche, die kaum eine positive Veränderung zeigen. Aus diesem Grund muss immer eine fundierte Einzelfalldiagnostik und Behandlungsplanung/-evaluation erfolgen. Dabei müssen unterschiedliche Aspekte berücksichtigt werden, wie z. B. das Risiko-Bedürfnis-Prinzip (vereinfacht: Welches Risiko, welches Bedürfnis? Welches Behandlungsangebot?). Individuelle Behandlungsverläufe müssen evaluiert und entsprechend bei einer möglichen Entlassung(-svorbereitung) kritisch analysiert werden.

Literaturempfehlungen

Endrass, J., Rossegger, A., Urbaniok, F. & Borchard, B. (2012). *Interventionen bei Gewalt- und Sexualstraftätern.* Berlin: MWV.

Endres, J. & Suhling, S. (2023). *Behandlung im Strafvollzug.* Ein Handbuch für Praxis und Wissenschaft. Berlin: Springer.

Wischka, B., Pecher, W. & van den Boogaart, H. (2012). *Behandlung von Straftätern. Sozialtherapie, Maßregelvollzug, Sicherungsverwahrung.* Herbolzheim: Centaurus.

Aufgaben und Fragen zur Selbstüberprüfung

- Welches sind die drei wissenschaftlich fundierten Behandlungsverfahren?
- Was sind Vor- und Nachteile von einzeltherapeutischen Settings?
- Was ist das Risiko-Bedürfnis-Prinzip nach Andrews und Bonta (2003)?
- Nennen Sie drei Behandlungsprogramme für Gruppen!
- Ist die Behandlung von Straftäterinnen wirksam?

14 Schlusswort und berufliche Perspektiven von Rechtspsychologen und Rechtspsychologinnen

Schätzungsweise 2 500 oder mehr Psychologen arbeiten in einem rechtspsychologischen Kontext (z. B. Prävention, Regel- und Maßregelvollzug) oder sind darüber hinaus als selbständige Gutachter tätig. In der Fachgruppe Rechtspsychologie der Deutschen Gesellschaft für Psychologie (DGPs) sind ca. 100 bis 120 Psychologen wissenschaftlich organisiert. Die Sektion Rechtspsychologie des Berufsverbandes Deutscher Psychologinnen und Psychologen vereint ungefähr 650 bis 800 Mitglieder (BDP). Sollten Sie Psychologie studieren und im Bereich der Rechtspsychologie arbeiten (wollen), dann lohnt sich eine Mitgliedschaft. Beide Verbände informieren über aktuelle Entwicklungen und berufs- bzw. wissenschaftliche Themen. Regelmäßig werden fachbezogene Tagungen, Konferenzen und Weiterbildungen durchgeführt.

Das vorliegende Buch hat das Anliegen, in die Rechtspsychologie einzuführen, die wesentlichen Grundlagen darzustellen sowie über die Arbeits- und Aufgabenfelder zu informieren. An vielen Stellen wurden Hinweise zur Vertiefung gegeben. Nutzen Sie diese Anhaltspunkte, um die angesprochenen Inhalte weiter zu beleuchten. Zusammenfassend ist die Rechtspsychologie ein Beitrag der Psychologie zur:

- Bereitstellung von psychologischer Sachkunde im Rechtswesen, z. B. im Familien- und Umgangsrecht, Strafrecht und anderen Fragestellungen,
- Förderung und Erhaltung von Gesundheit und der Resozialisierung von dissozialen Menschen,
- Prävention von abweichendem Verhalten und zur Behandlung von Straftätern,
- Bestimmung von Risikoverhaltensweisen und Entwicklung von entsprechenden Interventions- und Präventionsprogrammen,

- Diagnostik und Ursachenbestimmung von dissozialen, abweichenden und kriminellen Verhaltensweisen oder bei bestimmten familienrechtlichen Fragestellungen eine familien- und bindungspsychologische Einschätzung zum Wohle des Kindes,
- Rehabilitation und Integration von Menschen mit einem kriminellen oder abweichenden Verhalten.

Daraus ergibt sich eine Vielzahl von Tätigkeitsfeldern und möglichen Arbeitgebern. Als Rechtspsychologe hat man gute Berufsaussichten und kann u. a. in den folgenden Bereichen bzw. Einrichtungen tätig werden:

- selbständige oder angestellte Tätigkeit als rechtspsychologischer Gutachter,
- Erziehungsberatungsstellen,
- Arbeit in stationären und teilstationären Einrichtungen der Jugendhilfe für Jugendliche oder Straffällige,
- verschiedene Bereiche der Prävention (Drogen-, Erziehungsberatung etc.) und Kriminalprävention,
- Opferberatungsstellen und Opferbetreuung,
- Intervention (Trainings- und Behandlungsmaßnahmen für Schüler, Eltern, Lehrkräfte; Behandlung im Strafvollzug etc.),
- Forensische Behandlung und Psychotherapie (Regel- und Maßregelvollzug),
- Forensische Diagnostik und Begutachtung (Regel- und Maßregelvollzug),
- Verkehrs- und polizeipsychologische Tätigkeit.

Die Rechtspsychologie ist ein äußerst faszinierendes und spannendes sowie vielschichtiges Anwendungsfach der Psychologie. Überdies ist es auch fachlich sehr anspruchsvoll. Insbesondere müssen die dort Tätigen zusätzlich über hohe psychosoziale Kompetenzen und Ressourcen verfügen. Als Rechtspsychologe sollte man sich der beruflichen und psychischen Anforderungen sowie Belastungen bewusst sein. Überlegen Sie sich entsprechend gut, ob Sie sich vorstellen können, in diesem Feld langfristig arbeiten zu können. Die psychologische Arbeit u. a. mit sexuell missbrauchten Kindern, Sexualstraftätern oder Gewalttätern ist eine herausfordernde Tätigkeit. Konzepte aus der Berufsberatung – wie Freude an der Arbeit, Leidenschaft, sinnstiftende Tätigkeit – sind nur eingeschränkt auf den Kontext der Rechtspsychologie übertragbar. Dennoch sollte man in der Rechtspsychologie motiviert zur Arbeit gehen und sich die »Begeisterung« über den gewählten Beruf bewahren (und diese nach Möglichkeit sogar noch ausbauen). Seien Sie also nicht nur fasziniert, sondern bedenken Sie gut, ob die Rechtspsychologie für Sie ein realistisches berufliches Feld ist.

Scheuen Sie nicht bei bestehendem Interesse und Fragen, Kontakt zu der Fachgruppe Rechtspsychologie (https://www.dgps.de/fachgruppen/rechtspsychologie/) oder der Sektion Rechtspsychologie des BDP aufzunehmen (https://www.rechtspsychologie-bdp.de/). Die Rechtspsychologie freut sich über engagierte zukünftige Kollegen. Für Informationen zur Weiterbildung in Rechtspsychologie findet man bei der Transmit GmBH die aktuellen Informationen: https://zwpd.transmit.de/zwpd-dienstleistungen/zwpd-rechtspsychologie.

Literatur

Abel, G. G. & Rouleau, J. L. (1990). The nature and extent of sexual assault. In W. L. Marshall, D. R. Laws & H. E. Barbaree (Hrsg.), *Handbook of sexual assault: Issues, theories, and treatment of the offender* (S. 9–12). New York: Plenum.

Allport, G. W. (1961). *Pattern and growth in personality*. New York: Holt, Rinehart & Winston.

Allport, G. & Bracken, H. (1970). *Gestalt und Wachstum in der Persönlichkeit*. Meisenheim: Hain.

Allstadt Torras, R. C. (2023). Aufnahme und Analyse von Akteninformation. In R. Dohrenbusch (Hrsg.), *Psychologische Begutachtung*. Berlin, Heidelberg: Springer.

Alpers, G. W. & Eisenbarth, H. (2008). *PPI-R: Psychopathic Personality Inventory-Revised. Deutsche Version*. Göttingen: Hogrefe.

Amelang, M. & Schmidt-Atzert, L. (2006). *Psychologische Diagnostik und Intervention* (4. Aufl.). Berlin: Springer.

Andresen, B. (2002). *HPI. Hamburger Persönlichkeitsinventar. Das NEOCAR Basisfaktor-System*. Göttingen: Hogrefe.

Andresen, B. (2006). *IKP. Inventar Klinischer Persönlichkeitsakzentuierungen. Dimensionale Diagnostik nach DSM-IV und ICD-10*. Göttingen: Hogrefe.

Andresen, B. (2012). *BB-PI. Beziehungs- und Bindungs-Persönlichkeitsinventar*. Göttingen: Hogrefe.

Andrews, D. A. & Bonta, J. (1995). *Level of Service Inventory-Revised. LSI-R*. Toronto: Multi Health Systems.

Andrews, D. A. & Bonta, J. (2003). *The psychology of criminal conduct* (3. Aufl.). Cincinnati, OH: Anderson.

Andrews, D. A. & Bonta, J. (2016). *The psychology of criminal conduct* (6. Aufl.). London: Routledge.

Aos, S., Phipps, P., Barnoski, R. & Lieb, R. (2001). *The Comparative Costs and Benefits of Programs to Reduce Crime*. Olympia: Wash.

Arntzen, F. (1970). *Psychologie der Zeugenaussage*. Göttingen: Hogrefe.

Arntzen, F. (2007). *Psychologie der Zeugenaussage* (4. Auflage). Beck.

Aspacher, N. (2023). Begutachtung der Legalprognose bei Straftätern. In R. Dohrenbusch (Hrsg.), Psychologische Begutachtung. Berlin, Heidelberg: Springer. https://doi-org.ezp.hs-duesseldorf.de/10.1007/978-3-662-64801-8_101-1

Aymans, M. (2015): Anmerkung zum Beschluss des OLG Rostock vom 05.01.2015: Besorgnis der Befangenheit des Sachverständigen bei Verleitung eines Zeugen zur aussagepsychologischen Untersuchung. *NZFam, 5,* 216.

Babiak, P. & Hare, R. D (2019). *Snakes in suits.* New York: HarperCollins.

Balloff, R. & Walter, E. (1990). *Alleinerziehung und gemeinsame elterliche Sorge nach Trennung und Scheidung.* Dissertation, Freie Universität Berlin.

Balloff, R. (2011). Einführung in die Grundlagen des neuen Familienverfahrensgesetz (FamFG). *Praxis der Rechtspsychologie, 21,* 181–189.

Bandura, A. (1977). *Social learning theory.* Englewood Cliffs, NJ: Prentice Hall.

Banks, R. K. & Vogel-Sprott, M. (1965). Effect of delayed punishment on an immediately rewarded response in humans. *Journal of Experimental Psychology, 70* (4), 357–359.

Barnikol, K. M. C. (2012). *Unterstellt statt überprüft? Das richterliche Vorgehen bei der Verantwortlichkeitsbeurteilung nach § 3 JGG.* Hamburg: Verlag Dr. Kovac.

Beauducel, A. (2023). Bedeutung der Testtheorie für die Beurteilung individueller Eigenschaften. In R. Dohrenbusch (Hrsg.), *Psychologische Begutachtung.* Berlin, Heidelberg: Springer. https://doi-org.ezp.hs-duesseldorf.de/10.1007/978-3-662-64801-8_26-1

Becker, P. (2003). *TIPI. Trierer Integriertes Persönlichkeitsinventar.* Göttingen: Hogrefe.

Beelmann, A. & Raabe, T. (2007). *Dissoziales Verhalten von Kindern und Jugendlichen: Erscheinungsformen, Entwicklung, Prävention und Intervention.* Göttingen: Hogrefe.

Beelmann, A. (2006). Wirksamkeit von Präventionsmaßnahmen bei Kindern und Jugendlichen, Ergebnisse und Implikationen der integrativen Erfolgsforschung. *Zeitschrift für Klinische Psychologie und Psychotherapie, 35,* 151–162.

Beelmann, A. (2012). Perspektiven entwicklungsbezogener Kriminalprävention. Desiderate und zukünftige Herausforderungen. *Forensik Psychiatrie Psychologie Kriminologie, 6,* 85–93.

Beelmann, A. (2014). Zur Konstruktion, Entwicklung und Überprüfung von Interventionsmaßnahmen: Ein Modell zur Evidenzbasierung präventiver Handlungsstrategien. In E. Marks & W. Steffen (Hrsg.), *Mehr Prävention – weniger Opfer.* Ausgewählte Beiträge des 18. Deutschen Präventionstages vom 22.–23. April 2013 in Bielefed (S. 357–366). Forum Verlag Godesberg.

Beelmann, A., Beesdo-Baum, K., Zaudig, M. & Wittchen, H.-U. (2019). *Strukturiertes Klinisches Interview für DSM-5-Persönlichkeitsstörungen.* Göttingen: Hogrefe.

Beelmann, A., Jaursch, S., Lösel, F. & Stemmler, M. (2005). Frühe universelle Prävention von dissozialen Entwicklungsproblemen. Implementation und Wirksamkeit eines verhaltensorientierten Elterntrainings. *Praxis der Rechtspsychologie, 16,* 120–143.

Behrman, B. W. & Davey, S. L. (2001). Eyewitness identification in actual criminal cases: An archival analysis. *Law and Human Behavior, 25,* 475–491.

Beier, K.-M. & Hinrichs, G. (1995). *Psychotherapie mit Straffälligen. Standpunkte und Thesen zum Verhältnis Patient – Therapeut – Justiz.* Stuttgart: Gustav Fischer.

Berk, L. E. (2011). *Entwicklungspsychologie.* München: Pearson Studium.

Berner, W. & Becker, K. H. (2001). Sex Offender Treatment Programme (SOTP) in der Sozialtherapeutischen Abteilung Hamburg Nesselstraße. In G. Rehn, B. Wischka, F. Lösel & M. Walter (Hrsg.), *Behandlung »gefährlicher Straftäter«: Grundlagen, Konzepte, Ergebnisse* (S. 206–217). Herbolzheim: Centaurus.

Berufsverband Deutscher Psychologinnen und Psychologen (BDP) (1988). *Richtlinien zur Erstellung von Gutachten.* Bonn: Deutscher Psychologenverlag.

Berufsverband Deutscher Psychologinnen und Psychologen (BDP) (2005). *Ethische Richtlinien der DGPs und des BDP.* Verfügbar unter https://www.bdp-verband.de/fileadmin/user_upload/BDP/website/dokumente/PDF/Profession/Berufsethik/BER-Foederation-20230426-Web-1.pdf [11.04.2024].

Bieneck, S. & Stadler, L. (2011). Sexueller Missbrauch von Kindern und Jugendlichen in Deutschland. *Forum Kriminalprävention, 4*, 14–21.

Binet, A. (1900). *La suggestibilité.* Paris: Schleicher.

Bliesener, T. (2003). Jugenddelinquenz: Risikofaktoren, Prävention, Intervention und Prognose. *Praxis der Rechtspsychologie, 13*, 174–191.

Bliesener, T. (2008). Prävention und Bewältigung von Delinquenz und Devianz. In F. Petermann & W. Schneider (Hrsg.), *Enzyklopädie der Psychologie, C,V,7*; Angewandte Entwicklungspsychologie (S. 677–719). Göttingen: Hogrefe.

Bliesener, T., Lösel, F. & Dahle, K.-P. (2023). *Lehrbuch Rechtspsychologie.* Göttingen: Hogrefe.

Boer, D. P., Hart, S. D., Kropp, P. R. & Webster, C. D. (1997). *Manual for the Sexual Violence Risk – 20: Professional guidelines for assessing risk of sexual violence.* Vancouver: The Mental Health, Law, and Policy Institute.

Boers, K. & Reinecke, J. (Hrsg.) (2007a). *Delinquenz im Jugendalter. Erkenntnisse einer Münsteraner Längsschnittstudie.* Münster: Waxmann.

Boers, K. & Reinecke, J. (2007b). Strukturdynamisches Analysemodell und Forschungshypothesen. In K. Boers & J. Reinecke (Hrsg.), *Delinquenz im Jugendalter. Erkenntnisse einer Münsteraner Längsschnittstudie* (S. 41–55). Münster: Waxmann.

Boers, K., Seddig, D. & Reinecke, J. (2009). Sozialstrukturelle Bedingungen und Delinquenz im Verlauf des Jugendalters. Analysen mit einem kombinierten Markov- und Wachstumsmodell. *Monatsschrift für Kriminologie und Strafrechtsreform, 92* (2/3), 267–288.

Boetticher, A., Koller, M., Böhm, K. M. et al. (2019). Empfehlungen für Prognosegutachten: Rechtliche Rahmenbedingungen für Prognosen im Strafverfahren. *Forensische Psychiatrie, Psychologie, Kriminologie, 13*, 305–33.

Boetticher, A., Kröber, H.-L., Müller-Isberner, R., Böhm, K. M., Müller-Metz, R. & Wolf, T. (2006). Mindestanforderungen für Prognosegutachten. *Forensische Psychiatrie, Psychologie und Kriminologie, 2*, 90–100.

Boetticher, A., Nedopil, N., Bosinski, H. A. G. & Saß, H. (2007). Mindestanforderungen für Schuldfähigkeitsgutachten. *Forensische Psychiatrie, Psychologie und Kriminologie, 1*, 3–9.

Bölcskei, P. L. & Storck, C. (2007). Primärprävention mit dem Programm Klasse2000. *Public Health Forum, 15*(1), 59–61. https://doi.org/10.1016/j.phf.2007.01.013

Bond, C. F. & DePaulo, B. M. (2006). Accuracy of deception judgments. *Personality and Social Psychology Review, 10,* 214–234.

Borkenau, P. & Ostendorf, F. (2008). *NEO-Fünf Faktoren Inventar. NEO-FFI.* Göttingen: Hogrefe.

Bortz, J. & Döring, N. (2006). *Forschungsmethoden und Evaluation.* Springer-Lehrbuch. Berlin, Heidelberg: Springer.

Borum, R., Bartel, P. & Forth, A. (2002). *Manual for the Structured Assessment of Violence Risk in Youth (SAVRY).* Tampa: University of South Florida.

Bosinski, H. A. G. (2002). Sexuelle Übergriffe: Die Opfer. In H. Ostendorf, G. Köhnken & G. Schütze (Hrsg.), *Aggression und Gewalt* (S. 159–174). Frankfurt a. M.: Peter Lang.

Bosinski, H. A. G. (2004). Epidemiologie und Tätertypologie des sexuellen Kindesmissbrauchs. In M. Oehmichen, H.-J. Kaatsch & H. A. G. Bosinski (Hrsg.), *Gewalt gegen Frauen und Kinder: Bestandsaufnahme – Diagnose – Prävention* (S. 275–285). Lübeck: Schmidt-Römhild.

Bosinski, H. A. G., Ponseti, J. & Sakewitz, F. (2002). Therapie von Sexualstraftätern im Regelvollzug – Rahmenbedingungen, Möglichkeiten und Grenzen. *Sexuologie, 9,* 39–47.

Bowi, U., Ott, G. & Tress, W. (2008). Faustlos – Gewaltprävention in der Grundschule. *Praxis der Kinderpsychologie und Kinderpsychiatrie, 57,* 509–520.

Breuer, M. & Suhling, S. (2023). Motivationsförderung im Strafvollzug. In: J. Endres & S. Suhling (Hrsg.), *Behandlung im Strafvollzug. Edition Forschung und Entwicklung in der Strafrechtspflege* (S. 145–162). Springer, Wiesbaden. https://doi.org/10.1007/978-3-658-36046-7_7.

Brickenkamp, R. (2002). *D2: Aufmerksamkeits-Belastungstest.* Göttingen: Hogrefe.

Brickenkamp, R., Schmidt-Atzert, L. & Liepmann, D. (2010). Test d2 – Revision. Aufmerksamkeits- und Konzentrationstest. Göttingen: Hogrefe.

Bundeskriminalamt (BKA) (o. J.). *Polizeiliche Kriminalstatistik.* Verfügbar unter https://www.bka.de/DE/AktuelleInformationen/StatistikenLagebilder/PolizeilicheKriminalstatistik/pks_node.html[11.04.2024].

Bundesministerium des Inneren/Bundesministerium der Justiz (Hrsg.) (2006). *Zweiter periodischer Sicherheitsbericht.* Berlin: BMI/BMJ.

Busch, T. (2006). *Rechtspsychologische Begutachtung delinquenter Heranwachsender: Evidenzbasierte Entscheidungsalgorithmen zur strafrechtlichen Zuweisung gemäß § 105 JGG.* Berlin: Logos.

Canter, D. V., Hammond, L. & Youngs, D. E. (2013). Cognitive bias in line-up identifications: The impact of administrator knowledge. *Science and Justice, 53,* 83–88.

Caplan, G. (1964). *Principles of preventive psychiatry.* New York: Basic Books.

Carlson, C. A., Gronlund, S. D. & Clark, S. E. (2008). Lineup composition, suspect position, and the sequential lineup advantage. *Journal of Experimental Psychology: Applied, 14*, 118–128.

Cornel, H. (2009). Gewalt- und Sexualstraftäter. In H. Cornel, G. Kawamura-Reindl & B. Maelicke (Hrsg.), *Handbuch der Resozialisierung* (S. 27–60). Baden-Baden: Nomos.

Costa, P. T. Jr. & McCrae, R. R. (1992). *Revised NEO Personality Inventory (NEO-PI-R) and NEO FiveFactor Inventory (NEO-FFI) professional manual.* Odessa, FL: Psychological Assessment Resources.

Crick, N. R. & Dodge, K. A. (1994). A review and reformulation of social information processing mechanisms in children's social adjustment. *Psychological Bulletin, 115*, 74–101.

Curtis, N. M., Ronan K. R. & Borduin C. M. (2004). Multisystemic treatment: A meta-analysis of outcome studies. *Journal of Family Psychology, 18*, 11–19.

Dahle, K.-P. (1995). *Therapiemotivation hinter Gittern — Zielgruppenspezifische Entwicklung und Erprobung eines Motivationskonstrukts für die therapeutische Arbeit im Strafvollzug.* Regensburg: S. Roderer.

Dahle, K.-P. (2005). *Psychologische Kriminalprognose: Wege zu einer integrativen Methodik für die Beurteilung der Rückfallwahrscheinlichkeit bei Strafgefangenen.* Herboltzheim: Centaurus.

Dahle, K.-P. (2006). Grundlagen und Methoden der Kriminalprognose. In H.-L. Kröber, D. Dölling, N. Leygraf & H. Sass (Hrsg.), *Handbuch der Forensischen Psychiatrie* (S. 1–68). Darmstadt: Steinkopff.

Dahle, K.-P. (2010). Die Begutachtung der Gefährlichkeits- und Kriminalprognose des Rechtsbrechers. In R. Volbert & K.-P. Dahle (Hrsg.), *Forensisch-psychologische Diagnostik im Strafverfahren* (S. 67–114). Göttingen: Hogrefe.

Dahle, K.-P., Biedermann, J., Gallasch-Nemitz & Janka, C. (2010). Zur rückfallprognostischen Bedeutung des Tatverhaltens bei Sexualdelinquenz. *Forensische Psychiatrie, Psychologie, Kriminologie, 4*, 126–135.

Dahle, K.-P., Harwardt, F. & Schnedier-Njepel, V. (2012). *LSI-R. Inventar zur Einschätzung des Rückfallrisikos und des Betreuungs- und Behandlungsbedarfs von Straftätern (LSI-R^{TM}).* Göttingen: Hogrefe.

Dahle, K.-P. & Lehmann, R. J. B. (2023). Rückfall- und Gefährlichkeitsprognose bei Rechtsbrechern. In T. Bliesener, Lösel, F. & K.-P. Dahle (Hrsg.), *Lehrbuch Rechtspsychologie* (S. 435–462). Göttingen: Hogrefe.

Dahle, K.-P. & Richter, M. S. (2023). Die strafrechtliche Entwicklungsreife junger Täter. In T. Bliesener, Lösel, F. & K.-P. Dahle (Hrsg.), *Lehrbuch Rechtspsychologie* (S. 371–386). Göttingen: Hogrefe.

Dahle, K.-P., Schneider, V. & Ziethen, F. (2007). Standardisierte Instrumente zur Kriminalprognose. *Forensische Psychiatrie, Psychologie, Kriminologie, 1*, 15–26.

De Graaf, I., Speetjens, P., Smit, F., de Wolff, M. & Tavecchio, L. (2008). Effectiveness of the Triple P Positive Parenting Program on behavioral problems in children: a meta-analysis. *Behav Modif., 32*, 714–35.

de Vogel, V., de Ruiter, C., Bouman, Y. & de Vries Robbé, M. (2010). *SAPROF. Leitlinien für die Erfassung von protektiven Faktoren bei einem Risiko für gewalttätiges Verhalten* (German translation of the SAPROF guidelinesby Aranke Spehr and Peer Briken). Utrecht: Forum Educatief.

Deegener, G. (1999). *Sexuelle und körperliche Gewalt: Therapie jugendlicher und erwachsener Täter.* Weinheim: Beltz PVU.

Deffenbacher, K. A., Bornstein, B. H., McGorty, E. K. & Penrod, S. D. (2008). Forgetting the once-seen face: Estimating the strength of an eyewitness's memory representation. *Journal of Experimental Psychology: Applied, 14,* 139–150.

Deffenbacher, K. A., Bornstein, B. H., Penrod, S. D. & McGorty, K. (2004). A Meta-Analytic Review of the Effects of High Stress on Eyewitness Memory. *Law and Human Behavior, 28,* 687–706.

Demmerling, R. (2012). Behandlung von inhaftierten Gewalttätern (BiG). In B. Wischka, W. Pecher & H. van den Boogaart (Hrsg.), *Behandlung von Straftätern: Sozialtherapie, Maßregelvollzug, Sicherungsverwahrung* (S. 454–464). Herbolzheim: Centaurus.

DePaulo, B. M. & Pfeifer, R. L. (1986). On-the-job experience and skill at detecting deception. *Journal of Applied Social Psychology, 16,* 249–267.

DePaulo, B. M., Lindsay, J. L., Malone, B. E., Muhlenbruck, L., Charlton, K. & Cooper, H. (2003). Cues to deception. *Psychological Bulletin, 129,* 74–118.

Dettenborn, H. (2008). Kindeswohl. In R. Volbert & M. Steller (Hrsg.), *Handbuch der Rechtspsychologie* (S. 574–582). Göttingen: Hogrefe.

Dettenborn, H., Fröhlich, H.-H. & Szewczyk, H. (1984). *Forensische Psychologie.* Berlin: Deutscher Verlag der Wissenschaften.

Dettenborn, H. & Walter, E. (2002). *Familienrechtspsychologie.* München: Reinhardt.

Deutsche Gesellschaft für Psychologie (DGPs). *Ehrengerichtsordnung.* Verfügbar unter https://www.dgps.de/fileadmin/user_upload/PDF/DGPs_Ehrengerichtsord nung_2017.pdf [11.04.2024].

Dirscherl, T., Hahlweg, K., Sanders, M. R. & von Wulfen, Y. (2007). *Triple P – ein Public Health Ansatz zur Förderung der seelischen Gesundheit von Kindern und Jugendlichen durch Stärkung der elterlichen Erziehungskompetenz. Grundlagen, Struktur, Inhalte und Evaluation.* Münster: PAG Institut für Psychologie AG.

Dobat, A. S., Prinz, E. & Heubrock, D. (2009). *TBWB. Testbatterie zur waffenrechtlichen Begutachtung.* Göttingen: Hogrefe.

Dohrenbusch, R. (2023). Einzelfallanalyse. In R. Dohrenbusch (Hrsg.), *Psychologische Begutachtung.* Berlin, Heidelberg: Springer. https://doi.org/10.1007/978-3-662-648 01-8_14-1

Dohrenbusch, R. (Hrsg.) (2023). *Psychologische Begutachtung. Leitlinien und Empfehlungen für die Praxis.* DOI: https://doi-org.ezp.hs-duesseldorf.de/10.1 007/978-3-662-64801-8

Domsch, H. & Lohaus, A. (2010). *ESF: Elternstressfragebogen.* Göttingen: Hogrefe.

Douglas, K. S. & Weir, J. (2003). *HCR-20 Violence Risk Assessment Scheme: Overview and annotated Bibliography.* University of South Florida.

Douglas, K. S. (2014). *Die Vorhersage von Gewalttaten mit dem HCR 20 Version 3.* Institut für Forensische Psychiatrie Haina e. V.

Douglas, K. S., Hart, S., Webster, C. D. & Belfrage, H. (2013). *Assessing Risk for Violence, Version 3 (HCR-20 V3).* Göttingen: Hogrefe.

Egeland, B. & Erickson, M. F. (2003). Lessons from STEEP – linking theory, research, and practice for the well-being of infants and parents. In A. J. Sameroff, S. C. McDonough & K. L. Rosenblum (Hrsg.), *Treating parent infant relationship problems* (S. 213–242). New York/London: The Guilford Press.

Egg, R. & Niemz, S. (2012). Die Entwicklung der Sozialtherapie im Justizvollzug im Spiegel empirischer Erhebungen. In B. Wischka, W. Pecher & H. van den Boogaart (Hrsg.), *Behandlung von Straftätern: Sozialtherapie, Maßregelvollzug, Sicherungsverwahrung* (S. 1–19). Herbolzheim: Centaurus.

Egg, R. (2008). Sozialtherapeutische Einrichtungen. In R. Volbert & M. Steller (Hrsg.), *Handbuch der Rechtspsychologie* (S. 119–127). Göttingen: Hogrefe.

Eher, R., Neubauer, O. & Rettenberger, M. (2020). *Die revidierten Kodierungsrichtlinien des Static-99* (Version 2016). Wien: Institut für Gewaltforschung und Prävention. www.igf.or.at

Eisner, M., Ribeaud, D., Jünger, R. & Meidert, U. (2008). *Frühprävention von Gewalt. Ergebnisse des Zürcher Interventions- und Präventionsprojektes an Schulen.* Zürich: Rüegger.

Ekman, P. (1992). *Telling lies: Clues to deceit in the marketplace, politics, and marriage.* New York: W. W. Norton.

Ell, E. (1990). *Psychologische Kriterien bei der Sorgerechtsregelung und Diagnostik der emotionalen Beziehungen.* Weinheim: Deutscher Studienverlag.

Endrass, J., Rossegger, A. & Braunschweig, M. (2012). Wirksamkeit von Behandlungsprogrammen. In J. Endrass, A. Rossegger, F. Urbaniok & B. Borchard (Hrsg.), *Interventionen bei Gewalt- und Sexualstraftätern* (S. 45–69). Berlin: MWV.

Endrass, J., Rossegger, A., Urbaniok, F. & Borchard, B. (Hrsg.) (2012). *Interventionen bei Gewalt- und Sexualstraftätern.* Berlin: MWV.

Endres, J. & S. Suhling (Hrsg.) (2023). *Behandlung im Strafvollzug. Ein Handbuch für Praxis und Wissenschaft.* Berlin: Springer.

Ermer, A. & Dittmann, V. (2001). Fachkommissionen zur Beurteilung »gemeingefährlicher« Straftäter in der deutschsprachigen Schweiz. *Recht & Psychiatrie, 19*, 73–78.

Esser, G., Fritz, A. & Schmidt, M. H. (1991). Die Beurteilung der sittlichen Reife Heranwachsender im Sinne des § 105 JGG – Versuch einer Operationalisierung. *Monatsschrift für Kriminologie und Strafrechtsreform, 6*, 356–368.

Estes, W. K. (1944). An experimental study of Punishment. *Psychological Monographs: General and Applied, 57* (3), 1944, 1–40.

Eysenck, H. J. (1970). *The structure of human personality.* London: Methuen.

Eysenck, H. J. (1980). *Kriminalität und Persönlichkeit.* Frankfurt a. M: Ullstein.

Fahrenberg, J., Hampel, R. & Selg, H. (201020210). *Freiburger Persönlichkeitsinventar. FPI-R.* Göttingen: Hogrefe.

Farrington, D. (2020). The Integrated Cognitive Antisocial Potential (ICAP) Theory: Past, Present, and Future. *Journal of Developmental and Life-Course Criminology, 6,* 172–187. https://doi.org/10.1007/s40865-019-00112-9

Farrington, D. & Welsh, B. C. (2007). *Saving children from a life of crime: Early risk factors and effective interventions.* New York: Oxford University Press.

Fazal, S. & Danesh, J. (2002). Serious mental disorder in 23 000 prisoners: a systematic review of 62 surveys. *The Lancet, 359,* 545–548.

Fieder, P. (1997). *Persönlichkeitsstörungen.* Weinheim: PVU.

Fiedler, P. (2004). *Sexuelle Orientierung und sexuelle Abweichung.* Weinheim: Beltz-PVU.

Foerster, K. & Dressing, H. (2009). Die Erstattung des Gutachtens. In U. Venzlaff & K. Foerster (Hrsg.), *Psychiatrische Begutachtung: Ein praktisches Handbuch für Ärzte und Juristen* (S. 43–54). München: Urban & Fischer.

Forth, A. E., Kosson, D. S. & Hare, R. D. (2003). *Hare Psychopathy Checklist: Youth Version (PCL:YV). Technical Manual.* Toronto, ON: Multi- Health Systems.

Glenn, A. L. & Raine, A. (2014). Psychopathy. An introduction to biological findings and their implications. New York: New York University Press.

Gmür, C., Gerth, J. & Graber, C. (2012). Behandlungsprogramme für jugendliche Straftäter. In J. Endrass, A. Rossegger, F. Urbaniok & B. Borchard (Hrsg.), *Interventionen bei Gewalt- und Sexualstraftätern* (S. 70–76). Berlin: MWV.

Görtz-Dorten, A., Döpfner, M. & Ann-Kathrin Thöne, A.-K. (2022). *Interview-Leitfäden zum Diagnostik-System für psychische Störungen nach DSM-5 für Kinder und Jugendliche.* Göttingen: Hogrefe.

Goth, K. & Schmeck, K. (2009). *JTCI. Junior Temperament und Charakter Inventar. Eine Inventarfamilie zur Erfassung der Persönlichkeit vom Kindergarten- bis zum Jugendalter nach Cloningers biopsychosozialem Persönlichkeitsmodell.* Göttingen: Hogrefe.

Gretenkord, L. (2001). *Empirisch Fundierte Prognosestellung im Maßregelvollzug nach § 63 STGB EFP-63.* Bonn: Deutscher Psychologen Verlag.

Gretenkord, L. (2002). Das Reasoning und Rehabilitation Programm (R&R). In R. Müller-Isberner & L. Gretenkord (Hrsg.), *Psychiatrische Kriminaltherapie* (Bd. 1) (S. 29–40). Lengerich: Pabst.

Greuel, L. (2023). Aussagepsychologische Exploration. In: R. Dohrenbusch (Hrsg.), *Psychologische Begutachtung.* Springer, Berlin, Heidelberg. https://doi.org/10.1007/978-3-662-64801-8_41-1

Greuel, L., Offe, S., Fabian, A., Wetzels, P., Fabian, T., Offe, H. & Stadler, M. (1998). *Glaubhaftigkeit der Zeugenaussage.* Weinheim: Psychologie Verlags Union.

Greuel, L., Offe, S., Fabian, A., Wetzels, P., Fabian, T., Offe, H. & Stadler, M. (1998). *Glaubhaftigkeit der Zeugenaussage.* Weinheim: Psychologie Verlags Union.

Grob, A., Gygi, J. T & Hagmann-von Arx, P. (2019). *Stanford-Binet Intelligence Scales – Fifth Edition.* Göttingen: Hogrefe.

Groß, G. & Nedopil, N. (2017). Basisraten für kriminelle Rückfälle – Ergebnisse einer Literaturübersicht. In U. Kobbe (Hrsg.), *Forensische Prognosen* (S. 127–156). Lengerich: Pabst.

Habermann, N. (2008). *Jugendliche Sexualmörder*. Lengerich: Pabst.

Hager, W. & Hasselhorn, M. (2000). Einige Gütekriterien für Kriteriumsmaße bei der Evaluation von Interventionsprogrammen. In W. Hager, J. L. Patry & H. Brezing (Hrsg.), *Evaluation Psychologischer Interventionsmaßnahmen. Standards und Kriterien: Ein Handbuch* (S. 169–179). Bern: Huber.

Hager, W., Patry, J. L. & Brezing, H. (Hrsg.) (2000). *Evaluation psychologischer Interventionsmaßnahmen. Standards und Kriterien: Ein Handbuch*. Bern: Huber.

Hahlweg, K. (2016). *Fragebogen zur Partnerschaftsdiagnostik*. Göttingen: Hogrefe.

Hanson, R. K. & Thornton, D. (1999). *Static-99: Improving actuarial risk assessments for sex offenders (User Report 99–02)*. Ottawa, ON: Department of the Solicitor General of Canada.

Hanson, R. K. & Thornton, D. (2003). *Notes on the development of Static-2002. User Report 2003–01*. Ottawa: Department of the Solicitor General of Canada.

Hare, R. D. (2003). *Manual for the Revised Psychopathy Checklist*. Toronto, ON: Multi-Health Systems.

Hart, S. D., Cox, D. N. & Hare, R. D. (1995). *The Hare Psychopathy Checklist: Screening Version*. Toronto, ON: Multi-Health Systems.

Hart, S. D., Cox, D. N. & Hare, R. D. (2000). *The PCL: SV – Psychopathy Checklist: Screening Version*. Toronto, ON: Multi-Health Systems.

Hazelwood, R. R. & Burgess, A. W. (1995). *Practical aspects of rape investigation*. Boca Raton: CRC.

Heilemann, M. & Fischwasser von Proeck, G. (2001). *Gewalt wandeln. Das Anti-Aggressivitäts-Training AAT*. Lengerich: Pabst.

Heinrichs, N., Hahlweg, K., Bertram, H., Kuschel, A., Naumann, S. & Harstick, S. (2006). Die langfristige Wirksamkeit eines Elterntrainings zur universellen Prävention kindlicher Verhaltensstörungen: Ergebnisse aus Sicht der Mütter und Väter. *Zeitschrift für Klinische Psychologie und Psychotherapie, 35*, 82–96.

Heinrichs, N., Kliem, S. & Hahlweg, K. (2014). Four-Year Follow-Up of a Randomized Controlled Trial of Triple P Group for Parent and Child Outcomes. *Prev Sci, 15*, 233–245.

Heinz, W. (1998). Kriminalprävention – Anmerkungen zu einer überfälligen Kurskorrektur der Kriminalpolitik. In H.-J. Kerner, J.-M. Jehle & E. Marks (Hrsg.), *Entwicklung der Kriminalprävention in Deutschland* (S. 17–59). Godesberg: Forum.

Henggeler, S. W., Schoenwald, S. K., Borduin, C. M., Rowland, M. D. & Cunningham, P. B (2012). *Multisystemische Therapie bei dissozialem Verhalten von Kindern und Jugendlichen*. Berlin: Springer.

Heubrock, D. & Petermann, F. (2008). *K-FAF. Kurzfragebogen zur Erfassung von Aggressivitätsfaktoren*. Göttingen: Hogrefe.

Heubrock, D. (2015). Langzeiteffekte des Präventionsprogramms Klasse2000 auf den Substanzkonsum – Ergebnisse einer kontrollierten Studie an Schülerinnen und Schülern in Hessen. *Sucht, 61*, 3, 127–137.

Heubrock, D., Baumgaertel, F. & Stadler, M. A. (2004). Psychologische Begutachtung zur »persönlichen Eignung« und zur »geistigen Reife« im neuen Waffengesetz [WaffG]. *Praxis der Rechtspsychologie, 14* (1), 82–96.

Hinrichs, G. & Köhler, D. (2007). Therapiemotivation im Jugendvollzug zwischen Freiwilligkeit und Zwang. *Zeitschrift für Jugendkriminalrecht und Jugendhilfe, 4*, 382–388.

Höffler, K. & Schöch, H. (2006). Die rechtliche Stellung des Psychologen im Strafvollzug nach dem Psychotherapeutengesetz, Heilpraktikergesetz und Strafvollzugsgesetz. *Recht und Psychiatrie, 24*, 3–13.

Hommers, W. (2003). Gutachten zur Deliktfähigkeit. In R. Lempp, G. Schütze & G. Köhnken (Hrsg.), *Forensische Psychiatrie und Psychologie des Kindes- und Jugendalters* (2. Aufl.) (S. 85–93). Steinkopf: Darmstadt.

Hommers, W. (2022). *Sorge- und Umgangsrechtliche Testbatterie.* Göttingen: Hogrefe.

Homstrom, L. L. & Burgess, A. W. (1980). Sexual behavior of assailants during reported rapes. *Archives of Sexual Behavior, 16*, 107–124.

Hosser, D. & Boxberg, V. (2023). Intramurale Straftäterbehandlung. In T. Bliesener, Lösel, F. & K.-P. Dahle (Hrsg.), *Lehrbuch Rechtspsychologie* (S. 519–544). Göttingen: Hogrefe.

Howitt, D. (2009). *Introduction to Forensic and Criminal Psychology.* Harlow: Pearson Edication Ltd.

Hradil, S. (2001). *Soziale Ungleichheit in Deutschland.* Opladen: Leske & Budrich Verlag.

Huchzermeier, C. (2012). Persönlichkeitsmerkmale von Straftätern und psychotherapeutische Behandlungsmöglichkeiten in Haftanstalten. In J. L. Müller, N. Nedopil, N. Saimeh, E. Habermeyer & P. Falkai (Hrsg.), *Sicherungsverwahrung – wissenschaftliche Basis und Positionsbestimmung* (S. 131–150). Berlin: MWV.

Huchzermeier, C., Bruß, E., Godt, N. & Aldenhoff, J. (2006). Das Kieler Therapieprojekt für Gewaltstraftäter. Standardisierte Eingangsuntersuchung zur intramuralen Psychotherapie. *Recht & Psychiatrie, 24*, 134–141.

Huchzermeier, C., Geiger, F., Köhler, D., Bruß, E., Godt, N., Hinrichs, G. & Aldenhof, J. B. (2008). Are there age-related effects in antisocial personality disorders and psychopathy. *Journal of Forensic and Legal Medicine, 4*, 213–218.

Hussy, W., Schreier, M. & Echterhoff, G. (2010). *Forschungsmethoden in Psychologie und Sozialwissenschaften.* Berlin: Springer.

Isensee, B., Maruska, K., & Hanewinkel, R. (2015). Langzeiteffekte des Präventionsprogramms Klasse2000 auf den Substanzkonsum, *SUCHT, 61*(3), 127–137.

Jäger, R. S. & Petermann F. (Hrsg.) (1988, 1999). *Psychologische Diagnostik* (4. Aufl.). Weinheim: Beltz.

Janka, C., Gallasch-Nemitz, F., Biedermann, J. & Dahle, K.-P. (2012). The significance of offending behavior for predicting sexual recidivism among sex offenders of various age groups. *International Journal of Law and Psychiatry, 35*, 159–164.

Jehle, J.-M., Albrecht, H.-J., Hohmann-Fricke, S. & Tetal, C. (2021). Legalbewährung nach strafrechtlichen Sanktionen Eine bundesweite Rückfalluntersuchung 2013 bis 2016 und 2004 bis 2016. Verfügbar unter https://www.bmj.de/SharedDocs/Pu blikationen/DE/Fachpublikationen/2021_Rueckfallstatistik.html [11.04.2024].

Jost, K. (2012). *Gefährliche Gewalttäter? Grundlagen und Praxis der Kriminalprognose.* Stuttgart: Kohlhammer.

Jugert, G. & Chamakalayil, L. (2007). *Evaluation des LOS-Projekts FIT FOR LIFE I.* Bremen: Bremer Institut für Pädagogik und Psychologie.

Jugert, G., Rehder, A., Notz, P. & Petermann, F. (2011). *Fit for Life – Module und Arbeitsblätter zum Training sozialer Kompetenz für Jugendliche* (9. Aufl.). Weinheim: Juventa.

Kaiser, G. (1993). Verbrechenskontrolle und Verbrechensvorbeugung. In G. Kaiser, H.-J. Kerner, F. Sack & H. Schellhoss (Hrsg.), *Kleines Kriminologisches Wörterbuch* (S. 571–577). Heidelberg: C.F. Müller.

Kim, J. H., Hahlweg, K. & Schulz, W. (2021). Early childhood parenting and adolescent bullying behavior: Evidence from a randomized intervention at ten-year follow-up. *Social Science & Medicine, 282*, 114114.

Klann, N., Hahlweg, K., Limbird, C. & Snyder, D. (2006). *EPF. Einschätzung von Partnerschaft und Familie.* Göttingen: Hogrefe.

Kliem, J. H. & Klemm, T. (2008). *Konfliktverhalten in der Familie. KV-Fam.* Göttingen: Hogrefe.

Kliem, S., Foran, H. & Hahlweg, K. (2015). Lässt sich körperliche Bestrafung durch ein Elterntraining reduzieren? Ergebnisse einer 3-Jahres-Längsschnittuntersuchung. *Kindheit und Entwicklung, 24*, 1, 37–46.

Kluck, M.-L. (1995). Die Angst des Richters vor der Anhörung des Kindes bei streitigem Verfahren zum Umgangsrecht – und wie er sie überwinden kann. *Familie Partnerschaft Recht, 1*, 90–93.

Knaack, R. & Hanewinkel, R. (1999). Das Anti-Mobbing-Programm nach Olweus. Ein schulumfassender Interventionsansatz. *Pädagogik, 1*(51), 13–16.

Knight, R. A. & Prentky, R. A. (1990). Classifying sexual offenders: The development and corroboration of taxonomic models. In W. L. Marshall, D. R. Laws & H. E. Barbaree (Hrsg.), *The handbook of sexual assault: Issues, theories, and treatment of the offender* (S. 27–52). New York: Plenum.

Knight, R. A. (2010). Typologies for rapists: The generation of a new structural model. In A. Schlank (Hrsg.), *The sexual predator* (Vol. 4, S. 17–28). New York, NY: Civic Research Institute.

Kocab, K. & Sporer, S. L. (2016). The weapon focus effect for person identifications and descriptions: A meta-analysis. In M. Miller & B. H. Bornstein (Eds.), *Advances in psychology and law* (Vol. 1, pp. 71–117). Cham: Springer International Publishing.

Köhler, D. (2004). *Psychische Störungen bei jungen Straftätern. Eine Untersuchung zur Prävalenz und Struktur psychischer Störungen bei neu inhaftierten Jugendlichen und Heranwachsenden in der Jugendanstalt Schleswig.* Hamburg: Verlag Dr. Kovac.

Köhler, D. (2010). *Neue Entwicklungen der forensischen Diagnostik in Psychologie, Psychiatrie und Sozialer Arbeit.* Frankfurt: Verlag für Polizeiwissenschaft.

Köhler, D. (2014). Forensische Begutachtung von Kindern und Jugendlichen. In W. Melzer, D. Hermann, U. Sandfuchs, M. Schäfer, W. Schubarth & P. Daschner (Hrsg.), *Handbuch Aggression, Gewalt und Kriminalität bei Kindern und Jugendlichen* (S. 554–557). Bad Heilbrunn: UTB/Klinkhardt Verlag.

Köhler, D. & Bauchowitz, M. (2012). Was wissen Psychologen und Sozialarbeiter eigentlich über Arrestanten? Zur psychischen Gesundheit, Diagnostik und Behandlung von Arrestanten. *Zeitschrift für Jugendkriminalrecht und Jugendhilfe, 3,* 272–280.

Köhler, D. & Hinrichs, G. (2004). Die Prävalenz psychischer Störungen von jugendlichen und heranwachsenden Gefangenen im Regelvollzug. Darstellung des aktuellen Forschungsstandes. In M. Osterheider (Hrsg.), *Forensik 2003. Krank und/oder kriminell* (S. 174–182). Dortmund: PsychoGenVerlag.

Köhler, D. & Müller, R. (2023). Gewalt- und Sexualstraftäter. In H. Cornel, C. Ghanem, G. Kawamura-Reindl & I. R. Pruin (Hrsg.), *Handbuch der Resozialisierung* (S. 419–436). Baden-Baden: Nomos.

Köhler, D. & Scharmach, K. (2013). Zur Geschichte der Rechtspsychologie unter besonderer Betrachtung der Sektion Rechtspsychologie des BDP. *Praxis der Rechtspsychologie, 2,* 455–468.

Köhler, D., Heinzen, H., Hinrichs, G. & Huchzermeier, C. (2009). The prevalence of mental disorders in a German population of male incarcerated juvenile delinquents. *International Journal of Offender Therapy and Comparative Criminology. 53* (2), 211–227.

Köhler, D., Hinrichs, G. & Baving, L. (2008). Therapiemotivation, Psychische Belastung und Persönlichkeit bei Inhaftierten des Jugendvollzuges. *Zeitschrift für Klinische Psychologie und Psychotherapie, 1,* 24–32.

Köhler, D., Müller, R., Josupeit, J. & Huchzermeier, C. (2024). *Kieler Psychopathie Inventar (KPI).* Göttingen: Hogrefe.

Köhler, D., Müller, S. Bauchowitz, M., & Hinrichs, G. (2012). Psychische Auffälligkeiten bei straffälligen jungen Menschen. In DVJJ (Hrsg.), *Achtung (für) Jugend! Praxis und Perspektiven des Jugendkriminalrechts. Dokumentation des 28. Deutschen Jugendgerichtstages vom 11.–14. September 2010 in Münster* (S. 387–406). Mönchengladbach: Form Verlag Godesberg.

Köhnken, G. & Gallwitz, S. (2021). Fehlerquellen in aussagepsychologischen Gutachten. In R. Deckers & G. Köhnken (Hrsg.), *Die Erhebung und Bewertung von Zeugenaussagen im Strafprozess* (S. 17–58). Berlin: Berliner Wissenschaftsverlag.

Köhnken, G. (1999). Glaubwürdigkeit. In R. Lempp, G. Schütze & G. Köhnken (Hrsg.), *Forensische Psychiatrie und Psychologie des Kindes- und Jugendalters* (S. 318–341). Darmstadt: Steinkopff.

Köhnken, G. (2003). Glaubwürdigkeit. In R. Lempp, G. Schütze & G. Köhnken (Hrsg.), *Forensische Psychiatrie und Psychologie des Kindes- und Jugendalters* (S. 341–367) (2., überarbeitete und erweiterte Aufl.). Darmstadt: Steinkopff.

Köhnken, G. (2004). Statement Validity Analysis and the ›detection of the truth‹. In P.-A. Granhag & L. Strömwall (Eds.), *The detection of deception in forensic contexts* (pp. 41–63). Cambridge: Cambridge University Press.

Kolip, P. & Greif, N. (2016). *Evaluation Programm Klasse2000.* Zusammenfassender Abschlussbericht. Bielefeld: Universität Bielefeld.

Konrad, N., Huchzermeier, C. & Rasch, W. (2019). *Forensische Psychiatrie und Psychotherapie.* Stuttgart: Kohlhammer.

Kraft, U., Köhler, D. & Hinrichs, G. (2008). *Risiko- und Schutzfaktoren bei Jugendlichen mit schwerwiegenden Gewaltdelikten. Eine vergleichende Analyse von Tötungs-, Sexual- und Gewaltdelinquenten.* Frankfurt: Verlag für Polizeiwissenschaft.

Kraut, R. E. (1980). Humans as lie detectors: Some second thoughts. *Journal of Communication, 30,* 209–216.

Krieg, Y. & Kliem, S. (2021). *Evaluation Klasse2000 in Niedersachsen.* Hannover: Kriminologisches Forschungsinstitut Niedersachsen e. V. Verfügbar unter: https://kfn.de/wp-content/uploads/Forschungsberichte/FB_164.pdf [11.04. 2024].

Kriz, J. (2007). *Grundkonzepte der Psychotherapie, Schlüsselbegriffe.* Weinheim: PVU.

Kröber, H. L., Brettel, H., Rettenberger, M. et al. (2019). Empfehlungen für Prognosegutachten: Erfahrungswissenschaftliche Empfehlungen für kriminalprognostische Gutachten. *Forens Psychiatr Psychol Kriminol 13,* 334–342. https://doi. org/10.1007/s11757-019-00558-z

Krohne, H. W. & Pulsack, A. (1995). *ESI. Erziehungsstil-Inventar.* Göttingen: Hogrefe.

Kropp, R. P., Hart, S. D., Webster, C. D. & Eaves, D. (1995). *The Spousal Assault Risk Assessment Guide (SARA).* Vancouver: British Columbia Institute Against Family Violence.

Kubinger, K. D. (2003). Gutachten, psychologisches. In K. D. Kubinger & R. S. Jäger (Hrsg.), *Schlüsselbegriffe der Psychologischen Diagnostik* (S. 187–195). Weinheim: Beltz.

Kudlacek, D., Jukschat, N., Beelmann, A. et al. (2017). Radikalisierung im digitalen Zeitalter. Risiken, Verläufe und Strategien der Prävention. *forum kriminalprävention, 3,* 23–32.

Kuhl., J. & Kazén, M. (2009). *PSSI. Persönlichkeits-Stil- und Störungs-Inventar.* Göttingen: Hogrefe.

Kury, H. & Obergfell-Fuchs, J. (2012). *Rechtspsychologie – Forensische Grundlagen und Begutachtung. Ein Lehrbuch für Studium und Praxis.* Stuttgart: Kohlhammer.

Kuska, S. K., Köhler, D. & Hinrichs, G. (2010). Psychopathy im Jugendalter. In D. Köhler (Hrsg.), *Neue Entwicklungen der forensischen Diagnostik in Psychologie, Psychiatrie und Sozialer Arbeit* (S. 117–150). Frankfurt: Verlag für Polizeiwissenschaft.

Lamnek, S. (1999). *Theorien abweichenden Verhaltens.* München: Fink.

Lampinen, J. M., Neuschatz, J. S. & Cling, A. D. (2012). *The psychology of eyewitness identification.* New York, NY: Taylor & Francis.

Lehmann, R. J. B., Goodwill, A. M., Gallasch-Nemitz, F., Biedermann, J. & Dahle, K.-P. (2012). Applying crime scene analysis to the prediction of sexual recidivism in stranger rapes. *Law and Human Behavior,* o. S.

Leygraf, N. (1996). Praxis des Maßregelvollzuges in den alten Bundesländern. In R. Egg (Hrsg.), *Der Aufbau des Maßregelvollzues in den neuen Bundesländern* (S. 59–71). Wiesbaden: Schriftenreihe der Kriminologischen Zentralstelle.

Leygraf, N. (2006). Maßregelvollzug und Strafvollzug. In H.-L. Kröber, D. Dölling, N. Leygraf & H. Sass (Hrsg.), *Handbuch der forensischen Psychiatrie,* Bd. 3, Psychiatrische Kriminalprognose und Kriminaltherapie. Darmstadt: Steinkopff.

Lindsay, R. C. L. & Wells, G. L. (1985). Improving eyewitness identifications from lineups: Simultaneous versus sequential lineup presentation. *Journal of Applied Psychology, 70,* 556–564.

Lipmann, O. (1905). Reformvorschläge zur Zeugenvernehmung vom Standpunkt des Psychologen. *Archiv für Kriminologie, 20,* o. S.

Lipsey, M. W. & Cullen, F. T. (2007). The Effectivness of Correctional Rehabilitation: A Review of Systematic Reviews. *Annual Review of Law and Social Sciences, 3,* 297 320.

Littell, J. H. (2006). The case for multisystemic therapy: evidence or orthodoxy? *Child and Youth Services Review, 28,* 458–472.

Livanou, M., Furtado, V., Winsper, C., Silvester, A. & Singh, S. P. (2019). Prevalence of mental disorders and symptoms among incarcerated youth: A meta-analysis of 30 studies. *International Journal of Forensic Mental Health, 18* (4), 400–414. DOI: 10.1080/14999013.2019.1619636

Loeber, R. & Stouthamer-Loeber, M. (2008). A cumulative developmental model of risk and promotive factors. In R. Loeber, N. W. Slot, P. H. van der Laan & M. Hoeve (Eds.), *Tomorrow's criminals: The development of child delinquency and effective interventions* (pp. 133–164). Farnham: Ashgate.

Loeber, R., Farrington, D. P. & Waschbusch, D. A. (1998). Serious and violent juvenile offenders. In R. Loeber & D. P. Farrington (Hrsg.), *Serious and violent juvenile offenders. Risk factors and successful interventions* (S. 13–30). Thousand Oaks: Sage.

Loftus, E. (2019). Eyewitness testimony. *Applied Cognitive Psychology, 33,* 498–503.

Lohaus, A., Vierhaus, M. & Maass, A. (2010). *Entwicklungspsychologie.* Berlin: Springer.

Lombroso, C. (1876). L'uomo delinquente. In *rapporto all'antropologia, alla giurisprudenza ed alle discipline carcerarie.* Turin: Bocca.

Lösel, F. (2004). Multimodale Gewaltprävention bei Kindern und Jugendlichen: Familie, Kindergarten, Schule. In W. Melzer & H. D. Schwind (Hrsg.), *Gewaltprävention in der Schule: Grundlagen – Praxismodelle – Perspektiven* (S. 326–348). Baden-Baden: Nomos.

Lösel, F. (2012). Entwicklungsbezogene Prävention von Gewalt und Kriminalität: Ansätze und Wirkungen. *Forensische Psychiatrie, Psychologie, Kriminologie, 6*, 71–84.

Lösel, F. (2023). Evaluation der Straftäterbehandlung. In. T. Bliesener, Lösel, F. & K.-P. Dahle (Hrsg.), *Lehrbuch Rechtspsychologie* (S. 609–638). Göttingen: Hogrefe.

Lösel, F. & Beelmann, A. (2003). Effects of child skills training in preventing antisocial behavior: A systematic review of randomized evaluations. *Annals of the American Academy of Political and Social Science, 587*, 84–109.

Lösel, F. & Bender, D. (2000). Rechtspsychologie. In J. Straub, A. Kochina & H. Werbik (Hrsg.), *Psychologie in der Praxis. Anwendungs- und Berufsfelder einer modernen Wissenschaft* (S. 581–629). München: dtv.

Lösel, F. & Bender, D. (2005). Jugenddelinquenz. In P. F. Schlottke, R. K. Silbereisen, S. Schneider & G. W. Lauth (Hrsg.), *Störungen im Kindes- und Jugendalter – Verhaltensauffälligkeiten* (S. 605–653). Göttingen: Hogrefe.

Lösel, F. & Bliesener, T. (2003). *Aggression und Delinquenz unter Jugendlichen – Untersuchungen von kognitiven und sozialen Bedingungen.* Neuwied: Luchterhand.

Lösel, F. & Schmucker, M. (2005). The effectiveness of treatment for sexual offenders: A comprehensive meta-analysis. *Journal of Experimental Criminology, 1*, 117–146.

Lösel, F. & Schmucker, M. (2008). Evaluation der Straftäterbehandlung. In M. Steller & R. Volbert (Hrsg.), *Handbuch Rechtspsychologie* (S. 160–171). *Göttingen: Hogrefe.*

Lösel, F., Schmucker, M., Plankensteiner, B. & Weiss, M. (2006). *Bestandsaufnahme und Evaluation von Angeboten im Elternbildungsbereich.* Berlin: Bundesministerium für Familie, Senioren, Frauen und Jugend.

Lösel, F., Stemmler, M., Jaursch, S. & Beelmann, A. (2009). Universal prevention of antisocial development: short- and long-term effects of a child and parent-oriented program. *Monatsschrift für Kriminologie und Strafrechtsreform 92*, 289–307.

Lösel, F., Stemmler, M., Runkel, D. & Jaursch, S. (2011). *Family-oriented prevention of antisocial development in children: evaluation of the Erlangen-Nuremberg parent and child training.* Paper präsentiert auf der Konferenz »Evidence-based prevention of bullying and youth violence«, 5.–6. Juli 2011, Cambridge, UK.

Lück, H. E. & Miller, E. (Hrsg.) (1999). *Illustrierte Geschichte der Psychologie.* Weinheim: PVU.

Maltby, J., Day, L. & Macaskil, A. (2011). *Differentielle Psychologie, Persönlichkeit und Intelligenz.* München: Pearson.

Maneros, A. (2006). *Affekttaten und Impulstaten – Forensische Beurteilung von Affektdelikten.* Stuttgart: Schattauer.

Marr, C., Quadflieg, C., Otgaar, H., Hope, L. & Sauerland, M. (2021) Facing stress: No effect of acute stress at encoding or retrieval on face recognition memory. *Acta Psychologica, 219*, 103376, 10.1016/j.actpsy.2021.103376.

Martinson, R. (1974). What works? – Questions and answers about prison reform. *The public interest, 10*, 22–54.

Martschuk, N. & Sporer, S. L. (2018). Memory for faces in old age: A meta-analysis. *Psychology and Aging, 33*, 904–923.

Maruska, K., Isensee, B. & Hanewinkel, R. (2011). Universelle Prävention des Substanzkonsums: Effekte des Grundschulprogramms Klasse2000. *Sucht, 57*, 4, 301–312.

Meischner, W. (1999). Wilhelm Wundt. In H. E. Lück & R. Miller (Hrsg.), *Illustrierte Geschichte der Psychologie* (S. 101–102). Weinheim: PVU.

Meissner, C. A. & Brigham, J. C. (2001). Thirty years of investigating the own-race bias in memory for faces. *A meta-analytic review. Psychology, Public Policy, and Law, 7*, 3–35.

Melchers, P. & Melchers, M. (2015). *Kaufmann Assessment Battery For Children – Second Edition*. Göttingen: Hogrefe.

Melchers, P. & Preuß, U. (2009). *Kaufman Assessment Battery for Children. Deutsche Version. K-ABC*. München: Pearson.

Melchers, P., Schürmann, S. & Scholten, S. (2006). *Kaufman – Test zur Intelligenzmessung für Jugendliche und Erwachsene (K-TIM)*. Deutschsprachige Fassung des Kaufman – Adolescent and Adult Intelligence Test (KAIT) von A. S. Kaufman & N. L. Kaufman. Leiden/NL: PITS B.V.

Mey, H. G. (1967). Prognostische Beurteilung des Rechtsbrechers: Die deutsche Forschung. In U. Undeutsch (Hrsg.), *Handbuch der Forensischen Psychologie* (S. 511–566). Göttingen: Hogrefe.

Moffitt, T. E. (1993). Life-course-persistent and adolescence-limited antisocial behavior: A developmental taxonomy. *Psychological Review, 100*, 674–701.

Mokros, A., Hollerbach, P., Nitschke, J. & Habermeyer, E. (2017). *Psychopathy Checklist – Revised*. Göttingen: Hogrefe.

Moosbrugger, H., Oehlschlägel, J. & Steinwascher, M. (2011). *FAIR-2 Frankfurter Aufmerksamkeits-Inventar 2*. Bern: Huber.

Mrazek, P. J. & Haggerty, R. J. (1994). *Reducing risks for mental disorders: Frontiers for preventive intervention research. Committee on Prevention of Mental Disorders, Institute of Medicine*. Washington DC: National Academy Press.

Müller, J. (Hrsg.) (2009). *Neurobiologie forensisch-relevanter Störungen*. Stuttgart: Kohlhammer.

Müller, J. L. & Nedopil, N. (2017). *Forensische Psychiatrie*. Thieme.

Müller, J. L., Nedopil, N., Saimeh, N. Habermeyer, E. & Falkai, P. (2012). *Sicherungsverwahrung – wissenschaftliche Basis und Positionsbestimmung*. Berlin: MWV.

Müller, S. (2012). *Mea Culpa? Zur Tatverarbeitung in Therapie und Prognose bei (traumatisierten) Gewalt- und Sexualstraftätern*. Frankfurt a.M.: Verlag für Polizeiwissenschaften.

Müller, S., Hinrichs, G. & Köhler, D. (2008). Tathergangsanalyse im Jugendstrafvollzug. Zu ihrer praktischen Anwendbarkeit bei jugendlichen Straftätern mit schwerwiegenden Gewaltdelikten. *Praxis der Rechtspsychologie, 1*, 34–48.

Müller, S., Köhler, D. & Hinrichs, G. (2005). *Täterverhalten und Persönlichkeit*. Frankfurt a.M.: Verlag für Polizeiwissenschaft.

Müller, S., Köhler, D. & Hinrichs, G. (2007). Intramurale Tätertherapie. Psychotherapeutische Behandlung und Betreuung inhaftierter Gewalt- und Sexualstraftäter in der Jugendanstalt Schleswig/Teilanstalt Neumünster, Forum Strafvollzug. *Zeitschrift für Strafvollzug und Straffälligenhilfe, 56*, 156–161.

Müller-Isberner, R., Cabeza, S. G. & Eucker, S. (2000). *Die Vorhersage sexueller Gewalttaten mit dem SVR-20.* Haina: Institut für Forensische Psychiatrie.

Müller-Isberner, R., Jockel, D. & Cabeza, S. G. (1998). *Die Vorhersage von Gewalttaten mit dem HCR-20.* Haina: Institut für Forensische Psychiatrie.

Münder, J., Mutke, B. & Schone, R. (2000). *Kindeswohl zwischen Jugendhilfe und Justiz. Professionelles Handeln in Kindeswohlverfahren.* Münster: Votum.

Nedopil, N. (1996). *Forensische Psychiatrie. Klinik, Begutachtung und Behandlung zwischen Psychiatrie und Recht.* Stuttgart: Thieme.

Nedopil, N. (1997). Die Bedeutung von Persönlichkeitsstörungen für die Prognose künftiger Delinquenz. *Monatsschrift für Kriminologie und Strafrechtsreform, 80*, 79–92.

Nedopil, N. (2005). *Prognosen in der Forensischen Psychiatrie – Ein Handbuch für die Praxis.* Lengerich: Pabst.

Nedopil, N. (2012). Risikoeinschätzung und -kommunikation in der Praxis. Vortrag beim 3. Tag der Rechtspsychologie Bonn. Verfügbar unter http://www.rechtspsychologie-bdp.de/wp-content/uploads/vortraege3tag/Nedopil.pdf [11.04.2024].

Nedopil, N., Endrass, J., Rossegger, A. & Wolf, T. (2021). Prognose: Risikoeinschätzung in forensischer Psychiatrie und Psychologie: Ein Handbuch für die Praxis. Lengerich: Pabst Science Publishers.

Nedopil, N. & Müller, J. L. (2012). *Forensische Psychiatrie. Klinik, Begutachtung und Behandlung zwischen Psychiatrie und Recht.* Stuttgart: Thieme.

Niehaus, S. (2008). Merkmalsorientierte Inhaltsanalyse. In R. Volbert und M. Steller (Hrsg.), *Handbuch der Rechtspsychologie* (Handbuch der Psychologie, Band 9, S. 311–321). Göttingen: Hogrefe.

Nogueira, S., Canário, A.C., Abreu-Lima, I., Teixeira, P. & Cruz, O. (2022). Group Triple P Intervention Effects on Children and Parents: A Systematic Review and Meta-Analysis. *Int J Environ Res Public Health, 19*, 2113.

Nowak, A. E. & Heinrichs, N. (2008). A comprehensive meta-analysis of Triple P-Positive Parenting Program using hierachical linear modeling: effectiveness and moderating variables. *Clinical Child and Family Psychology Review, 11*, 114–144.

Nunner-Winkler, G. (2007). Zum Verständnis von Moral-Entwicklung in der Kindheit. In D. Horster (Hrsg.), *Moralentwicklung von Kindern und Jugendlichen* (S. 51–76). Wiesbaden: Verlag für Sozialwissenschaften.

Nyman, J., Antfolk, J., Lampinen, J. Tuomisto, M., Kaakinen, J. K., Korkman, J. et al. (2019). A stab in the dark: The distance threshold of target identification in low light. *Cogent Psychology, 6*(1), 1632047. https://doi.org/10.1080/23311908.2019.1632047

Oberlader, V. A., Naefgen, C., Koppehele-Gossel, J., Quinten, L., Banse, R., & Schmidt, A. F. (2016). Validity of content-based techniques to distinguish true and fabricated statements: A meta-analysis. *Law and Human Behavior, 40*(4), 440–457.

Oberloskamp, H., Balloff, R. & Fabian, T. (2001). *Gutachterliche Stellungnahmen in der sozialen Arbeit. Eine Anleitung mit Beispielen für die Mitwirkung in Vormundschafts- und Familiengerichtsverfahren.* Köln: Luchterhand.

Olweus, D. (2004). The Olweus Bullying Prevention Programme: Design and implementation issues and a new national initiative in Norway. In P. K. Smith, D. Pepler & K. Rigby (Hrsg.), *Bullying in schools: How successful can interventions be?* (S. 13–36). Cambridge, UK: Cambridge University Press.

Olweus, D. & Limber, S. P. (2010). The Olweus bullying prevention program: Implementation and evaluation over two decades. In S. R. Jimeson, S. M. Swearer & D. L. Espelage (Hrsg.), *Handbook of bullying in schools: An international perspective* (S. 377–401). New York: Routledge.

Ortner, T., Proyer, R. & Kubinger, K. (2006). *Theorie und Praxis objektiver Persönlichkeitstests.* Bern: Huber.

Ossa, F. C., Jantzer, V., Eppelmann, L., Parzer, P., Resch, F., & Kaess, M. (2020). Effects and moderators of the Olweus bullying prevention program (OBPP) in Germany. *European Child and Adolescent Psychiatry, 30,* 1745–1754.

Ostendorf, H. (2003). Gutachten zum Jugendgerichtsgesetz – rechtliche Grundlagen. In R. Lempp, G. Schütze & G. Köhnken (Hrsg.), *Forensische Psychiatrie und Psychologie des Kindes und Jugendalters* (S. 135–146). Darmstadt: Steinkopff.

Ostendorf, H. (2007). *Jugendstrafrecht.* Baden-Baden: Nomos.

Ostendorf F, Angleitner A. (2004). *NEO-Persönlichkeitsinventar nach Costa und Mc-Crae: NEO-PI-R ; Manual. Revidierte Fassung.* Göttingen: Hogrefe.

Ostendorf, F. & Angleitner, A. (2008). *NEO-Persönlichkeitsinventar-Revision. NEO-PI-R.* Göttingen: Hogrefe.

Osterheider, M. (2008). Tathergangsanalyse in der forensischen Psychiatrie und Psychologie: Entwicklung, Anwendung, Einsatzbereich. *Praxis der Rechtspsychologie, 1,* 6–14.

Patrick, C. J. (2007). *Handbook of Psychopathy.* London: Guilford.

Patterson, G. R. & Yoerger, K. (2002). A developmental model for early- and late-onset antisocial behavior. In J. B. Reid, J. Snyder & G. R. Patterson (Hrsg.), *Antisocial behavior in children and adolescents: A developmental analysis and model for intervention* (S. 147–172). Washington, DC: American Psychological Association.

Pauls, H. & Reicherts, M. (1991). *FEKS. Fragebogen zur Erfassung kindlicher Steuerung.* Göttingen: Hogrefe.

Peterman, F. (2012). *Wechsler Intelligenztest für Erwachsene von D. Wechsler. Wechsler Adult Intelligence Scale. WAIS.* München: Pearson.

Petermann, F. (2017). *Wechsler Intelligence Scale for Children – Fifth Edition.* Deutsche Bearbeitung. Göttingen: Hogrefe.

Peterman, F. & Petermann, U. (2012). *WISC-IV. Wechsler-Intelligence Scale for children.* München: Pearson.

Petrosino, A., Turpin-Petrosino, C. & Buehler, J. (2003). Scared straight and other juvenile awareness programs for preventing juvenile delinquency: a systematic review of the randomized experimental evidence. *Annals of the Amerian Academy of Political and Social Science, 589*, 41–62.

Pinel, J. P. J. & Pauli, P. (2012). *Biopsychologie.* München: Pearson.

Pinquart, M. (2011). Moralische Entwicklung. In M. Pinquart, G. Schwarzer & P. Zimmermann (Hrsg.), *Entwicklungspsychologie: Kindes- und Jugendalter* (S. 222–242). Göttingen: Hogrefe.

Prentky, R. & Righthand, S. (2003). *Juvenile Sex Offender Assessment Protocol-II (J-SOAP-II): Manual.* Verfügbar unter https://www.yumpu.com/en/document/view/29295303/juvenile-sex-offender-assessment-protocol-ii-j-soap-ii-national- [11.04.2024].

Rasch, W. (1999). *Forensische Psychiatrie.* Stuttgart: Kohlhammer.

Raven's Progressive Matrices 2, Clinical Edition (2019). Göttingen: Hogrefe. https://www.testzentrale.de/shop/raven-s-progressive-matrices-2-clinical-edition.html

Rebbapragada, N., Furtado, V. & Hawker-Bond, G. (2021). Prevalence of mental disorders in prisons in the UK: A systematic review and meta-analysis. *BJPsych Open, 7*(S1), S283–S284. doi:10.1192/bjo.2021.755.

Rehder, U. (2001). *RRS. Rückfallrisiko bei Sexualstraftätern: Verfahren zur Bestimmung von Rückfallgefahr und Behandlungsnotwendigkeit.* Lingen: Kriminalpädagogischer Verlag.

Rehder, U., Wischka, B. & Foppe, E. (2012). Das Behandlungsprogramm für Sexualstraftäter (BPS): Entwicklung – Aufbau – Praxis. In B. Wischka, W. Pecher, & H. van den Boogaart (Hrsg.), *Behandlung von Sexualstraftätern: Sozialtherapie, Maßregelvollzug, Sicherungsverwahrung* (S. 418–452). Herbolzheim: Centaurus.

Rehn, G., Wischka, B., Lösel, F. & Walter, M. (2001). *Behandlung gefährlicher Straftäter: Grundlagen, Konzepte, Ergebnisse.* Herbolzheim: Centaurus.

Reinecke, J., Stemmler, M. & Wittenberg, J. (Hrsg.) (2016). *Devianz und Delinquenz im Kindes-und Jugendalter: Ungleichheitsdimensionen und Risikofaktoren.* Berlin: Springer.

Rentzsch, K. & Schütz, A. (2009). *Psychologische Diagnostik.* Stuttgart: Kohlhammer.

Rest, J. (1999). Die Rolle des moralischen Urteilens im moralischen Handeln. In D. Garz, F. Oser & W. Althoff (Hrsg.), *Moralisches Urteil und Handeln* (S. 82–116). Frankfurt a. M.: Suhrkamp.

Rettenberger, M. & Eher, R. (2016). Potenzielle Fehlerquellen bei der Erstellung von Kriminalprognosen, die gutachterliche Kompetenzillusion und mögliche Lösungsansätze für eine bessere Prognosepraxis. *Recht und Psychiatrie, 34*, 50–57.

Rettenberger, M. & Van Franque, F. (2013). *Handbuch kriminalprognostischer Verfahren.* Göttingen: Hogrefe.

Rettenberger, M., Gregório Hertz, P. & Eher, R. (2017). Die deutsche Version des Violence Risk Appraisal Guide-Revised (VRAG-R). Eigenverlag Kriminologische Zentralstelle e. V., http://www.krimz.de/publikationen. ISBN: 978-3-945037-15-7.

Rhodes, M. G. & Anastasi, J. S. (2012). The own-age bias in face recognition: A meta-analytic and theoretical review. *Psychological Bulletin, 138*(1), 146–174.

Rönspies-Heitmann, J. (2022). *Kriterienorientierte Inhaltsanalyse von Zeugenaussagen – Eine empirische Untersuchung zur Validität ausgewählter Glaubhaftigkeitsmerkmale.* Wiesbaden: Springer.

Rotermann, I., Köhler, D. & Hinrichs, G. (2009). *Legalbewährung von jugendlichen und heranwachsenden Sexual- und Gewaltstraftätern.* Frankfurt: Verlag für Polizeiwissenschaft.

Salzgeber, J. (2001). *Familienpsychologische Gutachten: Rechtliche Vorgaben und sachverständiges Vorgehen.* München: C. H. Beck.

Sauerland, M., Boers, N. & van Oorsouw, K. (2019). Two field studies on the effect of alcohol on eyewitness identification, confidence, and decision times. *Applied Cognitive Psychology, 33,* 270–385.

Schaffstein, F. & Beulke, W. (2002). *Jugendstrafrecht. Eine systematische Darstellung.* Stuttgart: Kohlhammer.

Scheithauer, H., Niebank, K. & Petermann, F. (2000). Biopsychosoziale Risiken. Das Risiko und Schutzfaktorenkonzept. In F. Petermann (Hrsg.), *Risiken in der frühkindlichen Entwicklung: Entwicklungspsychopathologie der ersten Lebensjahre* (S. 65–101). Göttingen: Hogrefe.

Schick, A. & Cierpka, M. (2005). Prävention gegen Gewaltbereitschaft an Schulen: Das Faustlos-Curriculum. In M. Cierpka (Hrsg.), *Möglichkeiten der Gewaltprävention* (S. 230–247). Göttingen: Vandenhoeck & Ruprecht.

Schick, A. & Cierpka, M. (2016). Risk factors and prevention of aggressive behavior in children and adolescents. *Journal for Educational Research Online, 8*(1), 90–109.

Schmelzle, M. (2003). *Estimate of Risk of Adolescent Sexual Offense Recidivism (ERASOR) – Skala zur Einschätzung des Rückfallrisikos bei jugendlichen Sexualstraftätern – Deutsche Version. 0. 0. 2003.* Verfügbar unter https://www.forio.ch/fileadmin/data/Datencenter/Oeffentlich/Service/06_ERASOR_Manual.pdf [11.04.2024]

Schmidt, L. R. (1975). *Objektive Persönlichkeitsmessung in diagnostischer und klinischer Psychologie.* Weinheim, Beltz.

Schmidt, S. & Hawliczek. S. S. (2022). *Diagnostik im Strafvollzug.* Berlin: Springer.

Schmidt-Atzert, L. (2006). Erwachsenendiagnostik. In K. Pawlik (Hrsg.), *Handbuch Psychologie: Wissenschaft, Anwendung, Berufsfelder* (S. 599–612). Heidelberg: Springer.

Schmidt-Atzert, L., Krumm, S. & Amelang, M (2022). *Psychologische Diagnostik.* Berlin: Springer.

Schmucker, M. (2023). Therapie von Sexualstraftätern. In T. Bliesener, F. Lösel & K.-P. Dahle (Hrsg.), *Lehrbuch Rechtspsychologie* (S. 545–560). Göttingen: Hogrefe.

Schneider, N. F. (2008). *Lehrbuch Moderne Familiensoziologie.* Opladen: Verlag Barbara Budrich.

Schorsch, E. & Becker, N. (1977). *Angst, Lust, Zerstörung: Sadismus als soziales und kriminelles Handeln. Zur Psychodynamik sexueller Tötungen.* Rowohlt: Reinbeck.

Schreier, M., Echterhoff, G., Bauer, J. F., Weydmann, N. & Hussy, W. (2023). *Forschungsmethoden in Psychologie und Sozialwissenschaften für Bachelor*. Berlin: Springer.

Schuler, H. & Schwarzinger, D. (2022). *Die Masken der Psychopathen. Wie man sie durchschaut und nicht zum Opfer wird*. München: C. H. Beck.

Schulter, G. & Neubauer, A. (2005). Zentralnervensystem und Persönlichkeit. In J. Hennig & P. Netter (Hrsg.), *Biologische Grundlagen der Persönlichkeit* (S. 35–154). München: Elsevier.

Schürmann, S. & Döpfner, M. (2018). *Family Relations Test. Deutschsprachige Adaptation für Kinder und Jugendliche des Family Relations Test: Children's Version (FRT-C) von Eva Bene und James Anthony*. Göttingen: Hogrefe.

Schütze, G. (1999). Zur Struktur der §§ 20 und 21 StGB/Die Maßregeln (§§ 63 und 64 StGB). In R. Lempp., G. Schütze & G. Köhnken (Hrsg.), *Forensische Psychiatrie und Psychologie des Kindes- und Jugendalters* (S. 142–148). Darmstadt: Steinkopff.

Schütze, G. (2003). Zur Struktur der §§ 20 und 21 StGB/Die Maßregeln (§§ 63 und 64 StGB). In R. Lempp., G. Schütze & G. Köhnken (Hrsg.), *Forensische Psychiatrie und Psychologie des Kindes- und Jugendalters* (S. 142–148). Darmstadt: Steinkopff.

Schütze, G. & Schmitz, G. (1999). Strafrechtliche Verantwortlichkeit, Strafreife und schädliche Neigung. In R. Lempp, G. Schütze & G. Köhnken (Hrsg.), *Forensische Psychiatrie und Psychologie des Kindes- und Jugendalters* (S. 127–135). Darmstadt: Steinkopff.

Schütze, G. & Schmitz, G. (2003). Strafrechtliche Verantwortlichkeit, Strafreife und schädliche Neigung. In R. Lempp, G. Schütze & G. Köhnken (Hrsg.), *Forensische Psychiatrie und Psychologie des Kindes- und Jugendalters* (S. 127–135). Darmstadt: Steinkopff.

Seitz, W. & Rautenberg, M. (2012). *PFI. Persönlichkeitsfragebogen für Inhaftierte*. Göttingen: Hogrefe.

Sevecke, K. & Krischer, M. (2014). *Psychopathy Checklist: Youth Version*. Göttingen: Hogrefe.

Skatsche, R., Buchegger, M., Schulter, G. & Papousek, I. (2012). *Strukturiertes Interview zur Erfassung der Kind-Eltern-Interaktion*. Göttingen: Hogrefe.

Skinner, B. F. (1976). *About behaviourism*. New York: Vintage Books.

Sodian, B. & Ziegenhain, U. (2012). Die normale psychische Entwicklung und ihre Varianten. In J. M. Fegert, J. Eggers & F. Resch (Hrsg.), *Psychiatrie und Psychotherapie des Kindes- und JugendalterJugendalters* (S. 35–60). Berlin: Springer.

Sporer, S. L. (1985). Rechtspsychologie versus Forensische Psychologie. In F. Hehl, V. Ebel, & W. Ruch (Hrsg.), *Psychologische Aspekte politischer und juristischer Entscheidungen* (S. 403–412). Bonn: Deutscher Psychologen Verlag.

Sporer, S. L. & Sauerland, M. (2008). Personenidentifizierung. *Forensische Psychiatrie, Psychologie, Kriminologie, 2*, 28–36.

Sporer, S. L. & Sauerland, M. (2023). Personenidentifizierung. In T. Bliesener, K. P. Dahle & G. Köhnken (Hrsg.), *Lehrbuch Rechtspsychologie* (2. Auflage, S. 139–154). Bern: Hogrefe.

Srivastava, S., John, O. P., Gosling, S. D. & Potter, J. (2003). Development of personality in early and middle adulthood: Set like plaster or persistent change? *Journal of Personality and Social Psychology, 84*, 1041–1053.

Stadler, L. (2012). Misshandlung und Vernachlässigung in der Kindheit. Epidemiologie, Risikofaktoren und Reviktimisierung im Erwachsenenalter. *Praxis der Rechtspsychologie, 22* (2), 419–446.

Stadler, L. & Bieneck, S. & Wetzels, P. (2012). Viktimisierung durch sexuellen Kindesmissbrauch: Erkenntnisse repräsentativer kriminologischer Dunkfeldstudien zu langfristigen Entwicklungstrends in Deutschland. *Praxis Rechtspsychologie, 22*(1), 190–220.

Statistisches Bundesamt (2012). Bevölkerung und Erwerbstätigkeit. Zusammenfassende Übersichten Eheschließungen, Geborene und Gestorbene. Verfügbar unter https://www.destatis.de/DE/Themen/Gesellschaft-Umwelt/Bevoelkerung/Eheschliessungen-Ehescheidungen-Lebenspartnerschaften/Publikationen/Downloads-Eheschliessungen/zusammen-eheschliessungen-geborene-gestorbene-51261 02217004.html.

Steblay, N. (1992). A meta-analytic review of the weapon-focus effect. *Law and Human Behavior, 16*, 413–424.

Steblcay, N. K., Dysart, J. E. & Lindseay, R. C. L. (2003). Eyewitness accuracy rates in police showup and lineup presentation: A meta-analytic comparison. *Law and Human Behavior, 27*, 523–540.

Steller, M. (1987). *Psychophysiologische Aussagebeurteilung – Zur Verwendung psychophysiologischer Aktivierungsdiagnostik bei der Erfassung intraindividueller Bedeutungsunterschiede von Kognitionen.* Göttingen: Hogrefe.

Steller, M. (2008). Psychophysiologische Aussagebeurteilung. In M. Steller & R. Volbert (Hrsg.), *Handbuch der Rechtspsychologie* (S. 364–375). Göttingen: Hogrefe.

Steller, M. (2018). Die Entdeckung der Scheinerinnerung. In R. Deckers & G. Köhnken (Hrsg.), *Die Erhebung und Bewertung von Zeugenaussagen im Strafprozess* (S. 71–96). Berlin: Berliner Wissenschafts-Verlag, Berlin.

Steller, M. (2020). Stand und Herausforderungen der Aussagepsychologie. *Forens Psychiatr Psychol Kriminol, 14*, 188–196.

Steller, M. & Köhnken, G. (1989). Criteria-based statement analysis. In C. Raskin (Hrsg.), *Psychological methods in criminal investigation and evidence* (S. 217–245). New York, NY: Springer.

Stemmler, M., Wallner, S. & Link, E. (2018). Risikofaktoren für die Entwicklung dissozialen Verhaltens in der Kindheit und Jugend. In D. Hermann & A. Pöge (Hrsg.), *Kriminalsoziologie: Handbuch für Wissenschaft und Praxis* (S. 247–262). Baden-Baden: Nomos Verlagsgesellschaft.

Stoll, E., Heinzen, H., Köhler, D. & Huchzermeier, C. (2011). *Comprehensive Assessment of Psychopathic Personality (CAPP). Validation of the German Version.* Frankfurt: Verlag für Polizeiwissenschaft.

Streng, F. (1997). Die Einsichts- und Handlungsreife als Voraussetzung strafrechtlicher Verantwortung. *DVJJ, 3*, 79–87.

Sturzbecher, D. & Freytag, R. (2000). *FIT-KIT. Familien- und Kindergarten-Interakti-ons-Test.* Göttingen: Hogrefe.

Suess, G. J., Bohlen, U., Mali, A. & Frumentia Maier, M. (2010). Erste Ergebnisse zur Wirksamkeit Früher Hilfen aus dem STEEP-Praxisforschungsprojekt »WiEge«. *Bundesgesundheitsblatt, 53*, 1143–1149.

Suhling, S., Bielenberg, G. & Pucks, M. (2012). Ansätze zum Umgang mit Gefangenen mit geringer Veränderungs- und Behandlungsmotivation. In B. Wischka, W. Pecher & H. van den Boogart (Hrsg.), *Behandlung von Straftätern. Sozialtherapie, Maßregelvollzug, Sicherungsverwahrung* (S. 233–293). Pfaffenweiler: Centaurus.

Sykes, G. & Matza, D. (1957). Techniques of Neutralisation: A Theory of Delinquency. *American Sociological Review, 22*, 664–670.

Thierau, H. & Wottawa, H. (2003). *Lehrbuch Evaluation.* Bern: Hans Huber.

Thomae, H. & Schmidt, H. D. (1967). Psychologische Aspekte der Schuldfähigkeit. In U. Undeutsch (Hrsg.), *Handbuch der Psychologie, Band 11, Forensische Psychologie* (S. 326–396). Göttingen: Hogrefe.

Thomas, R. & Zimmer-Gembeck, M. J. (2007). Behavioral outcomes of Parent-Child Interaction Therapy and Triple P-Positive Parenting Program: a review and meta-analysis. *J Abnorm Child Psychol, 35*, 475–95.

Titze, K. &. Lehmkuhl, U. (2010). *EBF-KJ. Elternbildfragebogen für Kinder und Jugendliche.* Göttingen: Hogrefe.

Trenczek, T., Tammen, B. & Behlert, W. (2011). *Grundzüge des Rechts.* München: Reinhard.

Ttofi, M. M., Farrington, D. P., Lösel, F. & Löber, R. (2011). The predictive efficiency of school bullying versus later offending: a systematic/meta-analytic review of longitudinal studies. *Criminal Behavior and Mental Health, 21*, 80–89.

Undeutsch, U. (1967). Beurteilung der Glaubhaftigkeit von Aussagen. In U. Undeutsch (Hrsg.), *Handbuch der Psychologie. Band. 11: Forensische Psychologie* (S. 26–181). Göttingen: Hogrefe.

Undeutsch, U. (1967). *Handbuch der Psychologie. Band 11: Forensische Psychologie.* Göttingen: Verlag für Psychologie.

Unnewehr, S., Schneider, S. & Margraf, J. (2009). *Kinder-DIPS.* Göttingen: Hogrefe.

Urbaniok, F. (2012). Persönlichkeitstäter, Situationstäter und Prognostische Syndrome als Konzept für Risikobeurteilungen und Risikomanagement. In J. Endrass, A. Rossegger, F. Urbanio & B. Borchard (Hrsg.), *Interventionen bei Gewalt- und Sexualstraftätern* (S. 27–33). Berlin: MWV.

Vogel, V., de Ruiter, C., de Bouman, Y. & de Vries Robbé, M. (2007). *SAPROF. Richtlijnen voor het beoordelen van beschermende factoren voor gewelddadig gedrag. Versie 1.* Utrecht: Forum Educatief.

Volbert, R. (2010). Aussagepsychologische Begutachtung. In R. Volbert & K.-P. Dahle (Hrsg.), *Forensisch-psychologische Diagnostik im Strafverfahren* (S. 18–66). Göttingen: Hogrefe.

Volbert, R. (2014). Sexueller Missbrauch. *Pid – Psychotherapie im Dialog,15*, 82–85.

Volbert, R. (2018). Scheinerinnerungen von Erwachsenen an traumatische Erlebnisse und deren Prüfung im Rahmen der Glaubhaftigkeitsbegutachtung: Eine rein traumatologische Perspektive ist irreführend. *Praxis der Rechtspsychologie, 28,* 61–95.

Volbert, R. & Dahle, K.-P. (2010). *Forensisch-psychologische Diagnostik im Strafverfahren*Volbert, R., Huber, A., Jacob, A. & Kannegießer, A. (2019). *Empirische Grundlagen der familienrechtlichen Begutachtung – familienpsychologische Gutachten fundiert vorbereiten.* Göttingen: Hogrefe.

Volbert, R. & Dahle, K.-P. (2010). *Forensisch-psychologische Diagnostik im Strafverfahren.* Göttingen: Hogrefe.

Volbert, R. & Steller, M. (2014). Is this testimony truthful, fabricated, or based on false memory? Credibility assessment 25 years after Steller and Köhnken (1989). *European Psychologist, 19,* 207–220.

Volbert, R. & Steller, M. (2020). Die Begutachtung der Glaubhaftigkeit. In U. Venzlaff, K. Foerster, H. Dreßing & E. Habermeyer (Hrsg.), *Psychiatrische Begutachtung* (7. Auflage, S. 757–792). München: Elsevier.

Volbert, R. & Steller, M. (2023). Aussagepsychologische Begutachtung von Kindern: Entwicklungspsychologische Grundlagen. In T. Bliesener, K.-P. Dahle & G. Köhnken (Hrsg.), *Lehrbuch Rechtspsychologie* (2. Auflage, S. 405–420). Göttingen: Hogrefe.

Von Buch, J. C. & Köhler, D. (2019). Jugendlich oder erwachsen? Standards in der Beurteilung der strafrechtlichen Verantwortungsreife nach § 105 JGG. *Rechtspsychologie, 2,* 178–205.

Von Buch, J., Müller, R. & Köhler, D. (2022). *Einführung in die Rechtspsychologie.* Berlin: Springer.

Von Sydow, K., Beher, S., Retzlaff, R. & Schweitzer, J. (2006). *Die Wirksamkeit der Systemischen Therapie/Familientherapie.* Göttingen: Hogrefe.

Vrij, A. (1994). The impact of information and setting on detection of deception by police detectives. *Journal of Nonverbal Behavior, 18,* 117–137.

Vrij, A. (2008). *Detecting lies and deceit: The psychology of lying and implications for professional practice* (2nd ed.). Chichester: John Wiley & Sons.

Vrij, A., Akehurst, L., Soukara, S. & Bull, R. (2004). Let me inform you how to tell a convincing story: CBCA and reality monitoring scores as a function of age, coaching, and deception. *Canadian Journal of Behavioural Science, 36,* 113–126.

Vrij, A., Hartwig, M. & Granhag, P. A. (2019). Reading Lies: Nonverbal Communication and Deception. *Annual Review of Psychology, 70,* 295–317.

Wallner, S., Weiss, M., Reinecke, J. & Stemmler, M. (Hrsg.) (2019). *Devianz und Delinquenz in Kindheit und Jugend: Neue Ansätze der kriminologischen Forschung.* Berlin: Springer.

Walsh, M., Pniewski, B., Kober, M. & Armborst, A. (Hrsg.) (2018*). Evidenzbasierte Kriminalprävention in Deutschland. Ein Leitfaden für Politik und Praxis.* Wiesbaden: Springer VS.

Ward, T., Mann, R. E. & Gannon, T. A. (2007). The good lives model of offender rehabilitation: Clinical implications. *Aggression and Violent Behavior, 12*(1), 87–107. https://doi.org/10.1016/j.avb.2006.03.004

Ward, T., Polaschek, D. L. L. & Beech, A. R. (2006). *Theories of sexual offending.* Wiley: Series in Forensic Clinical Psychology.

Ward, T., Yates, P. M. & Willis, G. M. (2012). The good lives model and the risk need responsivity model: A critical response to Andrews, Bonta, and Wormith (2011). *Criminal Justice and Behavior, 39*(1), 94–110. https://doi.org/10.1177/0093854811426085

Watson, J. B. (1924). *Behaviorism.* New York: Norton.

Watson, J. B. & Rayner, R. (1920). Conditioned emotional reactions. *Journal of Experimental Psychology, 3*, 1–14.

Weidner, J. (1990). *Das Anti-Aggressivitäts-Training für Gewalttäter. Ein deliktspezifisches Behandlungsangebot im Jugendvollzug.* Bonn: Godesberg.

Weidner, J. & Kilb, R. (2011). *Handbuch Konfrontative Pädagogik: Grundlagen und Handlungsstrategien zum Umgang mit aggressivem und abweichendem Verhalten.* Weinheim: Beltz Juventa.

Weiß, R. H. (2019). *Grundintelligenztest Skala 2 – Revision (CFT 20-R) mit Wortschatztest und Zahlenfolgentest – Revision (WS/ZF-R).* Göttingen: Hogrefe.

Wells, G. (1984). The psychology of lineup identifications. *Journal of Applied Social Psychology, 14*, 89–103.

Wells, G. L. (1978). Applied eyewitness research: System variables and estimator variables. *Journal of Personality and Social Psycholology, 36*, 1546–1557.

Westhoff, K. & Kluck, M. L. (2008). *Psychologische Gutachten schreiben und beurteilen* (5. Aufl.). Berlin: Springer.

Wetzels, P. (1997). *Gewalterfahrungen in der Kindheit. Sexueller Mißbrauch, körperliche Mißhandlung und deren langfristige Konsequenzen – Interdisziplinäre Beiträge zur kriminologischen Forschung.* Baden-Baden: Nomos.

Weyers, S., Sujbert, M. & Eckensberger, L. H. (2007). *Recht und Unrecht aus kindlicher Sicht. Die Entwicklung rechtsanaloger Strukturen im kindlichen Denken und Handeln.* Münster: Waxman.

Wikström, P. O. H. (2010). Explaining crime as moral actions. In S. Hitlin & S. Waisen (Eds.), *Handbook of the Sociology of Morality* (pp. 211–239). Berlin: Springer Science & Business Media.

Wischka, B., Pecher, W. & van den Boogaart, H. (2012). *Behandlung von Straftätern. Sozialtherapie, Maßregelvollzug, Sicherungsverwahrung.* Herbolzheim: Centaurus.

Wulffen, E. (1926). *Kriminalpsychologie. Psychologie des Täters. Ein Handbuch für Juristen, Justiz-, Verwaltungs- und Polizeibeamte, Ärzte, Pädagogen und Gebildete aller Stände.* Berlin: Verlag unbekannt.

Ziegler, M. (2023). Qualitätsstandards für psychologische Gutachten der Föderation Deutscher Psychologenvereinigungen. In: R. Dohrenbusch, (Hrsg.), Psychologische Begutachtung. Springer, Berlin, Heidelberg. https://doi.org/10.1007/978-3-662-64801-8_3-1

Zumbach, J., Lübbehüsen, B., Volbert, R. & Wetzels, P. (2020). *Psychologische Diagnostik im familienrechtlichen Verfahren.* Göttingen: Hogrefe.

Stichwortverzeichnis

Z